KB233590

한국인의
이주노동자와
다문화사회에
대한 인식

한국인의 이주노동자와 다문화사회에 대한 인식

윤인진 | 송영호 | 김상돈 | 송주영 지음

국가 간 인구 이동이 일상화되고
보편화되어 '이주의 시대'를 맞고 있는
세계적 흐름 속에서…

국가 간 인구 이동이 일상화되고 보편화되어 '이주의 시대'를 맞고 있는 세계적 흐름 속에서 2009년 기준으로 세계 전체 인구의 2.9%에 달하는 2억 명의 인구가 모국을 떠나 외국에서 1년 이상 거주하는 것으로 유엔은 추정하고 있다. 국제이주자들은 이민, 노동, 망명, 결혼, 유학, 방문 등 다양한 목적으로 모국을 떠나 다른 나라에 살면서 양쪽 국가의 정치, 경제, 사회, 문화에 중대한 영향을 미치고 있다.

한국으로의 국제이주인구도 빠르게 증가하고 있어서 법무부 출입국 통계에 따르면 2008년 12월 31일 기준 국내 체류 외국인(단기체류자 포함)은 1,158,866명으로 전체 인구의 2.3%를 차지하고 있다. 2004년에 체류 외국인의 수가 750,873명이었던 것과 비교하면 4년 만에 1.5배 증가하였으며, 이런 추세라면 외국인 비율이 2010년에 2.8%, 2020년에 5%, 2050년에 9.2%로 증가할 것으로 예측된다. 국토연구원은 최근 정부에 제출한 '그랜드 비전 2050: 우리국토에 영향을 미칠 미래변화 전망 분석' 용역보고서에서 2050년의 우리나라의 메가트렌드를 '저인구', '초고령화', '다문화사회'로 제시하고 있다. 이러한 흐름에 비추어볼 때 2050년에는 우리나라의 외국인 인구구성비는 인구 10명당 1명가량이 외국인인 다문화사회로 접어들 것으로 예측할 수 있다.

이처럼 민족적 정체성과 문화적 배경이 다양한 이주민들이 증가하면서 우리 사회에서도 이들의 사회적응 및 사회구성원 간 통합이 우리사회의 중요 과제로 부각되고 있다. 이에 따라 정부는 외국인의 인권보호와 사회적응을 지원하는 방향으로 법과 제도를 정비하고 있다. 그리고 외국인에 대한 국민인식은 과거에 비교해서 관용적이고 개방적인 방향으로 전환되고 있다. 하지만 정부 정책은 겉으로는 다문화를 표방하면서도 본질적으로 동화주의를 추구하고 있기 때문에 다양한 문화의 상호공존보다는 '한국화'하는 데 치중하고 있다. 그리고 인권 보호 및 지원의 대상을 합법적 외국인에 한정함으로써 정작 도움이 가장 필요한 불법체류 외국인들은 정책 대상에서 배제되고 있다. 또한 일반 국민의 64%가 한국을 단일민족국가라고 생각하고 있는 것으로 보고되어 일반 국민이 외국인을 한국사회의 주체로서 받아들이는 데 여전히 인색하다는 것을 확인할 수 있다. 하지만 세계화의 흐름 속에 단일민족을 고집할 이유는 없다는 전향적인 태도를 취하는 국민도 73%에 달했다. 이러한 결과는 '단일민족'이라는 순혈주의 전통은 인정하지만, 세계화라는 흐름과 사회경제적 변화 속에서 '순혈주의에만 매몰되어선 안 된다'는 의미로 해석할 수 있겠다.

정부의 외국인과 다문화가족 지원을 위한 법률 제정과 일반 국민의 다문화 수용성이 확대되면서 외국인과 여성 결혼이민자의 처지는 과거에 비교해서 크게 개선되었다. 국내 외국인 중 가장 큰 집단인 외국인 근로자 또는 이주노동자의 경우 고용허가제의 실시로 인해 노동권과 근로조건이 크게 개선되었다. 그러나 과도한 송출비용, 계약사항과 실제 근무조건의 불일치, 장시간 근로와 저임금, 산업재해, 건강검진 및 안전교육 부재, 차별 대우, 언어폭력 및 폭행 피해 등의 문제는 여전히 남아 있는 것으로 보고되고 있다. 일상생활에서는 언어와 문화적 차이, 유색인종과 저개발국가 출신에 대한 한국인의 편견과 차별, 경찰폭력, 타향에서의 식생활의 어려움, 종교공간 부재에 따른 종교생활의 어려움, 의료 등 복지제도에서 배제되는 문제, 법적 권리의 미보장에 따른 불이익 등의 다양한 문제가 있다. 불법체류자의 경우에는 단속과 추방의 두려움이 더해진다. 또한 한국어 의사소통 능력의 부족으로 안전사고의 위험에 노출되고 사소한 사건이 인종 간 갈등으로 비화할 소지가 크다.

이주노동자 다음으로 큰 외국인 집단인 여성 결혼이민자의 경우 한국의 사회문화에 대한 지식과 한국어 구사능력이 부족한 상태에서 결혼생활을 시작하여 문화적 충격이 크다. 결혼 중개업체를 통해 결혼한 한국인 남편의 상당수가 기대와는 달리 무직 또는 빈곤층이기 때문에 결혼생활에 대한 실망감이 크고 경제난으로 어려움을 겪고 있다. 남편의 경제적 무능력과 폭력, 언어·문화적 차이를 극복하지 못하고 결혼이 파경을 맞고 있다. 실제로 최근 들어 국제결혼 가족의 이혼이 급증하고 있어서 2002년의 1,866건에서 2007년에 8,828건으로 4.7배 증가하였다. 통계청의 2008년 이혼통계에 따르면 한국인 부부의 이혼은 2007년에 비교해 7.5% 증가했으나 한국인 - 외국인 부부의 이혼은 29.8% 증가하였다.

다문화가정 자녀는 한국어 능력 부족, 학습부진, 학교 내에서 집단 따돌림 등의 문제를 경험하고 있다. 이로 인해 심리적으로 위축되고 한국인으로서 정체성을 확립하기 어려운 문제를 안고 있다. 특히 불법체류 외국인 자녀의 대다수는 불안정한 신분으로 인해 학교에 다니지 못할 뿐만 아니라 초등학교에서 중학교, 고등학교로 진학하면서 미진학 또는 중퇴하는 경우가 늘어나서 성인이 되었을 경우 사회·경제적 하층계급을 형성할 가능성 높다. 자신들의 문제의 원인을 사회적 편견과 차별에서 찾을 경우 이들은 사회불만세력으로 성장하게 되고 2005년 프랑스에서 발생한 아랍계 청년들에 의한 폭동과 같은 집단소요가 발생할 수 있다. 결국 다문화사회로 진입한 한국은 이주민들의 인권을 보장하고, 이들이 우리나라에 경제적, 사회문화적으로 참여하고 기여할 수 있도록 법과 제도를 정비하고, 국민 의식을 다문화 수용적으로 선진화해야 하는 과제를 안고 있다.

아직까지 한국인은 이주노동자, 결혼이민자, 다문화가정 자녀 등과 같은 다문화적 소수자집단에 대해서 온정적인 태도를 견지하고 있다. 과거 외국인에 대해서 배타적이고 특히 피부색이 검고 개발도상국 출신 외국인들을 무시하는 태도에 비교해서 많이 개선된 것은 다행이다. 그러나 이런 온정적인 태도가 앞으로도 지속될 것인지는 의문이다. 이제 우리는 다문화주의에 대한 현재의 온정적이고 순진한 사고에서 벗어나 다문화사회의 위험성과 갈등의 측면에도 관심을 갖고 대비하는 자세를 가져야 한다. 우리에 앞서 많은 수의 이민자들을 받아들인 서구의 국가들이 인종갈등, 종교갈등을 겪고 있고 이민자들에 대한 주류집단의 편견과 차별, 증오범죄가 늘어나고 있는 현실을 주시해야 한다. 아직 한국에서는 이민자의 수가 적고, 한

국사회에 위협이 되지 않기 때문에 이민자들에 대해서 관대하고 온
정적일 수 있다. 그러나 이민자의 수가 늘고 내국인과 경쟁하고 한국
주류문화에 동화하는 것을 거부할 때 이민자들에 대한 한국인의 태
도는 순식간에 부정적으로 바뀔 가능성이 있다. 이런 때를 대비해서
한국사회와 한국인의 다문화 수용성을 높이는 준비를 지금부터 해
야 할 것이다. 이슬람교를 믿는 이민자가 자신의 종교적 신념 때문에
공공장소에서 히잡을 두르는 것을 수용할 것인지 말 것인지와 같이
구체적이고 현실적인 문제에 대해서도 일관된 원칙을 갖고 대응할
수 있도록 해야 할 것이다.

본 저서는 한국인의 이주노동자와 다문화사회에 대한 인식과 태
도를 조사하고 국민인식을 제고하는 방안을 모색하는 것을 목적으
로 한다. 아울러 우리 사회의 다문화적 소수자집단의 실태를 파악하
고, 다문화시대에 우리 국민들이 다문화적 소수자집단들과 공존할
수 있는 방안을 모색하고자 한다.

본 저서가 가능할 수 있었던 것은 사단법인 아시아인권센터가 삼
성전자와 대한항공의 후원을 받아 고려대학교 사회학과 윤인진 교
수와 그의 연구팀이 이주노동자의 한국경제 및 사회에 미친 영향과
한국인의 이주노동자에 대한 인식 조사를 할 수 있도록 지원했기
때문이었다. 설문조사는 사회조사 전문기관인 (주)리서치21이 2008
년 12월 1일부터 12월 31일까지 전국 만 20세 이상의 성인남녀
1,200명을 대상으로 실시하였다. 주요 분석 결과는 2009년 2월 17일
고려대학교에서 개최된 제4회 아시아인권포럼에서 발표되었고, 이
후 수정/보완 작업을 거쳐『이주노동자의 한국경제 및 사회에 미친

 한국인의 이주노동자와 다문화사회에 대한 인식

영향과 한국인의 이주노동자에 대한 인식』이라는 제목의 보고서로 제출되었다. 제4차 아시아인권포럼에서 한국인의 이주노동자에 대한 인식에 대한 발표가 있은 이후부터 학계, 언론계, 시민사회에서 많은 관심을 보였고, 보다 완성된 형태의 단행본으로 출판할 것을 요구하였기 때문에 보고서 제출 이후에 필자들이 수정/보완 작업을 거쳐서 단행본을 출판하게 되었다. 단행본에서는 한국인의 이주노동자와 다문화사회에 대한 인식과 태도에 초점을 맞추었고, 다문화적 소수자집단의 실태를 파악하고, 정부의 지원정책의 현황과 문제점을 진단하고, 다문화시대에서 다수집단과 다문화적 소수자집단이 공존할 수 있는 방안을 모색하는 데 역점을 두었다.

이 자리를 빌어서 지금까지 본 연구와 단행본 출판을 위해 재정적으로 후원하여 주시고 여러 가지 방식으로 도와주신 분들께 감사의 말씀을 전하고자 한다. 첫째, 이주노동자에 대한 연구를 기획하고 후원자를 물색하여 주신 (사)아시아인권센터의 윤현 이사장, 김석우 고문, 김영자 사무국장께 감사한다. 설문조사와 제4차 아시아인권포럼 개최를 위해 재정적으로 후원한 삼성전자와 대한항공에게도 심심한 감사의 마음을 표한다. 아울러 본 연구의 집행과 실무를 도와주신 (사)아시아인권센터의 허만호 소장, 김정림 차장, 이선심 간사에게도 감사한다. 끝으로 본 연구의 취지에 공감해서 적은 예산에도 불구하고 설문조사를 성공적으로 실시하여 준 (주)리서치21의 진영선 사장께도 감사의 마음을 표한다.

2010년 2월
저자 대표 윤인진

CONTENTS

01

서론

한국은 1980년대 후반까지만 하더라도 **이민 송출국**이었으나 1990년대 초반에 들어서서 이민 수용국으로 변모했다. 앞으로도 저출산·고령화 및 생산직종 기피로 인한 노동력 부족, 국제결혼의 증가, 동포에 대한 입국문호 확대 등으로 외국인 이주노동자, 결혼이민자, 외국적 동포 등이 지속적으로 증가할 것으로 예상된다.

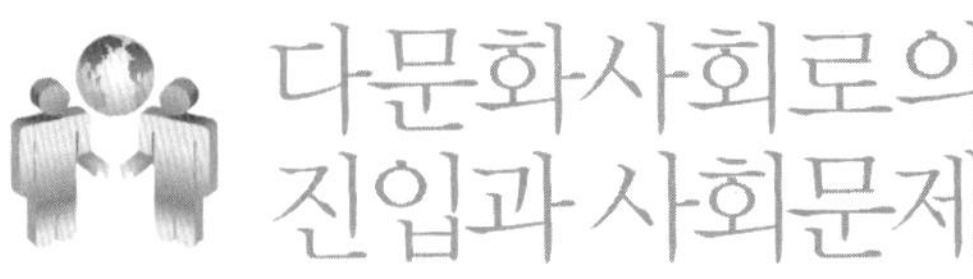

다문화사회로의 진입과 사회문제

이주노동자의 도입이 합법화된 1992년 말부터는 해외에 지사를 둔 해외투자기업이 외국인력을 도입하기 시작하였고, 1993년 11월에 산업연수생제도를 도입하면서 중소기업협동조합중앙회(중기협), 수협중앙회, 대한건설협회 등의 업종별 단체를 통해 이주노동자들이 입국하였다.

한국은 1980년대 후반까지만 하더라도 이민 송출국이었으나 1990년대 초반에 들어서서 이민 수용국으로 변모했다. 외교통상부의 해외이주통계에 따르면 1990년에 해외로 이주한 한국인은 23,314명이었으나 2000년에는 15,307명으로 감소했고 2004년에 29,638명으로 반등했다가 그 이후로는 계속 감소세이다(외교통상부, 2009). 반면 국내에 체류하는 외국인 수는 1990년에 49,507명에서 2008년에는 115만 명으로 증가했다(출입국외국인정책본부, 2009). 앞으로도 저출산·고령화 및 생산직종 기피로 인한 노동력 부족, 국제결혼의 증가, 동포에 대한 입국문호 확대 등으로 외국인 이주노동자, 결혼이민자, 외국적 동포 등이 지속적으로 증가할 것으로 예상된다.

외국인의 증가에는 무엇보다 이주노동자와 결혼이민자의 몫이 컸다. 1980년대 말부터 입국하기 시작한 이주노동자는 2009년 12월 현재 551,858명까지 증가하였다(출입국외국인정책본부, 2010a). 결혼이민자도 급증하여 2002년 34,710명에서 2010년 2월 현재 134,426명으로 8년 사이에 거의 4배 증가하였다(출입국외국인정책본부, 2010b). 결혼이민자 가정에서 출생한 자녀는 2009년 12월 현재 107,689명으로 매년 증가하는 추세이다(행정안전부, 2009).

1) 이주노동자의 증가와 사회문제

이주노동자의 유입은 기본적으로 1987년 이후 국내 노동시장의 인력난 부족 때문에 발생했다. 1987년 이후 강력한 노동운동으로 국내 대기업 생산직 근로자의 임금이 빠르게 상승하고, 전반적인 생활수준의 향상으로 내국인 근로자들이 힘들고, 위험하고, 더러운 직종에 종사하는 것을 기피하게 되었다. 그러면서 생산직을 중심으로 노동력 부족현상이 심화되었고, 특히 저임금 노동력에 의존했던 중소기업의 생산관련직에서 인력부족은 심각하게 나타났다. 이주노동자의 도입이 합법화된 1992년 말부터는 해외에 지사를 둔 해외투자기업이 외국인력을 도입하기 시작하였고, 1993년 11월에 산업연수생제도를 도입하면서 중소기업협동조합중앙회(중기협), 수협중앙회, 대한건설협회 등의 업종별 단체를 통해 이주노동자들이 입국하였다. 또한 방문 또는 관광비자로 입국해서 불법 취업하는 외국인들이 증가하기 시작하였다. 그리하여 이주노동자 수는 1991년에 45,449명에서 1995년에는 14만 명으로 증가하였다. 1997년 말의 외환위기 직후에는 그 수가 감소하였지만 경기가 회복되면서 다시 급증하기 시작하여

2000년 7월에는 258,866명으로 증가하였다(출입국외국인정책본부, 2009). 이 규모는 당시 국내 전체 취업자의 약 1.2%, 임금 근로자의 약 1.9%에 해당하는 것이다. 이후 이주노동자 수는 계속 증가해서 2009년 12월 현재 551,858명이 국내에 체류하고 있다(출입국외국인정책본부, 2010a).

이주노동자의 출신국도 다양해져서 2003년에는 외국인력이 90여 개국에서 왔는데 2007년에는 120여 개국으로 늘어났다. 1990년대 초기에 중국, 필리핀, 방글라데시에 집중되었던 주요 노동력 송출국도 이들 세 나라 외에 인도네시아, 베트남, 태국, 몽골, 우즈베키스탄 등의 나라로 확대되었다. 하지만 2009년 현재에도 한국계 중국인(조선족)이 전체 이주노동자의 55.5%, 중국인(한족) 3.4%, 베트남ㆍ필리핀ㆍ태국ㆍ인도네시아 등 동남아시아인 25%, 몽고인 2.3%, 중앙아시아인 2.4% 순으로 조선족과 동남아 출신이 다수를 이루고 있다(출입국외국인정책본부, 2010a).

국내에 취업중인 이주노동자 중 여성이 차지하는 비율은 다른 아시아 노동유입국에 비교해서 여전히 낮은 편으로 1997년에 31%였던 여성노동자의 비율은 2008년에도 31%로 큰 변화가 없었다. 하지만 2002년 이후 서비스업 분야로의 조선족 동포의 취업이 허용됨으로써 조선족 근로자 중 여성의 비율은 44.6%에 달할 정도로 높았다.

이주노동자가 종사하는 분야도 보다 확대되었다. 법무부 통계에 따르면 1997년에는 전문기술직(교수 및 연구, 회화지도, 기술지도, 전문 및 특정직업, 예술흥행)에 종사하는 이주노동자의 수가 15,900명이었으나 2009년에는 40,698명으로 증가했다(출입국외국인정책본부, 2010a). 또한 이주노동자 중에는 나이지리아와 가나에서 온 아프리카 외국인들이 이주노동자 신분에서 벗어나 본국과의 국제무역에 종사하거나 장래의 사업을 개척하는 기업가로 자리 잡고 있다. 그러나 여전히 이주노동자의 다수는 단순기능인력에 머물고 있으며 법무부 2009년 통계에 따르면 전체 이주노동자 중 92.6%가 단순기능인력이고, 6.6%가 전문기술인력, 예체능인력은 0.8%에 불과하다. 또한 전체 이주노동자 중 불법체류자는 48,029명으로 이주노동자의 8.7%를 차지하는데 이들의 대부분은 단순기능인력에 집중되어 있다(출입국외국인정책본부, 2010a). 즉 국내 거주하는 이주노동자 집단은 크게 전문 기술직 종사자, 고용허가제를 적용받는 '비전문취업' 사증을 소지하고 있는 생산직 이주노동자, 방문취업제를 적용받는 외국국적동포 이주노동자, 불법체류 상태에서 일하는 미등록 이주노동자(undocumented migrant worker)로 크게 구분하여 살펴볼 수 있다. 이중 전문 기술직 이주노동자를 제외한 세 유형의 이주노동자는 저숙련 생산직 노동자로서 한국사회에서 소수자 집단을 형성하고 있다(설동훈, 2009).

한편 국내에 장기 체류하는 이주노동자들이 늘어나면서 이들은 특정 국가나 민족별로 집단거주지를 형성하고 있다. 경기도 안산의 원곡동과 서울시 구로구 가리봉 등은 이주노동자들이 한국인들과 함께 공존하는 다문화공동체를 형성하는 대표적인 지역공동체이다. 2008년 행정안전부의 지방자치단체 외국인주민 실태조사에 따르면 이주노동자는 경기도에 39.6%(173,230명), 서울 24.7%(108,140명), 인천 7%(30,407명), 경남 6%(26,151명), 순으로 수도권에 71.3%가 집중되어 있으며, 2007년에 비교해서 서울(215%)과 경기(48%) 지역의 이주노동자가 급증했다. 기업체 등이 수도권에 집중된 것이 이주노동자가 수도권으로 집중되게 된 주된 이유이다.

과거에 비교해서 이주노동자의 인권 상황과 처우가 개선되기는 하였지만 여전히 이들의 인권과 복지를 위협하는 문제들이 많이 남아 있다. 이주노동자가 한국에서 겪는 문제에는 경제적 문제, 사회문화적 문제, 심리적 문제, 건강문제 등 여러 가지가 있으나 무엇보다 저임금, 임금체불, 열악한 노동조건 등 노동과 관련된 문제가 가장 심각하다. 그리고 일상생활에서는 언어와 문화적 차이, 유색인종과 저개발국가 출신에 대한 한국인의 편견과 차별, 경찰폭력, 타향에서의 식생활의 어려움, 종교공간 부재에 따른 종교생활의 어려움, 의료 등 복지제도에서 배제되는 문제, 법적 권리의 미보장에 따른 불이익의 등의 다양한 문제를 안고 있다. 미등록 이주노동자의 경우에는 여기에 단속과 추방의 두려움이 더해진다. 설동훈 외(2002)의 연구에 따르면 이주노동자는 언어문제, 건강문제, 문화적 차이로 인한 갈등, 결혼생활 및 성생활문제의 순서로 어려움을 겪는 것으로 나타났다. 한국어로 의사소통을 원활히 하지 못함으로 인해 안전사고의 위험에 노출되고 사소한 사건이 인종 간 갈등으로 비화할 소지가 크다. 이러한 의사소통의 문제는 일상생활에서 생활에 필요한 정보를 습득하고 이웃과 대화하고 교류하는데 심각한 장애를 일으키고 있다. 주선경(2006)이 이주노동자 한국어 사용 실태에 따른 연구에 따르면 조사대상자의 44%가 교사 외에 의사소통할 만한 한국인이 한 명도 없다고 보고하여 이들이 한국사회에서 고립되어 있다는 것을 보여준다.

최근 실시된 이주노동자에 관한 국민 인식조사에 따르면 표면적으로는 이들에 대해서 관용적인 태도를 취하는 것으로 나타났으나 이들과의 결혼, 대화 및 교류 등 친밀한 관계를 맺는 것에 대해서는 응답자의 대부분이 반대하는 등 사회적 거리감을 여전히 갖고 있는 것으로 나타났다. 일상생활과 작업장에서 이주노동자에 대한 차별적인 태도와 행동은 더욱 심각하다. 2001년 말 발표된 '외국인 노동자 인권백서'에 따르면 폭행이나 욕설, 여성노동자에 대한 성적인 모욕이 다반사로 일어나고 있으며 임금체불과 산업재해 시 정당한 치료와 보상을 받지 못하는 경우 역시 빈번하다고 한다. 이주노동자에 대해 갖고 있는 한국인의 이미지를 다룬 연구결과에 따르면 대체적으로 '착하고 부지런하다'는 긍정적 이미지보다는 '보수적이고, 노예처럼 굴종적이며, 느리고, 소극적이며, 의심스럽고, 멀게 느껴지며, 지저분하고, 불쌍하다'는 부정적 내용이 지배적이다. 이와 같은 부정적 이미지는 그들에 대한 차별대우와 직결되는데 "외국인 노동자의 임금수준을 내국인 신입자의 몇 %정도로 하는 것이 적당한가?"라는 질문에 대해 60%에서 70% 사이가 적당하다고 응답한 비율이 가장 높았다. 한국노동연구원에서 2001년에 실시한 '이주노동자 실태조사'에서 이주노동자의 근무만족도를 조사한 결과를 살펴보면, 이들이 급여수준, 근로시간, 작업내용, 작업환경 등의 측면에서 전반적인 만족 정도가 낮으며, 또한 '인간적 대우를 받고 있는지 여부'에 대해서도 부정적 평가가 매우 높았다. 이러한 조사 결과는 이주노동자들에 대한 동료들의 인식이 대체적으로 부정적이라는 사실을 간접적으로 보여준다고 하겠다.

이주노동자가 증가하고 이들 중 범죄를 저지르거나 내국인과 노동시장에서 경쟁하는 사례가 발생하면서 이주노동자에 대한 국민인식이 점차 부정적으로 변해가는 경향이 나타나고 있다. 2007년 12월에는 '불법체류자추방운동본부'라는 단체에 의해 법무부의 출입국

외국인정책본부에 의한 불법체류자 단속을 지지하는 반외국인 시위가 국내 처음으로 개최된 바 있다. 시위 참가자들은 20대에서 30대의 청년들인데 내국인도 실업으로 어려운 판에 합법체류자가 아닌 불법체류자의 노조설립과 인권을 보호해달라는 주장은 어불성설이라고 비판하며 불법체류자 단속의 필요성을 역설하였다. 앞으로 국내 경기침체가 장기화되고 내국인의 경제사정이 악화될수록 이주노동자에 대한 태도가 부정적으로 변하고 반외국인 집단행동이 발생할 가능성이 커질 것이기 때문에 이에 대한 대비책이 필요한 시점이다.

이주노동자는 경제적인 측면에서 한국경제에 상당한 기여를 하고 있음에도 불구하고 이들에 대한 국민인식에는 부정적인 측면이 있고 반외국인 집단행위가 발생하고 있다. 따라서 이주노동자의 한국경제와 사회에 미친 영향을 객관적으로 조사해서 국민인식을 제고하는 방안이 필요하다. 아울러 다문화시대를 맞이해서 국민들이 이주노동자를 실질적인 사회구성원으로 인식하고 법의 테두리 내에서 이들의 기본권을 보호하면서 공생할 수 있는 방안을 모색하는 것이 요구된다.

2) 결혼이민자의 증가의 사회문제

결혼이민자의 증가도 외국인의 증가, 특별히 정주외국인의 증가에 큰 몫을 하고 있다. 통계청 자료에 따르면 1990년대 이후부터 2005년까지 한국 남성과 결혼한 외국인 여성은 약 15만 9천 명을 넘으며, 한국 여성과 결혼한 외국인 남성도 약 8만 명을 넘는다.

한국에서 본격적인 국제결혼의 역사는 한국전쟁으로까지 올라간다. 동북아시아에서의 공산주의의 확대를 방지하기 위해 한국전쟁 이후 연 4만 명의 주한 미군이 주둔하였다. 1950년부터 1964년까지 6,000명가량의 여성들이 미군의 배우자로서 미국으로 건너간 것으로 보고된다. 그러나 최근 들어서 결혼을 목적으로 해외로 이주하는 사례는 많이 줄어들었다. 1981년에는 결혼을 목적으로 한 해외이주자의 수가 6,187명이었으나 2003년에는 1,113명으로 줄어들었다(외교통상부, 2009).

1992년 초반에 국제결혼은 새로운 전환점을 맞게 되었다. 1992년 한국과 중국이 국교를 수립하면서 한국의 농촌 총각들이 중국 조선족 여성들과 혼인을 하면서 여성 결혼이민자들이 증가하기 시작했다. 그리고 통일교가 일본, 필리핀 여성들과 한국 남성들과 신앙을 목적으로 혼인을 주선하면서 비한인 아시아여성들이 결혼이민자로 입국하게 되었다.

2000년대에 들어서 국제결혼 중개업자들의 소개로 이루어지는 국제결혼은 큰 폭으로 증가하게 되었고 송출국도 다양하게 늘어났다. 이때부터 필리핀, 베트남, 필리핀, 태국, 몽골, 러시아, 우즈베키스탄 출신의 여성 결혼이민자들이 증가하게 되었고, 특히 2003년 이후에는 베트남 여성과의 결혼이 급격히 늘고 있다. 이로 인해 외국인과의 결혼은 1990년 4,710건에 불과하였으나 2005년에는 43,121건으로 9배가 늘어났다. 이에 따라 전체 결혼에서 국제결혼의 비율이 1990년 1.2%에서 2005년에는 13.6%를 차지할 만큼 증가했다가 그 이후 다소 감소하는 추세이다. 결혼이민자의 거주지역 분포를 살펴보면 절대수는 수도권에 집중되어 있지만 지역 주민 대비 비율에서는 농촌지역이 월등히 높다. 2005년에 농촌지역의 국제결혼 비율은 33%에 달했다.

법무부 출입국외국인정책본부의 2010년 2월 통계에 따르면 국내에 체류하는 결혼이민자는 총 134,426명이고 이 중 여성이 117,148명, 남성이 17,278명으로 여성 비율이 87%로 압도적으로 높다. 여성 결혼이민자의 국적별 분포를 살펴보면 비한국계 중국 여성이 30,756명(26.3%), 조선족 여성 25,783명(22%), 베트남 여성 30,773명(26.3%), 일본 여성 9,210명(7.9%), 필리핀 여성 6,406명(5.5%), 캄보디아 여성 3,395명(2.9%), 태국 여성 2,381명(2%), 몽골 여성 2,373명(2%), 기타 여성 6,071명(5.2%)로 동아시아와 동남아시아 여성들이 대부분을 차지하고 있다(출입국외국인정책본부, 2010b).

여성 결혼이민자들은 한국에서 생활하면서 남편과의 연령 및 학력 등의 배경 차이, 남편의 경제적 무능력 등으로 인해 적응에 어려움을 겪고 있는 것으로 알려져 있다. 보건복지가족부가 2009년 7월 20일부터 10월 31일까지 결혼이민자 13만 1천명, 7만 3천 가구를 대상으로 실시한 「전국 다문화가족실태조사」에 따르면 한국인 배우자와의 연령 차이는 여성 결혼이민자 10세, 남성 결혼이민자 1.3세로 여성의 경우에 크게 나타났다. 학력은 여성 결혼이민자의 경우 중학교 이하 36.1%, 고등학교 42.3%, 대학 이상 20.6%인데 반해 남성 결혼이민자의 경우 중학교 이하 24.3%, 고등학교 34.5%, 대학 이상 40.1%로 남성의 학력이 여성보다 높았다. 소득 면에서 결혼이민자 가족의 월 평균 가구소득은 100~200만원 미만이 가장 많고(38.4%), 100만원 미만도 21.3%를 차지해 전반적으로 가구소득이 낮았다. 고소득층인 500만 원 이상은 2.1%에 불과하였다. 2009년 한국복지패널에서 추계된 우리나라 전체 월 평균 가구소득 332만 2천원과 비교하면 결혼이민자 가족의 경제여건이 매우 열악하다는 것을 확인할 수 있다. 지난 1년간 경제적 어려움으로 사회보험료 미납, 전기 · 수도세 체납, 생활비를 위한 금전차용, 병원치료 중단 · 포기 등 중 1가지 이상을 경험한 결혼이민자 가족은 30%에 달했다.

한국생활에서 가장 힘든 점으로 여성 결혼이민자들은 언어문제(22.5%), 경제문제(21.1%), 자녀문제(14.2%)를, 남성 결혼이민자는 경제문제(29.5%), 언어문제(13.6%)를 꼽았다. 또한 자녀양육 · 학습지원(62.7%), 한국어교육(60.4%), 한국사회 적응교육(51.4%)등의 복지서비스가 필요하다고 생각하는 것으로 나타났다. 초등생 자녀를 둔 결혼이민자의 경우 학원비 마련, 학습지도(예습 및 복습), 숙제 지도하기 등에 어려움이 있는 것으로 나타났다. 차별 경험과 관련해서 여성 결혼이민자의 34.8%, 남성 결혼이민자의 52.8%가 한국생활에서 외국인이라는 이유로 차별대우를 받은 경험이 있었다고 보고해서 과거에 비교해서 한국인의 다문화 수용성이 높아졌다고 하나 여전히 결혼이민자에 대한 편견과 차별이 존재하고 있음을 보여주고 있다.

객관적으로 어려운 여건 속에서도 결혼이민자는 생활에 대한 만족도는 높은 것으로 나타났다. 여성 결혼이민자의 57%, 남성 결혼이민자의 53.8%가 현재 삶에 만족하는 것으로 나타났다. 한국생활에 불만을 가진 사람은 여성 결혼이민자의 6.7%, 남성 결혼이민자의 8.3%에 불과했다. 그러나 비록 설문조사에서는 생활만족도가 높게 보고되었지만 결혼이민자 가족은 안정성에서 취약한 것으로 알려졌다. 남편의 경제적 무능력과 폭력, 언어 · 문화적 차이를 극복하지 못하고 많은 국제결혼이 파경을 맞고 있다. 통계청의 이혼통계 자료에 따르면 결혼이민자 가족의 이혼 건수는 2002년의 1,866건에서 2007년에 8,828건으로 4.7배 증가하였다. 결혼이민자 부부의 이혼 건수는 일반 부부보다 빠르게 증가해서 2008년에 일반 부부의 이혼건수가 2007년에 비교해 7.5% 증가한 것에 비교해서 한국인-외국인 부부의 이혼건수는 29.8% 증가했다.

3) 다문화가정 자녀의 증가와 사회문제

이주노동자와 결혼이민자의 증가는 자연스럽게 다문화가정 자녀의 수를 증가시켰다. 다문화가정은 원래 '혼혈' 또는 '혼혈아'라는 용어가 갖는 부정적인 의미를 순화하기 위해 사용된 것으로 그 대상을 두고 논란이 있다. 다문화교육 전문가들은 대체로 다문화가정 자녀의 범주에 이주노동자, 결혼이민자, 북한이탈주민 가족의 자녀를 포함하는데 북한이탈주민들은 자신들을 다문화의 범주에 넣는 것에 대해 반대한다. 이 장에서는 이주노동자와 결혼이민자 가족의 자녀에 초점을 맞추어 실태를 파악하도록 하겠다.

행정안전부의 외국인 주민 통계에 따르면 다문화가정 자녀수가 2006년 25,000명, 2007년 44,000명, 2008년 58,000명, 2009년 107,689명으로 매년 증가하는 것으로 나타났다. 부모의 출신국별로 중국 50.7%, 조선족 17.3%, 동남아시아 34.9%, 일본 6.3%, 몽골 1.6%, 중앙아시아 1.5%로 중국과 동남아시아 출신 부모의 자녀가 다수를 차지하고 있다.

연령분포를 살펴보면 만 6세 이하가 64,040명, 초등학교 취학 연령 만 7～12세에 28,922명, 중학교 취학 연령 만 13～15세에 8,082명, 고등학교 취학 연령 만 16～18세에 6,645명인 것으로 나타나서 아직 대부분의 다문화가정 자녀들이 초등학교 취학 연령 이하의 어린 자녀들이다. 따라서 아직까지 다문화가정 자녀의 문제는 가정과 학교 내에 국한되지만 앞으로 10년이 지나면 노동, 빈곤, 차별 등 경제, 사회 문제로 확대될 전망이다.

다문화가정 자녀는 한국인과 다른 외모와 말투, 한국어 능력 부족과 학습부진으로 인해 학교에서 친구들로부터 집단 따돌림을 당하는 경우가 발생하고, 이로 인해 심리적으로 위축되고 한국인으로서의 정체성을 확립하지 못하는 문제가 있는 것으로 보고되고 있다(김정원 외, 2005; 배은주, 2006). 이런 문제는 학생의 연령이 높아지면서 더욱 심각해져서 상급학교 진학률을 떨어뜨리는 결과를 가져온다. 2008년 교육과학기술부·보건복지가족부의 통계에 따르면 초등학교 취학연령 다문화가정 자녀의 미취학 비율은 14%, 중학교 미취학 비율은 40%, 고등학교 미취학자 비율은 70%에 달해 상급학교로 올라갈수록 진학률은 떨어진다.

학교 현장에서는 이미 다문화가정 자녀들의 교육문제가 현실화되었으나 학교현장의 다문화교육 실현 역량은 아직 미흡한 형편이다. 다문화교육 역량을 갖춘 교사들이 부족하고, 다문화교육을 위한 교육과정과 교과서 및 학습자료, 교수-학습 방법 등이 충분히 개발, 보급되지 않고 있다(심봉섭 외, 2008). 또한 현장 교사들은 다문화교육의 정의, 내용, 목표, 방법 등에 대해서 잘 알지 못해서 도움을 필요로 하는 다문화가정 자녀들에 대한 효과적인 지도가 이루어지지 못하고 있다.

　정부의 다문화교육정책이 직면한 딜레마 중의 하나는 다문화교육의 사각지대에 놓여 있는 미등록 외국인 자녀들의 교육권을 보장하는 문제일 것이다. 국가적 차원에서 법의 테두리에서 벗어나 있는 대상자를 법으로 보호한다는 것은 자기모순일 뿐만 아니라 자칫 자의적인 법해석과, 예외의 인정을 통해 법적 안정성을 저해할 수 있다(박성혁, 2009). 그렇다고 해서 정부가 비준한 유엔아동권리협약에서 보장되는 아동의 교육기회를 보장하지 않는 것은 국제사회의 책임 있는 구성원으로서의 자세가 아니다. 현재 한국사회의 실질적인 구성원으로 살아가고 있고 앞으로도 정주할 가능성이 높은 이주노동자 자녀들이 청소년기에 교육을 받지 못하고 하층계급으로 전락할 경우 그로 인한 사회적 비용은 고스란히 우리가 지불해야 할 것이다. 따라서 이주민의 인권보호 차원뿐만 아니라 미래 한국의 안정과 발전을 위해서라도 미등록 이주노동자 자녀의 교육권을 보장하는 노력이 필요하다.

연구 목적과 필요성

지난 20년간 한국사회는 외국인 이주노동자, 결혼이민자, 유학생 등의 유입이 증가하면서 인구의 인종적, 민족적 다양성이 증대되었다. 이러한 인구학적 변화에도 불구하고 한국사회는 국민의식과 법제도 차원에서 다문화주의적인 대응을 하지 못함으로써 일종의 문화지체 현상을 경험하고 있다.

지난 20년간 한국사회는 외국인 이주노동자, 결혼이민자, 유학생 등의 유입이 증가하면서 인구의 인종적, 민족적 다양성이 증대되었다. 이러한 인구학적 변화에도 불구하고 한국사회는 국민의식과 법제도 차원에서 다문화주의적인 대응을 하지 못함으로써 일종의 문화지체 현상을 경험하고 있다. 과거에 비교해서 한국인이 외국인에 대해서 갖는 인식과 태도는 개방적이고 관용적인 방향으로 변해 온 것으로 알려졌으나 여전히 외국인들과 이주민들이 체감하는 사회적 차별과 배제의 수준은 여전히 높은 것으로 나타났다. 문화체육관광부가 2008년 4∼5월에 전국의 20세 이상 이주노동자와 결혼이민자 825명 그리고 북한이탈주민 102명에 대해 면접조사를 실시한 결과에 따르면 이주민(가족)에 대한 차별의 정도가 '조금 심하다'가 53.3%로 가장 많았고, '심하다'(19.2%), '매우 심하다'(6.9%), '별로 없다'(20.1%), '전혀 없다'(0.5%)의 순서로 나타났다. 북한이탈주민에 대한 차별 정도 인식은 '조금 심하다'가 53.9%로 가장 많았고, '심하다' (29.4%), '별로 없다'(11.8%), '매우 심하다'(2.9%), '전혀 없다'(2%)의 순서로 나타났다. 이주민이 생각하는 한국인의 다문화교육 필요성에 대해서는 '그렇다'(55.8%)가 '그렇지 않다(8.4%)보다 훨씬 많았다. 북한이탈주민이 생각하는 남한주민들의 북한이탈주민 문화이해교육 필요성에 대해서는 '그렇다'(66.7%)가 '그렇지 않다'(7.5%)보다 월등히 많았다(조현성 · 박영정 · 홍기원, 2008). 외국에서 평가하는 한국의 다문화 수용성 수준은 우리가 생각하는 것보다 훨씬 부정적이다. 스위스의 국제경영개발원(IMD)이 발표한『세계경쟁력보고서』에 따르면, 국가경쟁력 지수 중 외국문화에 대한 개방도 항목에서 한국은 2008년에 55개 조사 대상국 중 최하위였고, 2009년에도 57개 조사 대상국 중 56위로 최하위 수준을 벗어나지 못하고 있다(정유훈, 2009).

다수집단의 소수집단에 대한 편견과 차별은 소수자의 생활기회와 삶의 질을 저하할 뿐만 아니라 이들이 사회에 기여할 수 있는 가능성을 차단하여 사회 전체로 볼 때 손해를 보게 된다. 그리고 소수집단이 지속적으로 배제되면 사회의 하층계급과 불만세력으로 성장하게 되어 일탈, 범죄, 폭동 등의 형태로 사회에 피해를 주게 된다. 2005년 10월 프랑스에서 발생한 아랍계 청년들에 이한 폭동은 인종 및 민족, 종교, 출신지가 다르다는 이유로 다수자가 소수자를 배제하고 차별했을 때 그 비용은 사회 전체가 부담해야 한다는 점을 가르쳐 주었다. 따라서 한국사회가 인구의 인종적, 문화적 다양성으로 인한 사회문제를 최소화하고 오히려 다양성을 사회발전의 신동력으로 삼기 위해서는 법 · 제도뿐만 아니라 국민의식의 개선이 뒤따라야 한다. 법 · 제도적 차원에서 부당한 차별을 철폐하여 소수자들이 사회의 생산적인 구성원으로 성장할 수 있도록 기회를 보장하는 것이 필요하다. 동시에 의식차원에서 다수집단이 소수집단을 용인하고 이들의 사회권과 문화권을 인정하는 태도변화가 필요하다.

이렇듯 다문화시대에서 다수집단과 소수집단 간에 공존을 모색하기 위해서는 정부의 적극적 조치와 국민의식의 변화가 뒤따라야 한다. 이를 위해 본 저서에서는 이주노동자와 다문화사회에 대한 한국인의 인식과 태도를 경험적으로 조사하고, 다문화적 소수자집단(이주노동자, 여성 결혼이민자, 다문화가정 자녀, 이주아동)의 실태를 파악하고, 이들의 권리와 인권을 보호하고 증진하기 위한 정부 정책의 현황과 문제점을 진단하고 개선점을 모색하고자 한다. 끝으로 한국인의 다문화 수용성을 높이고 다수집단과 소수집단이 공존할 수 있는 방안을 제안하고자 한다.

# 연구방법 및 연구내용

상기한 연구목적을 달성하기 위하여 기초 통계자료 수집, 문헌연구, 국민의식조사, 전문가 의견 수렴 등의 연구방법들을 활용하였다. 그리고 결과분석의 정확성과 정책방안의 실효성 제고를 위해 전문가 세미나와 제4차 아시아인권포럼과 같은 학술 심포지엄을 개최하여 전문가들의 의견을 수렴하였다.

상기한 연구목적을 달성하기 위하여 기초 통계자료 수집, 문헌연구, 국민의식조사, 전문가 의견 수렴 등의 연구방법들을 활용하였다. 그리고 결과분석의 정확성과 정책방안의 실효성 제고를 위해 전문가 세미나와 제4차 아시아인권포럼과 같은 학술 심포지엄을 개최하여 전문가들의 의견을 수렴하였다.

1) 문헌조사

이주노동자의 실태와 한국인의 이주노동자에 대한 인식, 그리고 다문화사회에 대한 인식에 대한 연구문헌을 참조하였다. 최근 한국에서 다문화사회에 대한 관심이 증대되면서 여러 연구자들과 연구기관들이 외국인, 소수자 집단, 국민정체성, 다문화 관련한 한국인의 가치관 및 의식조사를 실시하였다. 대표적으로 어수영의 2001년과 2006년 한국인의 삶과 가치변화에 관한 연구, 윤인진·김상학의 2002년 한국사회 소수자에 대한 대학생 의식조사, 성균관대 서베이리서치센터의 2003년, 2004년, 2007년의 한국종합사회조사(KGSS), 고려대 동아시아연구원의 2005년 한국인의 정체성 조사, 국정홍보처의 2006년 한국인의 의식·가치관 조사, 한국여성정책연구원의 2007년 한국인의 다민족·다문화 지향성 조사, 고려대 한국사회연구소·BK21갈등사회인재양성교육연구단의 2007년 한국인의 갈등의식조사가 실시되었다.

각각의 조사는 표본, 표집방법, 설문 문항, 응답 범주 등에 있어 차이가 있기 때문에 하나의 조사 결과에 의존하기보다는 여러 조사 결과들을 비교적인 관점에서 고찰하는 것이 한국인의 가치관과 의식을 종합적으로 이해하는 데 도움이 된다고 생각한다. 또한 KGSS를 포함한 몇 몇 조사에서는 사회적 통념과는 달리 한국인이 외국인과 다문화사회에 대해서 상당히 개방적이고 관용적인 것으로 나타났다. 이런 결과가 한국인의 가치관과 의식이 개방적인 방향으로 변한 것을 의미하는 것인지 아니면 설문지 방법의 문제점인 응답자의 '사회적 선망 편향(social desirability bias)'로 인한 것인지는 판정하기 어렵다. 여러 상이한 조사들에서 공통적으로 나타나는 결과는 어느 특정 조사의 결과보다 신뢰성과 타당성이 높다고 판단되기에 여러 조사들에서 공통적으로 나타나는 경향을 탐색하는 데 주력하고자 하였다.

2) 국민의식조사

(1) 조사방법

외국인 이주노동자와 다문화사회에 대한 인식조사는 만 20세 이상의 성인남녀 1,200명 대상을 실시하였으며, 표본추출은 지역별, 성별, 연령별로 층화하여 비례 할당하는 다단계 층화무작위추출법을 통해 이루어졌다. 표본추출의 구체적인 과정은 1단계로 2007년 12월 기준 주민등록 인구통계의 만 20세 이상 인구를 시도별, 성별, 연령별로 정리한 후, 2단계로 전국 16개 시도별로 인구규모를 고려한 비례할당을 실시하였으며, 3단계는 최종조사시점에서 성·연령 할당에 따라 조사대상자를 추출하였다. 조사는 사회조사 전문기관인 (주)리서치21에 의해 구조화된 설문지를 사용하여 1대 1 대면면접을 통해 이루어졌고, 조사기간은 2008년 12월 1일부터 12월 31일까지였다.

(2) 조사내용

조사의 내용은 크게 응답자 특성, 외국인과 외국인 이주노동자에 대한 태도, 문화다양성과 다문화사회에 대한 태도 및 한국인으로서의 정체성에 관한 태도와 몇 가지 사회적 견해에 관한 것으로 구성되었다.

응답자 특성은 성별, 연령, 거주지역, 혼인상태, 최종학력, 직업, 근로형태 외에도 종교행위(종교의 유무, 종교생활 빈도, 신앙심의 정도), 경제상태(경제적 계층, 경제 상태에 대한 만족, 경제상태의 변화) 등도 포함되었다.

외국인과 외국인 이주노동자에 대한 인식을 알아보기 위해서 이주목적에 따른 이주노동자의 증감, 합법적 이주노동자와 불법체류 이주노동자에 대한 일반적 인식, 합법적 이주노동자와 불법체류 이주노동자들이 겪는 어려움에 대한 인지 여부, 외국인 이주노동자문제에 대한 관심, 이주노동자권리협약에 대한 인지 여부 등이 포함되었다.

다문화사회에 대한 인식은 문화다양성에 대한 태도, 소수인종민족집단에 대한 태도, 국민 정체성, 국가 자부심, 다른 소수인종민족집단에 대한 사회적 거리감을 조사 항목으로 포함하였다.

 # 연구의 기대 효과 및 활용

본 연구결과는 학술적 차원에서 이주노동자와 다문화사회에 대한 한국인들의 인식과 태도의 현 주소를 파악하는 데 유용한 자료와 정보를 제공할 것이다. 전통적으로 문화적 동질성과 단일민족의식이 강한 한국인들이 다민족화되어가는 환경 변화에 어떻게 대응하고, 혈통에 기초한 국민정체성이 시민권에 기초한 새로운 형태의 국민정체성으로 변할 가능성이 있는지를 파악하는 데 크게 기여할 것이다.

본 연구결과는 학술적 차원에서 이주노동자와 다문화사회에 대한 한국인들의 인식과 태도의 현 주소를 파악하는 데 유용한 자료와 정보를 제공할 것이다. 전통적으로 문화적 동질성과 단일민족의식이 강한 한국인들이 다민족화 되어가는 환경 변화에 어떻게 대응하고, 혈통에 기초한 국민정체성이 시민권에 기초한 새로운 형태의 국민정체성으로 변할 가능성이 있는지를 파악하는 데 크게 기여할 것이다.

또한 본 연구결과는 정책적인 차원에서 이주노동자, 결혼이민자, 다문화가정 자녀 등 다문화적 소수자집단의 사회권과 문화권을 보호하고 신장할 수 있는 정책과 프로그램 개발에 활용될 것이다. 특히 정부 또는 시민사회가 이민자의 규모와 종류, 권리와 의무, 사회통합 방안 등을 결정하는 이민정책과 다문화정책을 수립하고 집행하는 데 유용한 기초 자료를 제공할 것이다. 아울러 다문화사회의 성패는 소수집단이 아니라 다수집단의 인식과 행동에 달려 있는 만큼 한국인들의 인식과 태도를 다문화 수용적으로 개선할 수 있는 교육 및 인식 개선사업을 설계하는 데 크게 기여할 것이다.

02

이론적 논의와
선행연구 검토

유한한 지각능력을 가진 인간이 자신을 둘러싼 **복잡한 세계를** 이해하는 방법은 다양한 개인과 현상을 단순하게 범주화하는 것이다. 서로 비슷하다고 생각하는 것들끼리는 묶고 서로 다르다고 생각하는 것들은 구별함으로써 인간은 무질서하게 보이는 세계에 질서를 부여한다.

 이론적 논의

고정관념이 개인의 의식적인 차원에만 머문다면 그다지 문제가 될 것은 없다. 그러나 고정관념은 부정적인 태도와 감정이 수반되는 편견이 되기 쉽고, 개인과 사회 차원에서 자신과 다르다고 생각하는 인구집단을 배제하고 차별하는 행위로 이어지는 경우가 많고, 그러한 배제와 차별행위를 정당화하는 이데올로기로 작용한다는 데 문제가 있다.

1) 범주화와 고정관념

유한한 지각능력을 가진 인간이 자신을 둘러싼 복잡한 세계를 이해하는 방법은 다양한 개인과 현상을 단순하게 범주화하는 것이다. 서로 비슷하다고 생각하는 것들끼리는 묶고 서로 다르다고 생각하는 것들은 구별함으로써 인간은 무질서하게 보이는 세계에 질서를 부여한다. 범주화는 비록 불완전하지만 제한된 인간의 지각능력을 감안하면 불가피하다고 볼 수 있다. 그러나 다르다고 하는 것이 그 자체로는 어느 것이 좋고 나쁘다는 가치평가와는 다른 것임에도 불구하고 인간은 종종 구별을 하면서 자신과 다르다고 생각하는 사람에 대해서 편견을 갖고 배제하고 차별한다는 데 문제가 있다.

범주화의 대표적인 예가 고정관념이다. 우리는 어느 특정 집단의 특성에 대해서 과도하게 일반화된 생각을 해당 집단의 개개인의 성원에게 적용하는 경우가 있다. 예를 들어 남성은 이성적이고 독립적이고 수학과 운동에 뛰어난 반면 여성은 감정적이고 순종적이고 예술과 문학에 뛰어나다고 생각하는 것이다. 이렇게 단순하고 획일적인 생각은 개인의 다양한 개성을 무시하고 개인이 갖고 있는 무한한 잠재력을 부정하고 억제하는 결과를 가져온다. 이러한 형태의 고정관념은 성뿐만 아니라 연령, 신체특성, 계층, 인종, 민족, 종교, 지역 등의 차원에 걸쳐 광범위하게 적용되고 있다.

고정관념이 개인의 의식적인 차원에만 머문다면 그다지 문제가 될 것은 없다. 그러나 고정관념은 부정적인 태도와 감정이 수반되는 편견이 되기 쉽고, 개인과 사회 차원에서 자신과 다르다고 생각하는 인구집단을 배제하고 차별하는 행위로 이어지는 경우가 많고, 그러한 배제와 차별행위를 정당화하는 이데올로기로 작용한다는 데 문제가 있다. 배제와 차별행위의 주된 피해자는 여성, 이민자, 소수인종/민족, 장애인과 같은 소수자이며, 이들을 주류 사회의 자원과 기회구조로부터 배제함으로써 이들에게 실업, 빈곤, 질병, 일탈, 사회적 고립과 같은 사회문제가 집중되는 결과를 가져온다. 차별은 소수자의 생활기회와 삶의 질을 저하할 뿐만 아니라 개인의 정신적 건강에도 악영향을 미쳐서 건강하고 긍정적인 자아의식을 갖기 어렵게 만든다. 이러한 문제가 축적되고 증폭되면 사회구성원들간의 불평등과 갈등이 심화되고 결국은 사회안정과 통합을 저해하는 결과를 가져오게 된다. 이렇게 소수자에 대한 차별은 한편으로는 개인의 자기개발과 그로 인한 사회발전의 가능성을 저해하고 또 다른 한편으로는 사회를 분열시키고 불안정하게 만드는 악영향을 끼친다. 따라서 한 사회가 통합을 이루고 발전하기 위해서는 무엇보다도 어떠한 형태의 차별이든 그것을 철폐하고 모든 사람에게 자기발전의 동등한 기회를 제공하는 것이 중요하다.

2) 태도와 태도변화

사회심리학에서 편견, 고정관념, 차별 등에 관한 연구는 태도와 태도변화라는 주제 하에서 연구된다. 태도는 여러 가지로 정의될 수 있는데 올포트(Allport, 1935: 810)는 "어떤 대상에 대해 지속적으로 호의적 또는 비호의적으로 반응하려는 학습된 사전적 경향(predisposition)"으로, 크러치필드와 크레치(Crutchfield and Krech, 1948: 152)는 "개인의 세계의 어떤 측면에 대한 동기적, 정서적, 지각적 및 인지적 과정들의 지속적인 구성체"로 정의하였다. 태도는 크게 인지적 요소, 정서적 요소, 행동적 요소로 구성된다. 인지적 요소는 태도 대상에 대한 사실들, 지식 및 신념으로 구성되고, 정서적 요소는 태도 대상에 대한 사고의 모든 감정들이나 정서, 특히 평가로 구성된다. 행동적 요소는 태도 대상에 대한 행위자의 반응 준비성과 행동 경향성으로 구성된다(Stephan and Stephan, 1990: 256-257).

선행연구에 따르면 태도는 선천적으로 타고 나는 것이 아니라 학습에 의해서 생성된다(Allport, 1935). 그리고 태도는 사람들이 자신들의 세계를 이해하는데 도움이 되는 이해 기능(understanding), 중요한 목표를 달성하게 하는 욕구 충족 기능(need satisfaction), 불안이나 위협에서 벗어나 자아와 자기 이미지를 보호하는 자기 방어적

기능(ego defense), 자신의 신념과 가치관을 표현하고 외부집단에 대해 자신의 정체성을 재확인하고 이를 통해 소속감과 연대감을 강화하는 자기표현 기능(value expression)을 수행한다(Katz, 1960). 따라서 태도는 그것이 비록 부정확한 정보, 신념, 가치관에 기초하고 있고 현실과 일치하지 않더라도 편견을 갖고 있는 사람들에게 유익한 기능을 수행하는 한 쉽게 바뀌지 않는 성향이 있다.

태도의 관점에서 볼 때 편견은 사회적으로 정의된 특정한 집단에 대한 부정적인 태도이고, 고정관념은 사회적으로 정의된 특정한 집단이 가지고 있다고 여겨진 특성이다. 편견과 고정관념을 발생, 유지, 증폭시키는 사회심리학적 기제에는 현실적 집단 갈등, 권력의 차이, 사회화 과정에서의 학습과 규범적 동조, 내집단-외집단 편향 또는 자민족중심주의(ethnocentricism) 등이 있다(Noel, 1968; Stephan and Stephan, 1990: 434; 이미나, 2008: 82). 위와 같은 기제들이 작동하는 방식을 설명하자면 우선 두 집단이 한정된 정치경제적 자원을 놓고 경쟁을 할 때 상대 집단에 대한 편견이 발생하게 되고, 권력이 강한 다수집단이 상대적으로 열세인 소수집단에 대해 편견과 고정관념을 생성하고 정당화한다. 사람들은 사회화 과정을 거치면서 가정, 학교, 직장, 매스미디어 등에서의 비공식, 공식적인 학습을 통해 사회에 존재하는 다양한 편견과 고정관념을 습득하게 된다. 또한 사람들은 내집단은 긍정적으로 외집단은 부정적으로 평가하고, 힘없는 소수집단을 멸시, 차별함으로써 스스로를 우월하게 여기는 경향이 있다. 그리고 내집단에 대한 헌신은 충성과 애국주의로 긍정적으로 해석되는 반면 외집단 구성원들 간의 헌신은 배타적 또는 편애로 부정적으로 해석된다.

태도가 사회적으로 구성되고 학습되는 것이라고 한다면 적절한 개입과 노력에 의해서 사회적으로 바람직한 방향으로 변화하는 것도 가능하다고 볼 수 있다. 태도변화와 관련해서는 인지부조화이론(Festinger, 1957), 자기지각이론(Bem, 1967), 정교화가능성이론(Petty and Cacioppo, 1986) 등이 있다. 설득에 의한 태도변화에 관한 선행연구(Taylor, Peplaw, and Sears, 1994: 188)에 따르면 설득자 특성(신뢰심, 호감), 전달내용과 전달방법(쌍방향의 내용, 메시지의 강도), 설득대상의 특성(주제에의 관여도, 인구학적 특성, 성격), 설득상황(주의 분산, 사전경고, 내용반복) 등에 따라서 태도변화가 일어나는 정도가 달라질 수 있다고 한다. 이미나(2008: 86)는 태도의 내면성과 외현성에 따라 내재적 태도와 외현적 태도를 구분하면서 두 가지 태도의 변화가능성에 큰 차이가 있다고 지적한다. 사람들이 직접적으로 표현하거나 공적으로 말하는 외현적 태도는 교육을 통해서 비교적 빠르게 변화 가능하지만 사람들이 의식적으로 통제하거나 의식적으로 알지 못해서 언어로 표현되지 않는 내재적 태도는 인위적인 노력을 통해 쉽게 변화하기 어렵다고 한다. 이렇게 볼 때 사람들이 겉으로 드러내기 꺼리려는 편견과 고정관념은 단기간의 교육을 통해 변화되기 어렵다.

사회심리학자들은 편견과 고정관념을 해소하는 방법으로 집단 간 접촉 증가, 조각맞추기 학습, 문화이해지 등의 방법을 제안한다. 올포트(Allport, 1954: 172)는 같은 목표 지향과 평등적인 접촉을 지속적으로 하면 두 집단 간에 편견이 해소되고, 접촉이 제도적인 지도하에 행해지면 더 좋은 성과를 얻을 수 있다고 주장했다. 조각맞추기 학습(jigsaw classroom)은 인종이 혼합된 학생들이 한 과제에 대해 개별적으로 자기가 맡은 부분을 공부한 다음에 다른 학생에게 그 부분을 가르침으로써 과제 전체를 학습하는 방법이다. 이런 과정을 통해 학생들은 상호의존적인 수단을 갖고 공통의 목표를 지향한다(Aronson, 1978). 문화이해지(cultural assimilator)는 귀인훈련의 대표적인 방법으로 이를 통하여 사람들은 상대방이 나의 행동을 어떻게 이해할 지, 그리고 나는 상대방의 행동을 어떻게 이해해야 할지를 배운다(Stephan and Stephan, 1990: 448). 즉 타문화의 사람들 간에 상호작용을 할 때 서로가 행동 원인에 대하여 어떤 판단을 내리는 가를 출현을 통하여 배우는 것이다.

앞에서 논의한 태도와 태도변화에 관한 내용들을 정리하면 태도는 인지적, 정서적, 행동적 요소들을 갖고 있고, 두 집단이 공통의 목표를 갖고 평등한 지위에서 지속적인 접촉을 하게 되면 서로 간의 편견을 해소할 수 있다. 이런 사회심리학적 지식에 기초하여 본 저서에서는 한국인이 이주노동자와 다문화사회에 대해 갖고 있는 정보와 인식의 수준과 내용(인지적 요소), 이주노동자를 포함한 다문화적 소수자집단에 대한 사회적 거리감(정서적 요소), 외국인과의 교류 경험, 이주노동자로 인한 피해 경험, 정부의 이민정책 수용도(행동적 요소)를 조사하도록 하겠다.

원래 소수자라는 용어는 미국과 같은 다인종, 다민족 사회에 적합하지만 한국사회에도 사회적 약자로서의 소수자라고 불릴 만한 다양한 집단들이 증가하고 있다.

1) 소수자

소수자(minority)란 사회의 제반 영역에서 성, 연령, 인종 및 민족, 종교, 사상, 경제력, 성적 취향, 지역, 또는 그 외의 이유로 지배적이라고 일컬어지는 기준과 가치와 상이한 입장에 있어서 차별과 편견의 대상이 되는 사람들을 가리킨다. 물론 소수자는 인구규모에서 열세이지만 이보다 중요한 것은 정치적, 경제적, 사회적 권력의 열세이다. 소수자를 규정함에 있어서 생득적인 조건들과 차등적 권력관계의 중요성을 함께 강조한 드워킨과 드워킨(Dworkin and Dworkin, 1999: 17-24)에 따르면, 소수자를 정의하는 데는 다음의 네 가지 조건이 필요하다. 첫 번째 조건은 '식별가능성(identifiability)'이다. 식별가능성이란 어떤 신체적, 문화적 특징에 의해 다른 집단과 구별되는 뚜렷한 차이를 나타낸다는 갖는다는 것을 의미한다. 두 번째 조건은 '권력의 열세'이다. 여기서 말하는 권력의 열세란 경제력, 사회적 지위, 정치권력 등 다양한 측면에서 실질적인 차이가 있거나 혹은 여러 가지 자원을 동원할 수 있는 능력에서 차이가 난다는 것을 뜻한다. 세 번째는 '차별적 대우의 존재'이다. 소수자에 대한 차별은 한 개인이 단지 그 집단의 성원이라는 이유만으로 사회적 차별의 대상이 되는 상황을 초래한다. 끝으로 네 번째 조건은 '소수자 집단 성원으로서의 집단의식'이다. 이와 같은 집단의식은 단지 몇 사람의 공유된 생각에서 시작하게 되지만 차별적 관행의 반복을 통해 전체적인 연대의식으로 확장된다.

한국사회의 소수자 역시 동일한 방식으로 규정될 수 있다. 원래 소수자라는 용어는 미국과 같은 다인종, 다민족 사회에 적합하지만 한국사회에도 사회적 약자로서의 소수자라고 불릴 만한 다양한 집단들이 증가하고 있다. 북한이탈주민, 장애인, 외국인 이주노동자, 결혼이민자, 동성애자 등은 한국사회의 변화된 양상을 보여주는 소수자들이다. 이들은 사회적 신분, 정신적·신체적 장애, 출신국가나 민족, 성적 지향 등의 측면에서 다른 집단과 구별되는 두드러진 특징을 갖는다. 동시에 정치적, 경제적, 사회적 권력으로부터 완전히 소외되어 있거나 열세적 위치에 머물러 있으며 지속적인 차별의 대상이 된다. 비록 부분적이긴 하지만 1990년대 이후 등장하기 시작한 소수자 중심 사회단체의 성장은 그들 스스로의 집단의식 형성과도 깊은 관계가 있다. 2001년 5월 제정된 국가인권위원회법에서도 법률의 적용 대상을 '대한민국 국민과 대한민국의 영역 안에 있는 외국인'으로 규정하고 있으며 또한 장애여부, 사회적 지위, 인종, 성정체성에 근거한 모든 평등권 침해를 차별행위로 규정하고 있는데 이러한 사실은 북한이탈주민, 장애인, 이주노동자, 동성애자를 한국사회의 소수자집단으로 간주하는 근거가 된다(김상학, 2002).

2) 다문화적 소수자집단

다문화사회에서는 소수자를 구별 짓는 여러 기준들 중에서 인종, 민족, 국적, 문화 등이 성, 연령, 성적 취향, 지역, 신체장애 여부 등보다 중요하게 작용한다. 이렇게 다문화적 특성으로 인해 소수자로 구별되는 집단을 필자는 다문화적 소수자집단(multicultural minority group)이라고 부르겠다. 현재 한국사회에서 다문화적 소수자집단에 속한다고 볼 수 있는 사람들은 이주노동자, 결혼이민자, 다문화가족 자녀, 화교, 북한이탈주민이다. 북한이탈주민을 다문화사회의 구성원으로 볼 것인가에 대해서는 학계에서도 상당한 의견차이가 있고 이에 대해 필자의 최근 저서『북한이주민』(윤인진, 2009)에서 자세하게 논의하였다. 필자는 북한이탈주민이 남한주민과 같은 한민족이지만 상이한 체제에서 성장하여 남한주민과 다른 가치관과 행동양식을 갖고 있고 새로운 환경에서 적응해야 하는 이주민이기 때문에 이들을 다문화적 관점에서 접근하는 것에 무리가 없다고 본다.

3) 다문화 수용성

다문화 수용성은 다문화사회로의 변화와 서로 다른 인종 문화적 배경을 가진 집단을 한 사회의 구성원으로 받아들이는 수용의 정도로 이해 할 수 있다. 이는 황정미 외(2007)의 다문화사회로의 변화를 긍정적인 것으로 받아들이고 다양한 민족·인종과 공존이라는 사회적 가치를 지지하는 태도를 의미하는 다문화 지향성과도 그 맥을 같이 하고 있다. 이러한 다문화 수용성은 국민과 국민이 아닌 자의 경계를 구분하는 국민정체성은 소수인종 민족집단에 대한 차별적이고 배타적인 태도를 형성하는 데 영향을 미치고 있다고 볼 수 있다.[01] 다문화 수용성에 관한 대표적인 논의인 종족배제주의와 인지된 위협, 그리고 사회적 거리감을 살펴보도록 하겠다.

(1) 종족배제주의(ethnic exclusionism)

종족배제주의는 코엔더스와 그의 동료들(Coenders, Lubbers, and Scheepers, 2003)이 유럽연합에 속한 15개국을 대상으로 국가들 간의 그리고 개인들 간의 종족배제주의의 태도 차이를 설명하면서 사용한 개념이다.[02] 유럽의 인종주의와 인종혐오에 관한 연구센터인 EUMC(EU Monitoring Center for Racism and Xenophobia)는 종족배제주의를 하나 또는 그 이상의 다른 민족·인종적 외집단에 대해

---

01 이러한 차별적 태도는 전지구적인 노동의 이동으로 주변부 노동력 인구가 중심부 또는 반주변부로 가속화됨에 따라 외부인(outsider)으로 인지되는 개인이나 집단을 두려워하거나 혐오하는 제노포비아 현상으로 표출되거나, 희소자원을 놓고 더 많은 이익을 얻기 위한 충돌이나 갈등으로 인해 타인종·타민족에 대한 차별적 태도가 강화되는 종족배제주의가 나타나기도 한다(Coenders et al; 2003 Epstein and Levanon, 2005).

02 EUMC(2005)는 유럽 15개국에서 동일한 문항으로 실시한 조사결과를 토대로 종적 배제주의에 영향을 미치는 개인적 요인과 국가적 요인들을 분석하였다. 종족배제주의는 Eurobarometer와 European Social Survey의 설문 문항을 토대로 10개다문화 사회에 대한 저항, 다문화 사회의 한계, 합법적 이주자의 시민권에 대한 반대, 합법적 이주자의 송환정책에 대한 선호, 다양성에 대한 저항, 이주자에 대한 저항, 난민에 대한 저항, 민족적 거리에 대한 선호, 집합적인 민족적 위협 인지, 범죄를 저지른 이주자의 송환정책 선호의 하위 차원으로 구성된다.

일반화된 비우호적 태도로 정의하고 있다(EUMC, 2005). 종족배제주의는 현실갈등이론(realistic conflict theory)과 사회정체성이론(social identity theory)으로 설명될 수 있으며, 이 두 이론이 보완적 관계에 있다(Coenders et al., 2003; 오계택 외, 2007; 황정미 외, 2007).

코엔더스 외(Coenders et al., 2003)에 의하면 종족배제주의는 자신이 속한 민족·인종 집단에게는 강한 동일시를 보이는 반면 외집단에게는 배타적인 태도를 보이는 정체성의 메커니즘으로서 현실적인 경쟁에 의해 강화된다. 또한 개인적 수준에서의 경쟁과 다수 집단 구성원들의 사회적 환경으로부터 파생되는 인지된 위협이 영향을 미칠 수 있다.

EUMC(2005) 보고서는 종족배제주의를 다음 네 가지 가설에 따라 분석하였다. 첫째, 소수인종집단과 실제적 경쟁관계에 있는 사람들이 더욱 종족배제주의적인 태도를 보일 것이다. 둘째, 타인종·타민족 소수자들로 부터 사회적 위협을 더 강하게 느끼는 사람일수록 종족배제주의적인 태도가 강해질 것이다. 셋째, 이주민의 비율이 높고 난민의 수가 많으며, 실업률이 높은 국가에서 종족배제주의적인 태도는 더욱 강해질 것이다. 넷째, GDP가 낮은 국가 그리고 GDP 중 사회복지 지출의 비율이 낮은 국가는 인종 간 경쟁의 수준을 낮추어 줄 만한 정책 수단이 적기 때문에 종족배제주의적인 태도는 더욱 뚜렷할 것이다. 분석 결과, 교육수준이 낮고, 육체노동에 종사하고, 경제적 소득이 낮고, 실업상태에 있는 사람들 중에서 종족배제주의가 강하게 나타나고 있다. 또한 외국인 이주자들과 사회경제적 지위가 유사한 집단은 이주자들이 늘어날수록 이들에 대하여 차별

적 태도를 취하는 것으로 나타났다. 또한 1인당 GDP가 낮고 실업률
이 높은 국가, 인구 중 비서구 외국인의 비율이 상대적으로 높은 국
가에서 종족배제주의 태도가 보다 두드러지게 나타나고 있다.

(2) 인지된 위협(perceived threat)

현실갈등이론과 사회정체성이론에 따르면 개인이나 집단이 외집단
인 이주자에게 느끼는 차별과 편견, 배타적인 태도는 이들에게 느끼는
위협의 수준에 따라 결정된다(Quillian, 1995; Scheepers, Gijsberts and
Coenders, 2002; Raijman and Semyonov, 2004). 이러한 위협의식은
인종주의, 상징적 인종주의, 권위주의적인 성향, 편견과 보수적인 성
향과 맞물려 이주자에 대한 배타적 태도를 가중시키는 원인으로 작용
한다(Wimmer, 1997). 개인의 사회경제적인 지위와 민족 동질성에 대
한 위협이 복합적으로 결합하여 이주자에 대한 불관용적인 태도를 형
성하고 있다(Raijman and Semyonov, 2004). 즉 한 개인이 이민자에게
느끼는 위협은 권력과 자원, 이익과 보상을 위한 집단 간 경쟁과 갈등,
상징적이고 문화적인 위협으로 인하여 주로 발생할 가능성이 높다.
또한 주류 사회가 소수인종민족집단과 이주자에게 느끼는 위협은 외
부 위협(external threat)과 인지된 위협(perceived threat)으로 구분 할
수 있다. 외부 위협은 외국인 이주자들과 비슷한 조건에서 일자리나 생
업을 놓고 경쟁을 하는 과정에서 발생하는 위협을 의미하며, 인지된 위
협은 직접 외국인 이주자와 경쟁하지는 않지만 외국인들의 존재를 위협
적으로 느끼고 그로 인해 자신의 위치가 불안정해질 것이라고 느끼는
상황으로 개념화할 수 있다(Blumer, 1958; Blalock, 1967; Bobo, 1988;

Olzak, 1992; Quillian, 1995; Scheepers et al., 2002; Raijman and Semyonov, 2004).

블루머(Blumer, 1958)는 위협을 다수 집단의 특권에 대한 위협의 지각에 초점을 맞춰서 설명하고 있는데, 주류집단은 자신들의 특권이 위협을 많이 느낄수록 자신들을 위협하는 외집단의 성원에 더욱 많은 차별과 편견을 표출하게 된다고 설명한다. 보보(Bobo, 1988)는 블루머의 이론을 수정하여 주류 집단이 소수인종집단에 취하게 되는 편견과 고정관념은 소수 집단이 다수 집단의 실질적인 자원과 관습들을 위협한다고 느낄 때 반응하는 것이라고 설명한다. 즉 주류 집단의 소수인종집단에 대한 차별과 편견은 다수 집단의 현실적인 이해관계에 반하는 집합적 위협에 대한 반응이라고 설명할 수 있다. 퀼리안(Quillian, 1995)도 주류 사회의 소수인종민족집단에 대한 인종적 편견을 인지된 위협에 대한 반응으로 상정하고 인지된 위협은 소수인종민족집단의 인적 규모의 증대, 불확실한 경제 상황에서 실질적 경쟁관계에 처할 수 있다는 위협의식과 관련이 있다고 설명하고 있다. 유사한 맥락에서 블레이락(Blalock, 1967)은 위협을 개념규정하면서 실질적 경쟁(actual competition)과 인지된 경쟁(perceived competition)으로 구분하고 분석하였다. 즉 실질적 경쟁은 희소자원에 대한 접근 가능성과 희소자원들의 분배를 규제하는 시장 메커니즘과 같은 사회 경제적 환경을 의미한다. 하지만 인지된 경쟁은 직접 외국인 이주자들과 경쟁하고 있지는 않지만 외국인들의 존재를 위협적으로 느끼고 그로 인해 자신의 위치가 불안정해질 것이라고 느끼는 것이다(Coenders et al., 2003; 오계택 외, 2007:10 재인용).

스테판과 스테판(Stephan and Stephan, 2001)도 이러한 위협을 현실적 위협(realistic threats)과 상징적 위협(symbolic threats)으로 구분하고 있다. 현실적인 위협은 임금, 부동산, 인간적인 삶과 같이 실제적이고 구체적인 영역에서 위협을 의미하며, 상징적인 위협은 내집단의 정체성, 신념체계, 가치체계, 세계관과 같은 국가적 차원과 연관된 다양한 잠재적 위협을 의미한다.

(3) 사회적 거리감

사회적 거리감은 사람들이 다양한 사회집단에 대해 갖고 있는 편견의 정도나 주관적 느낌을 의미한다. 이 개념은 미국 사회학자인 파크(Park)가 독일의 사회학자 짐멜(Simmel)의 논의에서 끌어온 것이다. 짐멜은 집단 구성원간의 인간관계에서 각 구성원이 겪게 되는 전형적인 어려움을 연구하였으며, 파크에 의하여 '개인 사이의 거리'로서 사회적 거리감의 개념이 발전하였다(황정미 외, 2007). 파크는 사회적 거리감을 '공간적 거리보다 인간의 감정에 적용되는 거리'로서, 이 거리는 개인이나 집단 사이에 널리 퍼져있는 친밀감(intimacy)의 정도로 설명하였다. 이러한 사회적 거리감은 계급의식이나 민족의식처럼 우리와 그들을 구분하는 일종의 경계를 의미하는 것으로, 개인이나 집단 사이에 사회적 거리가 클수록 서로에게 미치는 영향이 적다는 것이라고 볼 수 있다(Coser, 1977). 이러한 사회적 거리감은 한 개인이 특정 집단이나 계층 구성원에 가지고 있는 주관적 느낌으로 사람들 사이에 존재하는 공감적 이해의 상이한 정도로서, 객관적, 구조적 측면보다는 개인의 주관적 측면을 강조한 것이라고 할 수 있다(Bogadus, 1933).

이러한 개념에 기초해서 다양한 인종, 인종, 계급 등 사이에 존재하는 사회적 거리를 측정하기 위해 여러 가지 형태의 척도가 개발되었고, 보가더스 척도(Bogadus scale)가 가장 대표적인 척도이다. 보가더스는 응답자들이 다양한 민족과 인종에 대해 얼마만큼 사회적 거리를 느끼는가를 측정하였다. 구체적으로 결혼, 친구, 이웃, 직장 동료 같은 7가지 항목에 대한 찬성과 반대를 묻는 방식으로 사람들이 가지고 있는 사회심리적 거리감을 측정하였다(Babbie, 2006).

이후 여러 학자들에 의해 사회적 거리감은 인종, 민족, 성, 종교, 직업 등 다양한 사회집단들 간의 편견, 차별, 사회적 관계를 설명하고자 하는 실증적 연구에 폭넓게 활용되었다. 웨스티(Westie, 1952)는 사회적 거리감의 하위 차원을 주거위치에 따른 거리, 개인 간의 육체적 거리, 개인 간의 사회적 거리, 권력 위치에 따른 거리로 네 개의 영역으로 구분해서 각 영역에 대하여 사람들이 허용하는 정도로 사회적 거리를 측정하였다(Westie, 1959). 마틴(Martin, 1962)은 어떤 대상에 대한 우호적 또는 비우호적 태도로서 사회적 거리감을 측정하였다. 카두신(Kadushin, 1962)은 사회적 거리감을 개별 인간보다 사회적 지위간 상호작용의 비율과 같이 객관적 준거에 의해 측정하는 비의식적 차원의 사회구조적 개념임을 강조하였다. 하지만 페루치(Perrucci, 1963)는 응답자들이 어떤 대상에 대한 긍정적 또는 부정적 친화성에 대한 선택으로 사회적 거리감을 측정하였다. 라우만(Laumann, 1965)도 사회적 거리감을 '특정한 지위 특성을 가진 어떤 집단이 사람에 대한 개인의 태도'로 정의하면서 개인이 특정 집단이나 계층 구성원에게 갖는 멀고 가까움을 나타내는 개념으로 사용하였다. 쉐리프(Serif, 1973)는 다양한 사회집단간의 상대적 친밀 또는 거부의 정도를 측정하는 도구로서 사회적 거리감을 측정하였다.

(4) 국민정체성

국민정체성은 다문화 수용성과 밀접하게 연관되어 있다. 즉 국민정체성은 사회정체성의 한 형태로서 국민적 유대감이 소수자와 이민자에 대한 태도에 어떤 영향을 미치는 지를 분석할 수 있는 체계를 제공한다(Tajfel and Turner, 1986). 또한 국민정체성은 다문화 수용성의 수준과 그 특징을 가늠해 볼 수 있는 중요한 지표가 될 수 있다. 이러한 국민성체성은 국가 구성원인 국민과 국민이 아닌 사람으로 구분을 통하여 자신이 속한 집단(in-group)과는 동일시를 하지만 타자(out-group)와는 거리를 두는 포섭과 배제의 이중적인 태도를 보이는 정체성의 메커니즘으로 설명될 수 있다(Hjerm, 1998; Castles and Miller, 2003; 황정미 외, 2007).

국민정체성은 한 국가의 구성원들이 '국민됨'(nationhood)에 대하여 생각하고 이야기하는 방식 또는 스스로를 규정하는 자기인식이라고 정의할 수 있다(Brubaker, 1992). 국민정체성은 국가의 구성원인 국민이 느끼는 소속감으로서 상상의 공동체에 참여하는 구성원 모두가 공유하고 있는 이미지 또는 집합적 정체성으로 이해될 수 있다(Gellner, 1983; Shils, 1995; Hjerm, 1998; Jones, 2000; Jones and Smith, 2001). 또한 국민정체성은 사회정체성(social identity)의 한 형태로서 특정 국가 또는 국민과 연관하여 사람들이 가지고 있는 신념과 감정을 의미한다고 볼 수 있다(Wiggins and Zanden, 1994; 정기선, 2004). 또한 국민정체성은 시민권(citizenship)[03]과 국적(nationality)[04]을 결정하는 가장 중요한 문화적 요인으로 간주되고 있다. 시민권과 국적은 그 나라의 국민됨의 범위를 규정하는 국민정체성의 지표가 되고 있는 것이다(Brubaker, 1992; 전재호, 2005).

일반적으로 국민정체성은 종족적 - 혈통적 모델(ethnic-genealogical model)과 시민적-영토적 모델(civic-territorial model)로 구분될 수 있다(Smith 1991, 1995; Habermas, 1994; Jones and Smith, 2001). 종족적-혈통적 모델은 귀속적 속성이 강하고 민족의 구성에 있어 영토보다는 혈통을 중요시 하는 개념이다. 또한 민족공동체 혹은 문화공동체에 기반이 되는 동일 조상의 후손, 전통과 문화적 유산의 공유, 공동의 정치운명에 대한 집단기억의 공유 등을 포함하고 있다(Smith, 1991). 반면 시민적-영토적 모델은 민족의 구성에서 영토와 정치적공동체로서 자격요건이 중요하게 강조된다. 또한 선택적이고 자발적 속성이 강한 개념으로 국민으로서 동등한 권리 및 의무의 행사, 제도와 같은 정치적 의지와 자본주의적 이해를 포함하는 개념이다(Jones and Smith, 2001; 최현, 2003).

지금까지 국내외의 많은 연구에서 국민정체성은 종족적 요인과 시민적 요인으로 구분하여 국가 간 국민정체성의 수준을 비교하거나, 각 요인별 성향에 따른 이주자과 소수인종 민족집단에 대한 태도 등을 연구하는 데

---

03 시민권은 근대 이후 등장한 개념으로 매우 중요한 사회적 울타리로서의 역할을 한다. 이러한 시민권은 누가 한 국가의 시민으로서 그 나라의 중요한 정책을 결정할 수 있는지, 국가에 의해 보호받을 자격이 있는가에 대한 국가의 결정이라고 할 수 있다. 또한 이는 국민들만이 누릴 수 있는 물질적 부, 사회적 기회와 보상 등을 국민이 아닌 사람이 누릴 수 없도록 만들 뿐 아니라 그들이 국민이라면 마음 놓고 출입할 수 있는 한 나라의 영토에 들어가는 것을 막는다(Brubaker, 1992).

04 국적은 일반적으로 어떤 개인을 특정한 국가에 귀속시키는 법적인 유대라고 설명된다. 곧 국적이란 자연인이 특정 국가에 대하여 특별한 유대를 가지고 있는 경우 국제법의 원칙에 따라 그 국가의 국내법에서 부여한 법적 인연이라고 하는 것이다. 이로써 국적은 국민으로서의 신분 또는 국민이 되는 자격이라고 할 수 있고 어떤 개인이 특정한 국가의 구성원이 되는 자격 또는 지위라고 정의할 수 있다(전재호, 2005).

 한국인의 이주노동자와 다문화사회에 대한 인식

유용한 지표로 활용되었다(Jones, 2000; Jones and Smith, 2001; 정기선, 2004; Epstein and Levanon, 2005; 윤인진, 2005; 최현, 2007). 하지만 국민정체성을 종족적 요인과 시민적 요인으로 구분하는 것은 그 경계가 모호할 뿐만 아니라 국민정체성의 전체적인 면모를 담아내는 데 일정한 한계가 있을 수밖에 없다는 비판이 제기되고 있다(Herring, et al., 1999; Brown, 2000; Shulman, 2002; Oliver and Wong, 2003; Hochman et al., 2008; Holley and Vicki, 2009). 또한 이러한 이분법 자체가 충분한 경험적 연구에 의해서 뒷받침된 것이 아니라, 대륙 중심의 매우 광범위하고 역사적 요인에 초점을 맞춘 규범적이고 자민족 중심적인 이론이라는 비판도 함께 제기되었다(McCrone, 1998; Yack, 1999). 구체적으로 살펴보면, 헤링 외 (Herring et al., 1999)와 올리버와 웡(Oliver and Wong, 2003)은 경험적 연구를 통하여 종족적 요인은 배타적이고 시민적 요인은 포용적이라는 범주화에 대하여 의문을 제기하면서 이주자에 대한 태도의 결정 요인은 국민정체성 요인보다 소수집단과 얼마나 접촉하고 긴밀한 교류를 하느냐의 여부에 따라 결정된다고 설명한다. 브라운 (Brown, 2000)도 이러한 이분법적 시각을 비판하면서 시민적 요인을 강조하건 혹은 민족적 요인을 강조하건 민족주의를 주도하는 엘리트의 지위가 불안정하고 그들의 지위를 위협하는 외부 집단에게 공격적인 행동을 가할 경우에 종족적인 민족주의로 전개될 가능성이 높다고 설명한다. 슐만(Shulman, 2002)은 국민정체성을 이분적인 체계로 분석하는 것은 종족적 범주에 속하는 복합적인 속성을 단편화시키는 결과를 가져온다고 지적하면서 국민정체성을 시민형, 종족형, 문화형으로 구분할 것을 제안하였다. 이는 국민됨의 자격 요건 중 시민권, 장기거주, 법제도 존중 등을 시민적 요인으로, 언어, 종교, 전통을 문화적 요인으로, 혈통과 조상을 종족적 요인으로 구분할 수 있다고 설명한다. 이상의 논의에서 살펴볼 때 국민정체성의 종족적 요인과 시민적 요인은 배타적으로 서로 양분될 수 있는 개념이 아니며, 국민정체성의 종족적 요인과 시민적 요인은 상황에 따라 다양하고 복합적인 맥락에 따라 개인의 정체성 형성에 영향을 미치고 있다고 볼 수 있다.

이러한 국민정체성의 한계를 보완하기 위해 최근의 연구에서는 국민정체성의 종족적 요인과 시민적 요인을 배타적인 개념으로 상정하지 않고, 두 요인 모두를 고려한 분석 모델에 따라 연구를 수행한 것도 있다. 즉 종족적 요인과 시민적 요인이라는 기존의 이분법을 탈피하여 다면적인 측면에서 국민정체성의 유형을 구분하고 이 유형에 따른 다문화 수용성의 차이와 각 유형이 다문화 수용성에 미치는 영향력을 분석하는 연구들이 수행되었다. 구체적으로 살펴보면, 예름(Hjerm, 1998), 헤스와 틸리(Heath and Tilley, 2005), 호치만 외(Hochman et al., 2008)는 국민정체성의 종족적 요인과 시민적 요인이 상호 배타적인 개념이라는 관점보다 두 요인을 함께 고려하여 각 요인의 중간값을 기준으로 4가지 유형(혼합형(mixed), 종족형(ethnic), 시민형(civic), 다원형(plural))으로 국민정체성을 구분하여 측정하였다(<그림 2-1> 참조). 예름(Hjerm, 1998)의 연구에서는 혼합형이 이주자에게 가장 배타적이며, 다원형이 가장 관대한 태도를 보이는 것으로 나타났다. 헤스와 틸리(Heath and Tilley, 2005)의 연구에서도 두 요인 모두를 중요하게 여기는 집단은 불법 이민자 송출에 보다 적극적인 태도를 보인 반면 반차별금지법은 소극적인 태도를 보이는 것으로 나타났다. 하지만 다원형이 다문화주의에 더욱 여타의 집단보다 호의적인 것으로 나타났다.

 한국인의 이주노동자와 다문화사회에 대한 인식

<그림 2-1> 국민정체성 요인에 따른 유형 분류

		시민적 요인 (Civic factor)	
		강함(Strong)	약함(Weak)
종족적 요인 (Ethnic factor)	강함 (Strong)	혼합형 (Mixed)	종족형 (Ethnic)
	약함 (Weak)	시민형 (Civic)	다원형 (Plural)

자료 : Hochman et al.(2008).

할리와 비키(Holley and Vicki, 2009)도 종족적 요인과 시민적 요인의 이분법을 지양하고 종족 외집단에 대한 관용의 수준과 종족 내집단에 대한 애착의 정도에 따라 국민정체성을 4가지의 유형(시민형(civic), 종족형(ethnic), 혼종형(hybrid), 원자형(atomised))으로 구분하고 그 수준을 측정하였다(<그림 2-2> 참조). 종족정체성에 대한 유대감이 강한지 약한지에 따라서, 또한 외집단인 이주자에게 관용적 태도를 보이는지 불관용적인 태도를 보이는지에 따라서 국민정체성을 4가지의 유형으로 구분하여 분석하고 있다. 분석 결과 혼종형은 내집단에 대한 유대와 결속을 강조하면서도 이민자에 대한 관용적 태도를 동시에 보이고 있는 것으로 나타났으며, 원자형은 혼종형의 반대 양상을 보이는 것으로 나타났다.

<그림 2-2> 유대감과 관용성에 따른 국민정체성 분류

	외집단에 관용적 (Tolerant of out-group)	외집단에 불관용적 (Intolerant of out-proup)
약한 종족적 유대감 (Weak Ethnic Attachment)	시민형 (Civic)	원자형 (Atomised)
강한 종족적 유대감 (Strong Ethnic Attachment)	혼종형 (Hybrid)	종족형 (Ethnic)

자료 : Holley and Vicki(2009).

 # 선행연구검토

외국인과 이주민에 대한 태도에 관해서는 장태한(2001)의 한국 대학생의 타인종·민족 선호도에 관한 연구, 설동훈(2006)의 다문화가족의 자녀에 대한 한국인의 인식에 관한 연구, 오계택(2007)의 이주노동자와 함께 근무하는 한국인 근로자를 대상으로 이주노동자에 대한 인식조사, 유선호(2008)의 다문화사회에 대한 한국인의 여론 조사 등이 있다.

이민자와 다문화에 대한 국내의 선행연구들은 대체로 이민자들의 적응실태와 문제점을 조사하고 이들의 성공적인 정착을 지원하는 정책 및 프로그램을 모색하는 데 치중해왔다. 이들의 생활적응의 문제가 심각하고 시급한 대책이 필요하다 보니 적응실태를 파악하고 지원방안을 모색하는 데에 우선순위를 두었기 때문이다. 설동훈 외(2002)의 국내 거주 외국인 노동자 인권 실태조사, 설동훈·이혜경·조성남(2006)의 결혼이민자 가족실태조사, 전기선 외(2007)의 경기도 내 국제결혼 이민자 가족 실태조사 등 주로 적응실태를 조사한 보고서들이 연구성과로 출간되었다.

선행연구의 또 하나의 중요한 축은 외국인과 다문화에 대한 한국인의 인식과 태도에 관한 사회심리학적 연구이다. 주로 설문조사를 통해 수집한 자료를 통계분석을 통해 한국인의 인식과 태도의 수준을 밝히고 그 수준에 영향을 주는 결정요인들을 규명하는 방식으로 연구가 진행되어 왔다. 이러한 연구는 크게 외국인과 이주민에 대한 태도 연구, 사회적 소수자에 대한 편견과 차별적 태도에 관한 연구 그리고 한국인의 국민정체성에 관한 연구를 중심으로 구분할 수 있다(오계택 외, 2007; 황정미 외, 2007).

1) 외국인과 이주민에 대한 태도

외국인과 이주민에 대한 태도에 관해서는 장태한(2001)의 한국 대학생의 타인종·민족 선호도에 관한 연구, 설동훈(2006)의 다문화가족의 자녀에 대한 한국인의 인식에 관한 연구, 오계택 외(2007)의 이주노동자와 함께 근무하는 한국인 근로자를 대상으로 이주노동자에 대한 인식조사, 유선호(2008)의 다문화사회에 대한 한국인의 여론 조사 등이 있다.

장태한(2001)의 연구는 전국 12개 대학교 1,288명의 학생들을 대상으로 조사하였는데, 서구화가 가속화됨에 따라 한국 대학생들 중에 "백인선호"의식이 뚜렷이 나타난다고 보고하였다. 즉 선호하는 결혼 대상자로 한국인을 가장 많이 지목했으며, 그 다음으로 재미한인, 화교, 조선족, 탈북자, 미국인, 서유럽인, 일본인, 동남아시아인의 순으로 선호하는 것으로 나타났다. 외국인에 대한 호감도에서는 서유럽인과 미국인이 다른 지역의 외국인보다 매우 높게 나타났다. 또한 다른 민족·인종에 대한 선호도 순위를 보면 미국과 서유럽인, 일본인, 그리고 동남아인의 순이었으며 흑인과 아프리카인에 대한 호감도가 가장 낮았다. 또한 타인종·타민족에 대한 선호가 남녀 간에 분명한 차이를 보이고 있다. 남학생에 비해 여학생이 타인종·타민족과의 결혼에 더 호의적이고, 개방적 태도를 보이고, 한국인 이외의 결혼상대자로 미국인이나 서유럽계인을 선호하는 것으로 나타났다. 즉 여학생의 경우 결혼상대자로 1~3위가 한국인, 재미한인, 화교인 반면 4위~7위는 서유럽인에 대한 비중이 높았다. 반면 남학생의 경우 1~6위까지 해외한인과 화교를 선택한 것으로 나타났다. 이런 결과는 여학생은 백인선호 사상이 강한 반면 남학생은 민족주의 선향이 강하기 때문인 것으로 해석되었다.

유선호(2008)의 조사에서는 한국인은 한국에 여행 온 외국인에 대해 가장 우호적(90.7%)이고, 그 다음으로 내국인과 결혼한 외국인(81.0%), 근로목적의 외국인(66.2%) 순으로 외국인에 대해 차별적인 선호도를 보이는 것으로 나타났다. 하지만 선호도와 별 상관없이 외국인에 대한 지식은 매우 미천한 것은 나타났다. 여성 결혼이민자와 다문화 가정의 생활에 대해 잘 모른다고 응답한 사람들이 조사대상자의 70%(전혀 모름(17.6%)+별로 잘 모름(52.4%))인 반면 잘 알고 있다고 응답한 사람들은 23.9%(매우 잘 앎(4%)+다소 잘 앎(19.9%))에 불과했다. 또한 이주노동자에 대해서 모르는 사람들은 조사대상자이 69.8%(전혀 모름(19.2%)+별로 잘 모름(50.6%))에 달한 반면 잘 알고 있는 사람들은 24.9%(매우 잘 앎(3.2%)+다소 잘 앎(21.7%))에 불과했다. 이주민에 대한 지식과 정보는 미천하지만 여성 결혼이민자가 우리 사회에 도움이 된다고 생각하는 사람들은 조사대상자의 68%에 달하고 이주노동자가 도움이 된다고 생각하는 사람들도 74%에 달할 정도로 이주민의 한국사회 기여도에 대해서는 대체로 긍정적인 인식을 갖는 것으로 나타났다.

설동훈(2006)은 한국인과 결혼이민자가 다문화가족 자녀의 국민정체성과 민족정체성에 대해서 어떻게 생각하는 가를 비교하였다. 연구결과 결혼이민자들은 자신들의 자녀를 한국인(97.3%)인 동시에 한민족(97.0%)으로 적극적으로 인식하는 반면 한국인은 다문화가족의 자녀를 한국인(68.0%)과 한민족(54.4%)의 일원으로 받아들이는 데 다소 주저하는 것으로 나타났다. 이런 결과는 한국인이 여전히 혈통에 근거한 민족 및 국민 개념을 강하게 견지하고 다문화가족의 자녀를 국민 또는 민족의 범위 밖의 존재로 '타자화'하는 경향이 적지 않다는 것을 보여준다.

오계택 외(2007)은 한국인 근로자들이 이주노동자들에 대해서 어떻게 인식하는 가를 조사하였다. 조사 결과, 한국인 근로자들은 이주노동자들과의 문화적 적응에 상대적으로 어려움을 많이 느끼고 있지만, 사회적 거리감은 10년 전(1997년)과 비교하여 개선된 것으로 나타났다. 특히 자녀의 배우자로 찬성(2007년 21.3% vs. 1997년 12.7%)한다는 의견은 10년 사이에 크게 증가하였다. 또한 한국인 근로자들은 다문화사회의 일반적 가치관이나 이주노동자들의 출입국, 일상생활에서의 사회적 활동 및 직장에서의 경제적 권리에 대해서는 개방적인 태도를 지니는 것으로 나타났다. 하지만 이주노동자를 한국인으로 받아들이고, 또 이들의 문화를 한국 사회와 문화에 수용하고 혼합하는 것에 대해서는 거부감을 갖는 것으로 밝혀졌다. 특히 불법체류 이주노동자에 대해서는 매우 부정적인 태도를 지니고 있는 것으로 보고되었다.

일반 한국인이 일반 외국인 또는 이주민에 대해 갖는 인식과 태도에 대해서는 2003년 KGSS(한국종합사회조사) 이후 전국 규모의 설문조사를 통해서 자세하게 조사되어 왔다(2003 KGSS; 한준·설동훈,

2006; 유선호, 2008; 황정미, 2007; 윤인진, 2008). 이런 조사들에 따르면 사회적 통념과는 달리 한국인은 외국인과 이주민에 대해 포용적이고 관용적인 태도를 견지하고 있는 것으로 나타났다. 하지만 한국에서 이민자 수가 증가하는 것에 대해서는 대체로 부정적인 태도를 보이고 있으며, 이민자의 이주목적과 그 대상에 따라 차별적 호감도를 가지고 있는 것으로 나타났다

윤인진·송영호(2007)가 2003년 KGSS 자료를 분석한 결과 한국에 살려고 온 외국인 이민자에 대한 한국인의 태도는 전체적으로 포용적인 것으로 나타났다. "외국인 이민자들이 범죄율을 높인다." (찬성 32% vs. 반대 37%)와 "이민자들이 한국인의 직업을 빼앗아간다."(찬성 23% vs. 반대 47%)와 같은 진술들에 대해서 찬성보다 반대가 많았다. 또한 "이민자들은 일반적으로 한국 경제에 도움을 준다."(찬성 53% vs. 반대 15%)와 "이민자들은 새로운 아이디어와 문화를 가져옴으로써 한국사회를 좋게 만든다."(찬성 28% vs. 반대 26%)는 진술들에 대해 찬성이 반대보다 높게 나타났다. 또한 "한국 정부는 이민자들을 돕는 데 너무 많은 돈을 쓴다."는 진술에 대해 13%만이 찬성했고 48%가 반대했다. 이런 결과들은 한국인들이 외국인 이민자들에 대해 종래에 생각해왔던 것처럼 배타적이고 부정적이지 않다는 것을 일관되게 보여준다.

<표 2-1> 외국인에 대한 태도 (단위 : %)

구 분	긍정응답	부정응답	긍부정차이
외국인 이민자들이 범죄율을 상승시킨다	32.4	37.3	-4.9
이민자들은 일반적으로 한국 경제에 도움을 준다	52.9	15.5	37.4
이민자들은 한국인의 직업을 빼앗아간다	23.1	46.8	-23.7
이민자들은 새로운 아이디어와 문화를 가져옴으로써 한국사회를 좋게 만든다	27.8	26.2	1.6
이민자들은 새로운 아이디어와 문화를 가져옴으로써 한국사회를 좋게 만든다	13.1	47.9	-34.8

출처: 2003 KGSS 자료
주: 긍정 응답은 각 항목에 대해 '매우' 또는 '대체로'라고 응답한 경우이고, 부정 응답은 '별로' 또는 '전혀'라고 응답한 경우.

또한 한국에 있는 다른 인종 및 인종집단에 관한 태도에서도 한국인은 혈통과 문화가 다른 외국인이라도 한국인이 되는 것에 대해서 지금까지 알려진 것보다 배타적이지 않은 것으로 나타났다(윤인진·송영호, 2007). 2003년 KGSS 설문조사의 동일한 질문 문항들을 사용하여 2007년 한국인의 갈등의식조사에서 조사한 결과 2003년 조사보다 2007년 조사에서 타인종 집단에 대한 한국인의 태도는 더욱 관용적인 것으로 나타났다. 예를 들어, "한국의 전통과 풍습을 같이하지 않는 사람들이 완전하게 한국인이 되는 것은 불가능하다."는 진술에 대해 2003년에는 55%가 찬성, 23%가 반대하였지만 2007년에는 31.2%가 찬성, 31.2%가 반대했다. 그리고 "국가를 위해 인종이나 민족집단이 그들 고유의 전통과 풍습을 유지하는 것이 좋다."는 진술에 대해 2003년에는 43%가 찬성했으나 2007년에는 50.2%가 찬성했다. 이 두 자료를 통해 볼 때 전체적으로 한국인은 소수인종집단의 문화적 다양성에 대해서 관용적인 태도를 보이고 있고, 2003년에 비교해서 2007년에 더욱 그러한 방향으로 변하는 것으로 보인다.

<표 2-2> 소수 인종 집단에 대한 태도 (단위 : %)

구 분	긍정응답		부정응답		긍·부정 응답차이	
	03	07	03	07	03	07
한국의 전통과 풍습을 같이하지 않는 사람들이 완전하게 한국인이 되는 것은 불가능하다	55.0	31.2	23.0	31.2	32.0	–
소수인종집단의 전통과 풍습을 보존해주기 위해 정부가 이들을 지원해주어야 한다	61.6	50.2	12.5	10.7	49.1	39.5
국가를 위해 인종이나 민족집단이 그들 고유의 전통과 풍습을 유지하는 것이 좋다	43.1	44.9	47.6	9.2	−4.5	35.7
소수인종집단이 한국 사회문화에 동화하여 한국인과 같아지는 것이 한국사회에 더 좋다	–	37.6	–	11.7	–	26.0

주: 1) 2003 KGSS 자료와 「2007년 한국인의 갈등의식조사」 자료를 비교.
　　2) 긍정 응답은 각 항목에 대해 '매우 중요' 또는 '다소 중요'하다고 응답한 경우이고, 부정 응답은 '별로 중요하지 않음' 또는 '전혀 중요하지 않음'이라고 응답한 경우.

한준·설동훈(2006)은 외국과 외국인에 대한 태도를 정치적인 신념에 따라서 그 차이를 살펴보았다. 조사 결과, 진보적인 성향의 사람들이 보수적인 사람들보다 외국인에 대하여 좀 더 포용적이고 개방적인 태도를 견지하는 것으로 나타났다. 일례로 자녀가 외국인과 결혼하는 것에 대하여 보수적인 사람들의 27.2%만이 찬성한 반면, 진보적인 사람들의 40.4%가 찬성하였다. 또한 외국인 노동자의 유입으로 우리나라 사람들이 일자리를 위협받고 있다는 의견에 대해서는 보수적인 사람들의 40%가 찬성한 반면 진보적인 사람들의 30.6%가 찬성하여 진보와 보수에 따른 외국인에 대한 시각차가 상당함을 알 수 있다.

<표 2-3> 외국과 외국인에 대한 태도 (단위 : %)

구 분	전체	보수	중도	진보
우리나라는 외국인이 살기 좋은 나라다	25.9	27.9	25.4	24.7
나는 언젠가 외국에 나가서 살고 싶다	38.2	37.7	37.6	40.4
우리나라는 가난한 나라에 대한 원조를 늘려야 한다	32.4	28.2	30.3	43.8
어릴 때부터 외국어나 외국문물을 익히도록 하는 것이 좋다	58.3	61.6	57.1	57.4
외국인 노동자가 나와 같은 일을 한다면 같은 임금을 받아야 한다	55.1	56.7	53.0	59.1
외국인 노동자의 유입으로 우리나라 사람들이 일자리를 위협받고 있다	40.5	40.0	44.3	30.6
나는 자녀가 외국인과 결혼하는 것에 대해 반대하지 않을 것이다	33.4	27.2	33.8	40.4
나는 같은 외국인이라도 출신나라에 따라 느낌이 다르다	55.6	56.4	55.4	55.3
더 많은 외국인들이 한국에 살도록 규제를 없애야 한다	28.0	25.2	26.9	34.5
외국인이 한국국적을 보다 쉽게 취득할 수 있게 해야 한다	24.4	20.3	23.6	31.9
가능하면 더 많은 외국기업이 한국에 진입할 수 있도록 해야 한다	42.0	42.0	40.0	47.7
대규모 외국회사들이 한국의 경제에 점점 더 해를 끼치고 있다	38.3	40.3	37.7	37.0

출처: 한준 · 설동훈(2006). 『한국의 이념갈등 현황 및 해소방안』.

외국인에 대한 사회적 거리감도 개인의 정치적 신념에 따라 상이한 차이를 보이는 것으로 나타났다. 외국인이 이웃에 사는 것과 함께 일하는 것, 하숙하는 것, 결혼하는 것 모두에서 진보적인 사람들이 보수적인 사람들보다 외국인에 대해서 현저하게 관대한 것으로 나타났다.

<표 2-4> 외국인에 대한 거리감 (단위 : %)

구 분	전체	보수	중도	진보
외국인이 이웃에 사는 것	48.4	40.4	50.6	53.0
외국인과 함께 일하는 것	52.1	43.1	54.5	57.4
외국인과 같이 하숙하는 것	30.9	21.7	33.2	36.6
외국인과 결혼하는 것	24.9	15.0	26.9	32.2
외국인이 한국에서 취업하는 것	44.4	36.7	46.9	47.5
한국인이 외국에서 취업하는 것	69.2	61.8	71.8	71.8
외국 기업이 한국으로 진입하는 것	51.9	49.4	52.6	53.5
한국 기업이 외국으로 진출하는 것	78.3	79.0	77.9	78.7

출처: 한준 · 설동훈(2006).

앞에서 살펴본 것처럼 한국인은 전체적으로 외국인과 이주민에 대해서 비교적 관대한 태도를 갖고 있지만 이주민의 증가, 이주민의 사회경제적 지위, 내국인과의 경쟁 등과 같이 보다 구체적이고 실질적인 문제로 다가가면 경계하는 자세를 취하는 것으로 나타났다. 2003년 KGSS에서는 오늘날 한국에 살려고 들어오는 외국인 수에 대하여 현재보다 줄이거나(32.4%) 현재 수준을 유지해야 한다(34.5%)는 의견이 그 수를 늘려야 한다(22.9%)는 의견보다 많았다. 이런 결과는 아직까지 국내에 외국인의 수는 크지 않아서 한국인에게 경쟁이나 위협의 대상이 되지 않지만 그 수가 늘게 되면 외국인의 정주, 내국인과의 경쟁, 정부의 재정 부담 등을 우려하는 것으로 해석할 수 있다.

 한국인의 이주노동자와 다문화사회에 대한 인식

〈표 2-5〉 이민자 수에 대한 태도

구 분	N	%
많이 늘어야 한다	70	5.3
약간 늘어야 한다	231	17.6
지금 수준이어야 한다	454	34.5
약간 줄어야 한다	307	23.3
많이 줄어야 한다	120	9.1
알 수 없음	133	10.1
Total	1315	100

출처: 2003 KGSS 자료

황정미 외(2007)의 연구에서 한국인은 이주민의 이주 목적에 따라 상이한 태도를 보이고 있는 것으로 나타났다. 고숙련의 노동자와 유학생에게는 비교적 관대한 반면 저숙련 노동자와 북한이탈주민, 여성 결혼이민자에게는 소극적인 태도를 보이는 것으로 나타났다. 외국인 사업가(5점 척도에서(4.14점), 외국인 유학생(4.14점), 전문 기술직 이주노동자(3.49점)의 이주에 대해서는 찬성하는 비율이 높은 반면 여성 결혼이민자(3.22점), 북한이탈주민(3.22점), 생산기술직이주노동자(3.33점)의 이주에 대해 찬성하는 사람들의 비율은 다소 낮았다.

최선호(2008)의 조사도 한국인이 한국에 온 외국인에게 전반적으로 우호적인 태도를 보이고 있지만 그 대상에 따라 차별적 호감도를 보인다고 보고하였다. 여행 온 외국인에 대해 가장 우호적(90.7%)이고, 내국인과 결혼한 외국인(81.0%), 근로목적의 외국인(66.2%) 순으로 호감도를 보이고 있는 것으로 나타났다.

같은 맥락에서 국정홍보처에서 조사한 「2006년 한국인의 의식·가치관 조사」에서도 한국인은 외국인의 출신 지역과 응답자가 처한 상황에 따라 다소 상이한 태도를 보이는 것으로 나타났다. 즉 중진국이나 후진국 출신 외국인(30%)보다 선진국 출신 외국인(83.0%)에게 보다 친절하며, 인종에 따라 다른 느낌을 가지고 있다(71.8%)고 응답하여 한국인은 출신 지역에 따라서 외국인을 대하는 태도가 달라짐을 알 수 있다.

<표 2-6> 외국인에 대한 태도 (단위 : %)

구 분	긍정응답	부정응답	긍부정차이
우리나라 사람들은 선진국 출신 외국인에게 친절하다	83.0	17.0	66.0
우리나라 사람들은 중진국이나 후진국 출신 외국인에게 친절하다	30.0	70.0	−40.0
외국인 근로자도 우리나라 근로자와 같은 대우를 받아야 한다	72.8	26.9	45.9
우리나라는 외국인에 대한 인권보장이 잘되어 있다	24.2	75.2	−51.0

출처: 「2006년 한국인의 의식·가치관 조사」.
주: 긍정 응답은 각 항목에 대해 '매우' 또는 '대체로'라고 응답한 경우이고, 부정 응답은 '별로' 또는 '전혀'라고 응답한 경우.

유선호(2008)의 조사에서도 결혼이민자와 이주노동자가 한국사회에 기여한 정도를 묻는 질문에서 대체로 긍정적 응답이 많았으나 이주노동자가 결혼이민자보다 우리 사회에 기여하는 정도가 크다고 응답한 비율이 높게 나타났다. 결혼이민자가 우리 사회에 도움이 된다고 응답한 비율은 68%(매우 도움이 됨(13.4%)+조금 도움이 됨(54.6%))인데 비하여 도움이 안 된다고 응답한 비율은 23.1%(전혀 도움이 되지 않음(3.0%)+별로 도움이 되지 않음(20.1%))로 나타났다. 이주노동자에 대하여서는 74.0%가 긍정적 기여를 하고 있다(매우 긍정적 기여함(28.2%)+조금 긍정적 기여함(45.8%))고 보는 반면, 10.8%는 부정적 기여를 하고 있다(매우 부정적 기여함(1.6%)+조금 부정적 기여함(9.2%))고 응답하였다. 이런 결과는 이주노동자는 경제적으로 한국사회에 기여하지만 결혼이민자는 취업하지 못하고 소득이 낮아서 사회의 재정부담을 늘린다고 한국인들이 생각하기 때문인 것으로 해석할 수 있다.

〈표 2-7〉 결혼이민자와 이주노동자의 한국사회 기여도 (단위 : %)

구 분	긍정	부정	긍정-부정 차이
결혼이민자	68.0	23.1	44.9
이주노동자	74.0	10.8	63.2

출처: 유선호(2008). 『다문화 사회에 대한 국민여론조사 보고서』.

다문화와 관련해서 한국인은 이주민의 증가가 문화다양성을 확대한다고 긍정적으로 생각하지만 구체적인 영역으로 들어가면 다소 유보적인 태도를 취하는 것으로 나타났다. 황정미 외(2007)의 연구에 따르면 한국인은 인종·민족적 다양성에 대해서는 긍정적인 태도를 갖지만 한국사회가 다양한 민족과 문화를 수용하는데 일정 정도의 한계가 있다고 인식하고 있다고 한다. 예를 들어, "어느 국가든 다양한 인종·종교·문화가 공존하는 것이 더 좋다."는 진술에 대해 61.3%가 찬성하고, "우리나라의 인종·종교·문화적 다양성이 확대되면 국가경쟁력에 도움이 된다."는 진술에 55.3%가 찬성하였다. 반면 "우리나라와 다른 인종·종교·문화를 가진 사람들을 받아들이는 데에는 한계가 있다."는 진술에 대해 찬성하는 사람들이 48.4%, 반대하는 사람들이 12.6%로 나타나 한국사회의 다문화 수용성에 한계가 있음을 인정하였다.

<표 2-8> 한국인의 다민족·다문화 지향성 수준 (단위 : %)

구 분	긍정	부정	긍정-부정
어느 국가든 다양한 인종·종교·문화가 공존하는 것이 더 좋다	61.3	10.7	50.6
우리나라의 인종·종교·문화적 다양성이 확대되면 국가경쟁력에 도움이 된다	55.3	11.7	43.6
외국인 이주자들이 늘어나면 우리나라 문화는 더욱 풍부해진다	40.1	23.7	16.4
우리나라와 다른 인종·종교·문화를 가진 사람들을 받아들이는 데에는 한계가 있다	48.4	12.6	35.8

출처: 황정미 외(2007). 『한국사회의 다민족·다문화 지향성에 관한 연구』.

외국인 또는 이주민 일반에 대한 태도와는 달리 외국인과 이주민 정책은 국가정체성, 사회적 책임과 의무, 정부와 시민사회의 재정부담 등의 민감한 문제들과 관련되기 때문에 정책과 관련해서 한국인의 태도는 보다 유보적이고 소극적인 것으로 나타났다. 황정미 외(2007)의 연구에 따르면 이주민에 관한 권리와 외국인을 배려하는 정책에 대한 한국인의 태도는 사안에 따라 포용적인 시각과 소극적인 시각이 공존하는 것으로 나타났다. 먼저 한국인 노동자와 동일한 노동법적 권리의 부여에 대해서 찬성하는 비율이 가장 높았고(5점 척도에서 4점), 이주노동자의 가족 동반(3.64점), 이주민 정책 마련 과정에서 외국인 이주민의 의견 수렴(3.58점), 정부의 이주민 인권보호(3.51점), 이주여성에 대한 취업지원(3.34점), 한국에서 태어난 이주민 자녀의

 한국인의 이주노동자와 다문화사회에 대한 인식

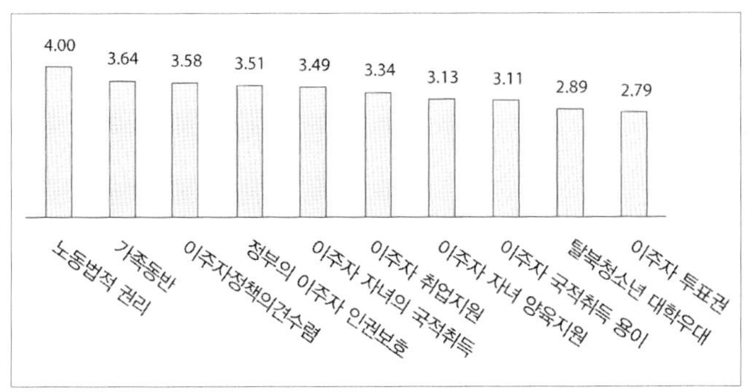

〈그림 2-3〉 이주민 권리와 외국인 정책에 대한 한국인의 태도 (단위 : 5점 척도)

한국 국적 취득(3.49점), 이주민 양육지원(3.13점), 이주민 국적취득 용이(3.11점)에 대한 찬성 의견이 상대적으로 높게 나타났다. 하지만 탈북 청소년에게 대학입학 시 우대하는 정책(2.92점). 이주민에게 투표권 부여(2.79점)에 대해서는 부정적인 태도를 갖고 있는 것으로 나타났다.

이주민의 한국 국적 취득에 대한 한국인의 태도는 상당히 개방적이고 포용적인 것으로 나타났다. "부모가 한국 국적이 아니더라도 한국에서 태어난 아이는 한국 국적을 가질 권리가 있다."는 진술에 대해 69%가 찬성, 14%가 찬성도 반대도 아님, 16%가 반대했다. "다른 나라에서 태어난 아이라도 부모 중 한 사람이 한국 국적을 가질 권리가 있다."는 진술에 대해 80%가 찬성, 12%가 찬성도 반대도 아님, 8%가 반대했다. 이런 결과는 국적 취득 조건으로 한국인은 속지주의와 속인주의를 모두 정당한 조건으로 수용하는 것으로 해석할 수 있다. "한국 국적을 취득하지 않은 외국인 이민자도 합법적으로 이주한 사람은 한국인과 동등한 권리를 가져야 한다."는 진술에 대해 68%가 찬성, 17%가 찬성도 반대도 아님, 14%가 반대를 해서 준시민권으로 간주되는 영주권을 외국인 이민자에게 부여하는 것에 대해서 긍정적인 태도를 보였다. 하지만 불법 이민자가 국내로 들어오지 못하도록 정부가 더 강력한 조치를 취해야 한다는 진술에 대해서 61%가 찬성, 22%가 찬성도 반대도 아님, 16%가 반대하여 불법 체류자에 대해서는 부정적인 태도를 견지하고 있다.

<표 2-9> 한국인의 이주노동자에 대한 태도 (단위 : %)

구 분	긍정	부정	긍정-부정
부모가 한국 국적이 아니더라도 한국에서 태어난 아이는 한국국적을 가질 권리가 있다	69.4	15.7	53.7
다른 나라에서 태어난 아이라도 부모 중 한 사람이 한국국적을 가졌다면 한국국적을 가질 권리가 있다	79.9	7.5	72.4
한국 국적이 없어도 합법적으로 한국에 이주한 사람은 한국 사람과 동등한 권리를 가져야 한다	68.3	14.0	54.3
한국 정부는 불법 이민자가 들어오지 못하도록 더 강력한 조치를 취해야 한다	61.1	15.6	45.5

출처: 2003 KGSS 자료.

2) 사회적 소수자에 대한 편견, 차별, 사회적 거리감

사회적 소수자에 대한 편견과 차별적 태도에 관한 연구는 윤인진 · 김상학(2004)의 한국사회 소수자에 대한 대학생 의식조사, 박수미 · 정기선(2006)의 소수자에 대한 편견과 차별의식 연구, 황정미(2007)의 인종적 배제주의에 관한 연구 등이 있다.

윤인진 · 김상학(2004)은 전국 8개 대학의 대학생 1,005명을 대상으로 네 가지 사회적 소수자 집단(북한이탈주민, 장애인, 외국인 노동자, 동성애자)에 대한 사회적 거리감을 분석하였다. 분석 결과, 장애인에 대해서 심리적으로 가장 가깝게 느끼고 동성애자를 가장 멀리하고, 그 중간에 외국인 노동자와 북한이탈주민이 위치하는 것으로 나타났다. 그리고 소수자 집단에 대한 태도 차이는 응답자의 인구학적 특성이나 가족적 배경보다는 개인의 정치적 성향 등과 같은 주관적 요인들에 의해 더 큰 영향을 받는 것으로 나타났다.

박수미 · 정기선(2006)은 여성, 장애인, 노인, 이주노동자, 그리고 기타 소수자(동성애자, 이혼자, 편부모 가정의 자녀, 자발적 무자녀 부부 등)에 대한 편견 및 차별을 측정하였다. 조사 결과, 한국인은 학력에 의한 차별(80.6%가 긍정 vs. 5.4%가 부정), 장애인에 대한 차별(80.2%가 긍정 vs. 7.2%가 부정), 이주노동자에 대한 차별(78.1%가 긍정 vs. 5.1%가 부정)이 심각하다고 인식하고 있다.

<표 2-10> 소수자 집단에 대한 차별 (단위 : %)

구 분	긍정	부정	긍정부정
여성에 대한 차별	43.2	21.0	22.2
장애인에 대한 차별	80.2	7.2	73.0
연령에 따른 차별	49.6	15.3	34.3
이주노동자에 대한 차별	78.1	5.1	73.0
비정규직에 대한 차별	67.2	6.9	60.3

출처: 박수미 · 정기선(2006). "차별에 대한 국민의식 및 수용성 연구".

또한 소수자 집단에 대한 편견의 정도를 살펴보면, 한국인은 연령에 대한 차별이 제일 높고(5점 척도에서 2.91점), 그 다음으로 소수자(2.84점), 이주노동자(2.64점), 여성(2.62점), 장애인(2.59점)순으로 편견의 정도를 지니고 있는 것으로 나타났다.

<표 2-11> 차별 집단에 대한 편견 정도

구 분	평균	표준편차
장애자에 대한 편견	2.59	.65
조직생활능력에 관한 성 편견	2.62	.84
외국인노동자에 관한 편견	2.64	.75
소수자에 대한 편견	2.84	.73
나이 많은 사람에 대한 편견	2.91	.62

출처: 박수미 · 정기선(2006).
주: 1점(매우 반대)~5점(매우 찬성)

황정미 외(2007)는 한국인이 외국인에 대해서 인종적 배제주의를 견지하는 지를 조사했다. 조사 결과, 아직 한국인은 외국인에 대해 인종적으로 배제하는 태도를 갖지 않는 것으로 나타났다. 그러나 외국인 이주자가 늘어나는 것이 한국사회에 부정적인 위협이 된다고 생각하는 사람일수록 인종적 배제주의가 강한 것으로 나타났다. 따라서 잠재되어 있는 외국인 이주자와의 갈등이 표면화될 경우 지금까지의 관용적 태도가 급변할 가능성이 있다고 시석하였다.

소수자 집단에 대한 한국인의 사회적 거리감은 윤인진 · 김상학(2002)의 「대학생 소수자 의식조사」 자료, 황정미 외(2007)의 연구, 고려대학교 한국사회연구소(2008)의 「한국인의 갈등의식조사」 등에서 측정되었다.

「2002년 대학생 소수자 의식조사」에서는 장애인에 대해서 가장 적은 사회적 거리감을 보이고 그 다음으로 북한이탈주민과 이주노동자에 대해 큰 사회적 거리감을 보이고, 동성애자에 대해서는 가장 큰 사회적 거리감을 보이는 것으로 나타났다.

황정미 외(2007)의 연구에서는 한국사회에서 대체로 빈번하게 마주치는 외국인(중국인, 일본인, 동남아시아인, 미국인, 남아시아인, 몽골인)에 대한 사회적 거리감을 측정하였다. 조사 결과, 미국인(2.08점)을 가장 가깝게 여기는 것으로 나타났고, 북한이탈주민(2.28점), 조선족(2.48점), 일본인(2.53점), 동남아시아인(2.77점), 중국인(2.78점), 몽골인(2.82점), 남아시아인(2.90점) 순으로 사회적 거리감을 보이는 것으로 나타났다.

〈표 2-12〉 외국인에 대한 사회적 거리감

구 분	조선족	중국인	일본인	동남아시아인	북한이탈주민	미국인	남아시아인	몽골인
일반국민	2.48 (1.57)	2.78 (1.76)	2.53 (1.71)	2.77 (1.72)	2.28 (1.64)	2.08 (1.33)	2.90 (1.83)	2.82 (1.79)

출처: 황정미 외(2007).
주: 1점(매.우 찬성)~4점(매우 반대), ( )표준편차

윤인진·송영호(2007)의 연구에서는 2002년과 2007년의 소수인종집단에 대한 사회적 거리감을 비교하였다. 장애인에 대해서는 여전히 가장 적은 사회적 거리감을 보이지만 북한이탈주민과 이주노동자에 대해서는 거의 비슷한 수준의 거리감을 보이는 것으로 나타났다. 전체적으로 한국인은 소수자 집단에 대해 거리감을 가질 때 장애 여부로 인한 거리감보다는 인종에 의한 거리감이 더욱 강하고 성정체성에 대해서는 가장 큰 거리감을 갖는 것으로 해석할 수 있다.

<표 2-13> 소수자 집단에 대한 사회적 거리감 평균 점수

구 분	장애인	북한이탈주민	이주노동자	동성애자
2002년 자료	1.89 (0.53)	1.93 (0.55)	2.11 (0.56)	2.61 (0.83)
2007년 자료	1.85 (0.52)	1.94 (0.57)	1.93 (0.53)	2.68 (0.86)

출처: 「2007년 한국인의 갈등의식조사」.
주: 1점(매우 반대)~4점(매우 찬성). ( )표준편차

3) 한국인의 국민정체성

한국인의 국민정체성에 관한 연구로는 어수영(2001; 2006)의 "한국인의 삶과 가치변화에 관한 조사", 성균관대 서베이리서치센터의 2003년, 2004년, 2007년의 「한국종합사회조사(KGSS)」, 고려대 동아시아연구원(2005)의 「한국인의 정체성 연구」, 국정홍보처의 「2006년 한국인의 의식·가치관 조사」, 한국여성정책연구원의 「2007년 한국인의 다민족·다문화 지향성 조사연구」, 고려대 한국사회연구소·BK21 갈등사회인재양성교육연구단의 「2007년 한국인의 갈등의식조사」, 최현(2007)의 "한국인의 국민정체성과 다문화 시티즌십에 관한 연구" 등이 있다.

고려대 동아시아연구원(2005)의 연구 결과, 한국인이 자신을 한민족(64%)보다 한국 국민(77%)에 더 가까운 것으로 느끼고 있으며, 한민족이나 한반도 같은 혈연·지연적 특성보다는 대한민국이라는 정치공동체에의 소속감이 한국인의 정체성을 만드는 핵심요소로 나타났다. 또한 대한민국 국민이라는 정체성과 국가에 대한 소속감이 다른 사회적 정체성보다 비교적 강하게 나타나고 있다.

최현(2007)은 2003년 KGSS 자료와 2007년 한국여성정책연구원의 자료를 활용하여 한국인의 국민정체성을 연구하였다. 조사 결과, 한국인 스스로가 규정하고 있는 한국인의 기준은 전적으로 혈통이나 민족에만 근거하고 있는 것은 아니고 상당히 정치적이고 실용적인 것으로 밝혀졌다. 그러나 한국인 스스로에 대한 정의는 여전히 합의되지 않는 것으로 나타났다. 「2007년 다문화 지향성 연구 결과」에 따르면 한국인은 진정한 한국인이 되는 조건으로 '한국인임을 느끼는 것', '한국어를 할 수 있는 것', '한국 국적을 갖는 것'을 가장 중요하게 생각하는 것으로 나타났다. '한국인임을 느끼는 것'이 3.51점(리커트척도 점수, 1~4점)으로 가장 높고, 한국어 능력 3.48점, 한국 국적을 갖는 것 3.47점, 아버지가 한국인 3.43점, 어머니 한국인 3.41점, 한국의 정치제도 법 존중 3.36점, 한국에서 출생 3.34점, 한국의 문화적 전통 계승 3.30점 순으로 나타났다. 이런 결과는 2003년 조사 결과와 비슷하다.

또한 소속감, 국적소지, 한국의 제도와 법 존중과 같은 시민적 요인에 해당하는 항목(2003년 3.24점, 2007년 3.38점)이 혈통과 출생과 같은 종족적 요인(2003년 2.87점, 2007년 3.37점)보다 더 중요하게 생각하고 있음을 알 수 있다. 이를 통해 볼 때 한국인은 혈통적 종족적 정체성보다 시민적인 국민정체성의 요인을 보다 중시하고 있음을 확인할 수 있다.

〈표 2-14〉 한국인의 국민정체성

요인	항목	2003	2007
종족적 요인	한국에서 출생	3.21	3.34
	한국의 문화적 전통 계승	2.34	3.30
	아버지가 한국인	3.06	3.43
	어머니가 한국인		3.41
	소계	2.87	3.37
시민적 요인	한국어 능력	3.37	3.48
	한국 국적을 갖는 것	3.35	3.47
	생애의 대부분을 한국 거주	2.97	3.07
	한국의 정치제도 법 존중	3.02	3.36
	한국인임을 느끼는 것	3.48	3.51
	소계	3.24	3.38

주: 1) 2003년의 조사에서 ① '조상이 한국인인 것'(03) → '아버지가 한국인인 것'+'어머니가 한국인인 것'(07), ② '유교의 가르침에 따르는 것'(03) → '한국의 문화적 전통을 계승하는 것'(07)으로 변경됨.
2) 리커트척도 점수(1∼4점)를 사용함. 점수가 높을수록 각 항목이 중요하다고 생각하는 정도가 높다.

〈그림 2-4〉 한국인의 국민정체성 항목에 대한 2003년과 2007년 조사 비교

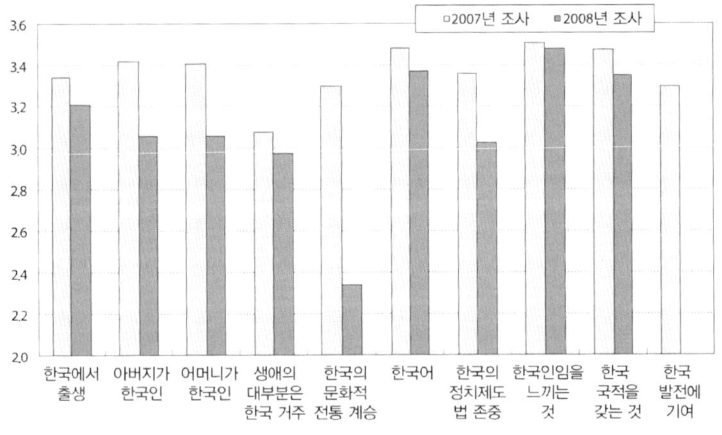

출처: 최현(2007). "한국인의 국민정체성과 다문화 시티즌십."

2005년 고려대 동아시아연구원의 한국인의 정체성 조사에서도 한

국인이 한민족이나 한반도와 같은 혈연·지연적 특성보다는 대한민국이라는 정치공동체의 소속감을 중시여기는 것으로 나타났다. 조사 결과, 한국인은 진정한 한국인이 되기 위한 조건으로 '대한민국에서 출생'(82%가 동의)하거나 '한국인의 혈통'(81%)을 가져야 한다거나 '평생 대한민국에서 거주'(65%)하는 것보다 '대한민국 국적을 유지'(88%)하는 것을 중시했다.

또한 한국인의 여러 사회정체성 중에서 국민정체성이 어느 것보다 강한 것으로 나타났다. 자신이 속한 지역단위인 읍·면·동, 일반 시·군·구, 서울·부산 등 광역시·도, 대한민국, 한민족, 아시아, 세계에 대해 가깝게 느끼는 정도를 물어봤을 때 대한민국을 선택한 경우가 가장 많았다(76.8%). 또한 "나는 어떤 다른 나라 사람이기보다 대한민국 국민이고 싶다."는 진술에 대해 70.5%가 "매우 그렇다" 내지 "대체로 그렇다"고 긍정적으로 응답했다. 세계인(27.1%)이나 아시아인(44%)의식은 낮았다. 국가 내부의 하위 단위에 대한 정체성과 초국가적 정체성은 낮은 것으로 나타났다.

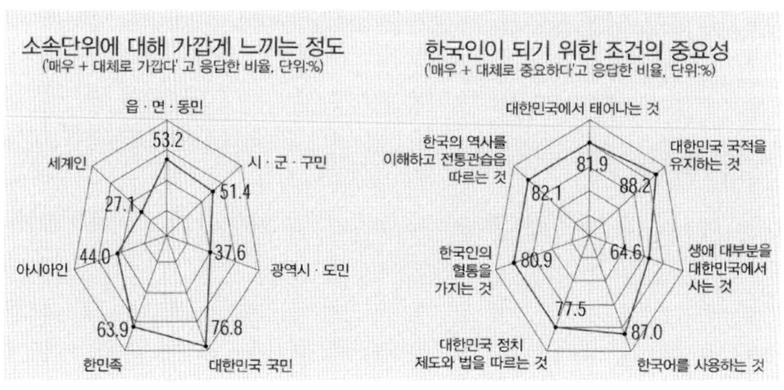

〈그림 2-5〉 한국인의 사회정체성과 국민정체성 요건

출처: 고려대 동아시아연구원(2005). 「2005 한국인 정체성 여론조사」.

 요약

조사 결과 외국인에 대한 태도에서는 지금까지 알려진 것보다 관용적이고 개방적인 것으로 나타났다. 외국인이 한국 국적을 취득하거나, 한국인과 동등한 권리를 갖거나, 자신들의 고유한 문화와 전통을 유지하는 것에 대해서 찬성하는 사람들이 반대하는 사람들에 비교해서 월등히 많았다.

세계화로 인해 한국인의 해외여행과 이주가 활발해진 만큼 외국인의 한국 방문과 이주도 급속히 증가하였다. 국제이주와 체류 외국인의 증가로 인해 한국의 인종적, 문화적 다양성은 날로 증대되고 있다. 또한 이주노동자는 그 규모와 역할에서 한국경제의 중요한 부분을 담당하고 있고, 여성 결혼이민자는 한국의 가족구성과 관계에 지대한 영향을 미치고 있다. 이런 인구학적, 사회경제적 변화는 오랫동안 문화적 동질성과 단일민족의 전통을 자랑스럽게 한국인에게 민족과 국민에 대한 인식의 변화를 요구하고 있다.

다문화사회로 진입하는 한국사회에서 요구되는 것은 다문화사회에 걸맞은 의식과 가치관을 갖는 것이다. 자기와 다른 배경과 문화를 인정하고 존중하는 관용적 가치관과 다양성 속에서 통합을 이뤄내는 포용적인 국민정체성은 법과 제도 정비에 앞서 배양해야 할 덕목이다. 이런 차원에서 본 장에서는 선행연구에 나타난 한국인의 외국인, 소수인종·민족집단, 소수자 집단에 대한 태도와 국민정체성에 대한 인식을 조사하였다.

조사 결과 외국인에 대한 태도에서는 지금까지 알려진 것보다 관용적이고 개방적인 것으로 나타났다. 외국인이 한국 국적을 취득하거나, 한국인과 동등한 권리를 갖거나, 자신들의 고유한 문화와 전통을 유지하는 것에 대해서 찬성하는 사람들이 반대하는 사람들에 비교해서 월등히 많았다. 이런 결과는 국내에서 외국인, 특히 이주노동자와 여성 결혼이민자가 한국에서 소수자이고 사회적 약자이기 때문에 보호되어야 한다는 인식이 강하기 때문에 나타난 것으로 해석된다.

한국의 대표적인 소수자 집단인 장애인, 북한이탈주민, 이주노동자에 대한 사회적 거리감을 조사한 결과 결혼을 제외한 다른 사회적 관계에서 대체로 친밀한 감정을 갖는 것으로 나타났다. 특히 장애인에 대해서는 가장 친밀한 관계를, 그 다음으로는 이주노동자와 북한이탈주민의 순서로 친밀한 관계를 허용하겠다는 의향을 갖고 있다.

국민정체성과 관련해서는 한국인이 되는 조건으로 한국인으로 느끼는 것, 한국어를 할 수 있는 것, 한국 국적을 갖는 것과 같은 시민적 요인이 아버지나 어머니가 한국인이라는 것, 한국에서 출생한 것, 한국의 문화적 전통을 계승하는 것과 같은 종족적 요인보다 더욱 중요한 것으로 나타났다. 이런 결과는 혈통적 정체성보다 시민적인 국민정체성의 요인을 보다 중시하고 있는 것으로 해석할 수 있다.

결론적으로 선행연구를 종합하면 한국인은 최소한 표방된 의식면에서 외국인과 소수자 집단에 대해서 우리가 통상적으로 생각한 것보다 관용적이고 개방적인 것으로 나타났다. 그리고 한국인의 자격요건으로 혈통과 문화보다는 정치적 소속감과 의무를 더욱 중요시 여기는 것으로 나타났다. 이런 결과들은 한편으로는 한국인이 이제 선진화된 의식과 가치관, 정체성을 갖게 된 것으로 해석할 수 있다. 그러나 그렇게 판단하기에는 이르다고 생각한다. 현재 한국인이 보이는 태도는 국내에서 외국인이 아직 규모가 작고 미약한 존재여서 한국 사회에 위협이 되지 않기 때문에 나타날 수 있다. 또한 이주노동자와 여성 결혼이민자가 부당하게 대우받고 있어서 동정과 연민의 대상이기 때문일 수 있다. 이런 점에서 유럽에서 외국인들의 규모가 늘고 이들이 거주국 사회에 순응하고 동화하지 않으려하자 거주국 국민들의 외국인에 대한 태도가 부정적인 것으로 변한 것은 우리에게 시사하는 바가 크다. 만일 한국에서 외국인의 규모가 급격히 증가하고, 이들이 내국인과 경제적으로 경쟁하고, 한국의 사회문화에 순응하고 동화하려고 하지 않을 때 한국인의 외국인에 대한 태도와 행동은 급격하게 부정적이고 공격적으로 변화할 가능성이 매우 크다고 본다. 따라서 표면적으로 드러난 한국인의 외국인에 대한 인식과 태도를 액면 그대로 받아들이기보다 외국인의 특성, 한국인과의 관계, 한국문화 수용성 등을 고려해서 다면적으로 이해할 필요가 있다. 그리고 한국인의 외국인에 대한 인식과 태도의 시기적 변화 추세를 면밀히 추적하고 그 변화의 주요 원인들을 파악하는 선제적 노력이 필요하다.

03

한국인의
이주노동자에 대한
인식과 태도

이주노동자와 **다문화사회**에 대한 인식 조사는 만 20세 이상의 성인남녀 1,200명 대상을 실시하였으며, 표본추출은 지역별, 성별, 연령별로 층화하여 비례 할당하는 다단계 층화무작위추출법을 통해 이루어졌다. 조사의 내용은 크게 응답자 특성, 외국인과 이주노동자에 대한 태도, 문화다양성과 다문화사회에 대한 태도 및 한국인으로서의 정체성에 관한 태도와 몇 가지 사회적 견해에 관한 것으로 구성되었다.

 조사개요

외국인과 이주노동자에 대한 인식을 알아보기 위해서 이주목적에 따른 이주노동자의 증감, 합법적 이주노동자와 불법체류 이주노동자에 대한 일반적 인식, 합법적 이주노동자와 불법체류 이주노동자들이 겪는 어려움에 대한 인지 여부, 외국인 이주노동자문제에 대한 관심, 이주노동자권리협약에 대한 인지 여부 등이 포함되었다.

1) 조사방법

앞서 1장에서 설명하였듯이 이주노동자와 다문화사회에 대한 인식조사는 만 20세 이상의 성인남녀 1,200명 대상을 실시하였으며, 표본추출은 지역별, 성별, 연령별로 층화하여 비례 할당하는 다단계 층화무작위추출법을 통해 이루어졌다. 표본추출의 구체적인 과정은 1단계로 2007년 12월 기준 주민등록 인구통계의 만 20세 이상 인구를 시도별, 성별, 연령별로 정리한 후, 2단계로 전국 16개 시도별로 인구규모를 고려한 비례할당을 실시하였으며, 3단계는 최종조사시점에서 성·연령 할당에 따라 조사대상자를 추출하였다. 조사는 사회조사 전문기관인 (주)리서치21에 의해 구조화된 설문지를 사용하여 1 대 1 대면면접을 통해 이루어졌고, 조사기간은 2008년 12월 1일부터 12월 31일까지였다.

2) 조사내용

조사의 내용은 크게 응답자 특성, 외국인과 이주노동자에 대한 태도, 문화다양성과 다문화사회에 대한 태도 및 한국인으로서의 정체성에 관한 태도와 몇 가지 사회적 견해에 관한 것으로 구성되었다.

응답자 특성은 성별, 연령, 거주지역, 혼인상태, 최종학력, 직업, 근로형태 외에도 종교행위(종교의 유무, 종교생활 빈도, 신앙심의 정도), 경제상태(경제적 계층, 경제 상태에 대한 만족, 경제상태의 변화) 등도 포함되었다.

외국인과 이주노동자에 대한 인식을 알아보기 위해서 이주목적에 따른 이주노동자의 증감, 합법적 이주노동자와 불법체류 이주노동자에 대한 일반적 인식, 합법적 이주노동자와 불법체류 이주노동자들이 겪는 어려움에 대한 인지 여부, 외국인 이주노동자문제에 대한 관심, 이주노동자권리협약에 대한 인지 여부 등이 포함되었다.

다문화사회에 대한 인식은 문화다양성에 대한 태도, 소수인종민족집단에 대한 태도, 국민정체성, 국가자부심, 다른 소수인종민족집단에 대한 사회적 거리감을 조사 항목으로 포함하였다.

 인구사회 학적 특성

학력별로는 중졸 이하 8.3%, 고졸 35.8%, 대재 13.0%, 대졸 38.0%, 대학원 이상 4.9%로 고졸과 대졸자가 가장 많았다. 혼인상태별로는 미혼 26.3%, 기혼 71.0%, 기타 2.8%로 대부분 기혼자였고, 직업별로는 전문 관리직 6.3%, 사무직 24.1%, 자영업 16.0%, 판매서비스직 10.8%, 생산기능노무직 7.0%, 가정주부 16.7%, 학생(무직 포함) 19.1%였다.

사회 인구학적 특성을 살펴보면 <표 3-1>과 같다. 성별로는 남자 49.3%, 여자 50.8%였고, 연령대별로는 20대가 21.7%, 30대가 24.4%, 40대가 25.3%, 50대가 17.6%, 60대가 11.1%를 차지하였다.

학력별로는 중졸 이하 8.3%, 고졸 35.8%, 대재 13.0%, 대졸 38.0%, 대학원 이상 4.9%로 고졸과 대졸자가 가장 많았다. 혼인상태별로는 미혼 26.3%, 기혼 71.0%, 기타 2.8%로 대부분 기혼자였고, 직업별로는 전문 관리직 6.3%, 사무직 24.1%, 자영업 16.0%, 판매서비스직 10.8%, 생산 기능노무직 7.0%, 가정주부 16.7%, 학생(무직 포함) 19.1%였다.

지역별로는 서울 21.7%, 경기/인천 28.1%, 충청 9.8%, 전라 10.3%, 경상 26.2%, 강원/제주 4.1%로 서울과 경기/인천 지역이 가장 많았다.

종합적으로 본 조사의 표본은 지역, 성별, 연령별로 다단계 층화무작위추출법을 사용해서 선발했기 때문에 만 20세 이상의 성인남녀의 특성을 대표한다고 볼 수 있고 연구결과를 한국인 성인에 일반화

 한국인의 이주노동자와 다문화사회에 대한 인식

하는 데 무리가 없다고 판단한다. 본 조사의 통계치의 최대허용 표본 오차는 95% 신뢰수준에서 ±2.8%포인트이다.

〈표 3-1〉 응답자의 사회 인구학적 특성

구 분		빈도	%
성별	남자	591	49.3
	여자	609	50.8
	합계	1,200	100.0
연령	20대	260	21.7
	30대	293	24.4
	40대	303	25.3
	50대	211	17.6
	60대	133	11.1
	합계	1,200	100.0
학력	중졸 이하	99	8.3
	고졸	430	35.8
	대재	156	13.0
	대졸	456	38.0
	대학원 이상	59	4.9
	합계	1,200	100.0
혼인상태	미혼	315	26.3
	기혼	852	71.0
	이혼	13	1.1
	사별	20	1.7
	합계	1,200	100.0
직업	전문 관리직	76	6.3
	사무직	289	24.1
	자영업	192	16.0
	판매서비스직	130	10.8
	생산기능노무직	84	7.0
	가정주부	200	16.7
	학생(무직포함)	229	19.1
	합계	1,200	100.0

구 분		빈도	%
거주지	서울	260	21.7
	경기/인천	337	28.1
	충청	117	9.8
	전라	123	10.3
	경상	314	26.2
	강원/제주	49	4.1
	합계	1,200	100.0

 한국인의 이주노동자와 다문화사회에 대한 인식

 분석결과

이주노동자권리 국제협약에 제시된 권리보호로는 출국의 자유, 생명권, 고문 또는 비인도적 형벌의 금지, 강제노동의 금지, 사상·양심의 자유, 신체의 자유, 국외추방의 제한, 자녀의 권리, 노동조합에 대한 권리 등을 규정하고 있고, 그 외 일시출국의 권리, 이동·주거선택의 자유, 결사에 대한 권리, 본국의 공무에 참가할 권리, 가족의 결합, 직업선택의 자유 등을 규정하고 있다.

1) 이주노동자문제에 대한 관심

한국인은 이주노동자문제에 대해 큰 관심을 갖고 있지 않는 것으로 나타났다. <그림 3-1>에서 보는 바와 같이 이주노동자문제에 대해 '관심 없다'라고 응답한 사람들이 39.4%로 가장 많고, 그 다음으로 '보통이다' 34.3%, '관심 있다' 26.3%의 순서로 분포되었다.

〈그림 3-1〉 이주노동자문제에 대한 관심 정도 (단위 : %)

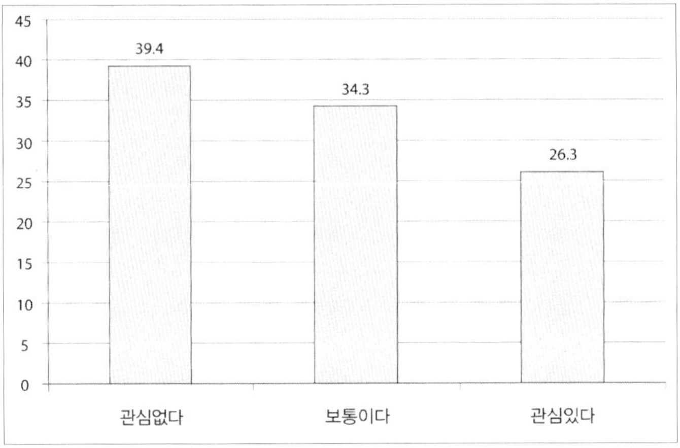

2) 이주노동자와의 교류경험과 피해경험

한국인은 이주노동자문제에 대해 관심이 적을 뿐만 아니라 외국인과 대화하거나 교류한 경험이 미미한 것으로 나타났다. <그림 3-2>에서 보듯이 한국에서 외국인과 대화하거나 교류한 경험이 '전혀 없다'라고 응답한 사람들의 비율은 42.1%, '한두 번 만나서 대화'한 비율은 39.2%, '여러 차례 만나서 대화'한 비율은 15.3%, '가깝게 지내는 편'인 비율은 3.5%에 불과했다.

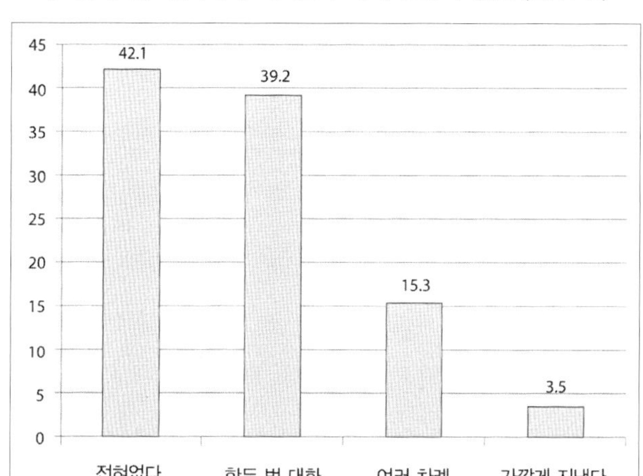

〈그림 3-2〉 한국에서 외국인과 대화, 교류의 경험 (단위 : %)

　외국인과의 접촉 경험이 적기 때문인지 한국인은 이주노동자로 인한 피해가 크지 않은 것으로 인식하고 있다. 본인이 이주노동자로 인해 취업이나 소득 면에서 피해를 받았거나 받을 가능성에 대해 '전혀 그렇지 않다'라고 응답한 비율이 24.8%, '별로 그렇지 않다' 44%, '보통이다' 20.3%, '대체로 그렇다' 8.8%, '매우 그렇다' 2.2%로 피해가 없다고 응답한 사람들의 비율이 68.8%로 피해가 있다고 응답한 사람들의 비율인 11%에 비교해서 6배 이상으로 높았다.

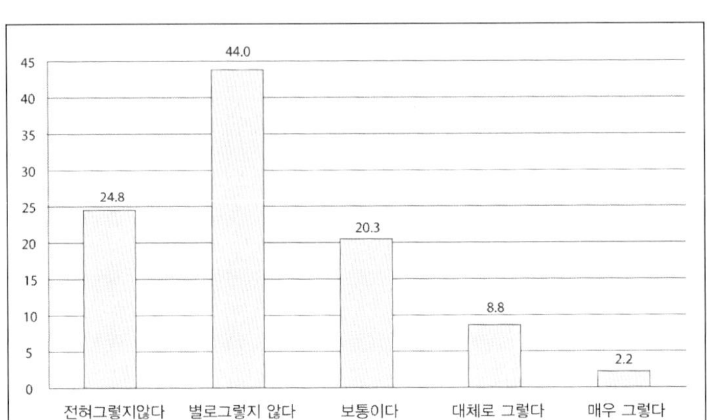

〈그림 3-3〉 이주노동자로 인한 본인의 피해 (단위 : %)

이주노동자로 인한 피해는 본인뿐만 아니라 주변인에게도 크지 않은 것으로 인식하고 있다. 주변 사람 중에 이주노동자로 인해 취업이나 소득 면에서 피해를 받았거나 받을 가능성에 대해 '전혀 그렇지 않다'라고 응답한 비율이 19.5%, '별로 그렇지 않다' 45.2%, '보통이다' 20%, '대체로 그렇다' 12.7%, '매우 그렇다' 2.7%로 나타나 이주노동자는 주변 사람에게도 피해를 주지 않는 것으로 인식하고 있다.

3) 이주노동자 증감에 대한 태도

한국에 이주하는 외국인의 수가 늘어나면서 이주 목적도 매우 다양하게 나타나고 있다. 이주 목적별로 볼 때 어떤 종류의 외국인이 증가하거나 또는 감소해야 하는가를 알아보기 위해 '많이 증가해야 한다.' 5점, '약간 늘어야 한다.' 4점, '현재 수준 유지' 3점, '약간 줄어야 한다.' 2점, '많이 줄어야 한다.' 1점으로 측정하였다. 조사 결과 생산기능직 3.01점 (감소(30.8%), 현재수준유지(38.0%), 증가(31.2%)), 전문기술직 3.17점(감소(26.1%), 현재수준유지(34.5%), 증가(39.4%)), 선진국 출신 3.24점(감소(22.5%), 현재수준유지(38.2%), 증가(39.3%)), 개발도상국 출신 2.91점 (감소(30.3%), 현재수준유지(47.1%), 증가(22.6%)), 여성 결혼이민자 2.75점(감소(40.1%), 현재수준유지(47.1%), 증가(22.6%)), 북한이탈주민 2.84점

(감소(37.0%), 현재수준유지(39.3%), 증가(23.82%)), 외국인 유학생 3.82
점(감소(8.3%), 현재수준유지(28.8%), 증가(62.8%)), 외국인 사업가·
투자가 4.17점(감소(5.6%), 현재수준유지(17.6%), 증가(76.8%))으로
나타났다. 즉 외국인 사업가·투자가, 유학생의 증가는 찬성하지만 여성
결혼이민자와 북한이탈주민 증가는 반대하고, 전문기술직과 생산기능
직이주노동자, 선진국출신 이주노동자의 증가는 찬성하지만 개발도
상국출신 이주노동자의 증가는 반대하는 것으로 나타났다.

이런 결과는 한국인이 생산기능직, 전문기술직, 선진국출신, 외국
인 유학생, 외국인 사업가 및 투자가에 대해서는 긍정적인 인식을
하지만 개발도상국 출신, 여성 결혼이민자, 북한이탈주민에 대해서
는 그렇지 않은 것으로 나타나서 '직업, 계급, 출신국가에 따른 차별
의식'이 여전히 강하게 존재하고 있음을 알 수 있다.

〈그림 3-5〉 이주목적별 외국인의 증감에 대한 인식수준 (단위 : 5점 척도)

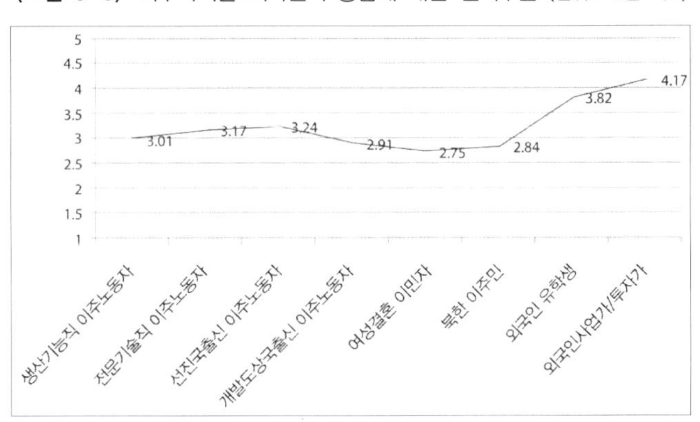

 한국인의 이주노동자와 다문화사회에 대한 인식

〈표 3-2〉 이주목적별 외국인의 증감에 대한 인식수준 (단위 : 명, %)

구 분	감소		현재수준유지		증가	
생산기능직 이주노동자	370	30.8	456	38.0	374	31.2
전문기술직 이주노동자	313	26.1	414	34.5	473	39.4
선진국출신 이주노동자	270	22.5	458	38.2	472	39.3
개발도상국 이주노동자	364	30.3	565	47.1	271	22.6
여성결혼 이민자	481	40.1	474	39.5	245	20.4
북한이탈주민	444	37.0	471	39.3	285	23.8
외국인 유학생	100	8.3	346	28.8	754	62.8
외국인 사업가 · 투자가	67	5.6	211	17.6	922	76.8

주) 설문문항: 귀하는 다음과 같은 이주자들의 수가 앞으로도 늘어야 한다고 보십니까, 아니면 줄어야 한다고 보십니까?

4) 이주노동자들에 대한 권리인식

UN은 전 세계 이주노동자들과 그들의 가족들의 권리보호를 위해 '모든 이주노동자와 그 가족의 권리보호에 관한 국제협약'(이하 이주노동자권리협약)을 제정하였다. 그러나 이주노동자들의 수용국들은 이주노동자들의 정주화와 사회복지 비용의 증가를 우려하여 이 국제협약을 비준하고 있지 않은 상황이다. 이주노동자권리 국제협약에 제시된 권리보호로는 출국의 자유, 생명권, 고문 또는 비인도적 형벌의 금지, 강제노동의 금지, 사상·양심의 자유, 신체의 자유, 국외추방의 제한, 자녀의 권리, 노동조합에 대한 권리 등을 규정하고 있고, 그 외 일시출국의 권리, 이동·주거선택의 자유, 결사에 대한 권리, 본국의 공무에 참가할 권리, 가족의 결합, 직업선택의 자유 등을 규정하고 있다. 이에 본 조사에서는 이주노동자권리 국제협약을 참고하여 합법적 이주노동자들의 경우는 "우리나라 근로자와 같은 노동법적권리", "가족들을 데려올 권리", "근로계약이 종료되면 본국으로 돌아갈 권리", "한국에 남고 싶은 사람은 영주할 수 있도록 허용해야 할 권리"를 선정하였고, 불법체류 이주노동자의 경우는 "능력 있는 사람은 사면해서 합법화해야 한다.", "우리나라 근로자와 같은 노동법적 권리가 주어져야 한다.", "가족들을 데려올 권리가 주어져야 한다."를 선정하여 합법적 이주노동자와 불법체류 이주노동자에 따라 어떤 양상이 나타나는지를 분석하였다.

(1) 합법적 이주노동자들에 대한 권리인식

이주노동자들이 노동자로서 누릴 권리에 대한 인식은 이들이 합법적 지위를 갖고 있는지 아니면 불법체류자의 지위를 갖고 있는지에 따라서 크게 다를 것으로 판단된다. 선행연구에서는 이주노동자의 법적 지위를 구분하지 않고 이들에 대한 한국인의 인식을 조사함으로써 부정확한 진단을 한 것으로 판단된다. 따라서 본 연구에서는 합법적 이주노동자와 불법체류 이주노동자를 구분하여 각 집단에 대해 어떻게 인식하고 있는 가를 조사하였다. 이주노동자에 대한 다양한 의견을 제시한 후 각 의견에 대해 동의하는 정도를 '전혀 그렇지 않다' 1점, '별로 그렇지 않다' 2점, '보통이다' 3점, '대체로 그렇다' 4점, '매우 그렇다' 5점으로 측정하였다. 조사 결과 '합법적 이주노동자에게 우리나라 근로자와 같은 노동법적 권리가 주어져야 한다.'는 3.79점(그렇지 않음(7.8%), 보통 또는 중간(이하 중간으로 표기, 27.3%)05, 그렇다(64.8%)),'합법적 이주노동자들은 근로계약이 종료되면 본국으로 돌아가야 한다.'는 3.67점(그렇지 않음(14.3%), 중간(26.7%), 그렇다(59.0%)), '합법적 이주노동자에게 가족을 데려올 권리가 주어져야 한다.'는 3.59점(그렇지 않음(11.6%), 중간(29.4%), 그렇다(59.0%)), '합법적 이주노동자 중에 한국에 남고 싶은 사람은 영주할 수 있도록 허용해야 한다.'는 3.34점(그렇지 않음(19.2%), 중간(36.8%), 그렇다(44.1%))로 나타났다. 정리하면 합법적 이주노동자들에 대해서는 전반적으로 긍정적으로 인식하고 이들에게 내국인과 동일한 노동법적 권리, 가족을 데려올 권리, 영주할 권리가 주어져야 한다고 인식하는 것으로 나타났다.

<그림 3-6> 합법적 이주노동자들에 대한 권리인식

(단위 : 5점 척도)

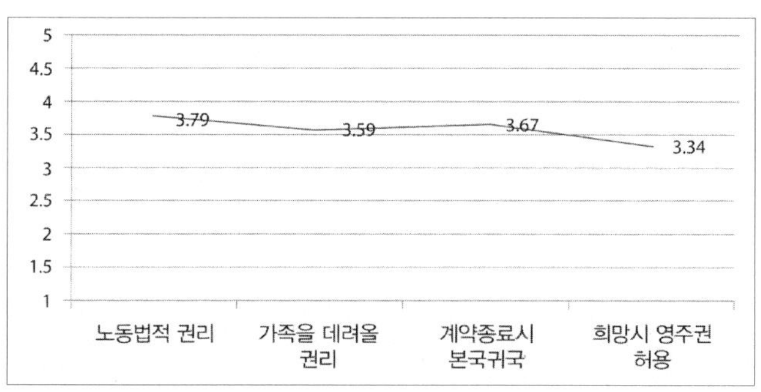

---

05 '보통'은 특정 의견에 대해 특별히 동의하거나 반대하지 않은 중간적인 태도를 가리킨다. 원 설문지에서는 '그렇지 않음', '보통', '그렇다'로 응답자의 동의 수준을 측정하였으나 본문에서는 문맥에 맞게 '보통' 대신 '중간'으로 표기하겠다.

<표 3-3> 합법적 이주노동자들에 대한 권리인식 (단위 : 명, %)

	그렇지 않다		중간		그렇다	
노동법적 권리	94	7.8	328	27.3	778	64.8
가족을 데려올 권리	172	14.3	320	26.7	708	59.0
계약종료시 본국귀국	139	11.6	353	29.4	708	59.0
희망시 영주권 허용	230	19.2	441	36.8	529	44.1

주) 설문문항: 한국에서 일하는 합법적 이주노동자에 대해 다음과 같은 의견들이 있습니다. 귀하께서는 이 의견에 대해 얼마나 동의하십니까?

(2) 불법체류 이주노동자들에 대한 권리인식

불법체류 이주노동자에 대한 한국인의 인식을 조사한 결과 '불법체류 이주노동자 중 능력 있는 사람은 사면해서 합법화해야 한다.'는 2.85점(그렇지 않음(39.7%), 중간(31.3%), 그렇다(29.0%)), '불법체류 이주노동자라도 우리나라 근로자와 같은 노동법적 권리가 주어져야 한다.' 는 2.92점(그렇지 않음(35.2%), 중간(34.6%), 그렇다(30.3%)), '불법체류 이주노동자에게 가족을 데려 올 권리가 주어져야 한다.' 는 2.48점(그렇지 않음(53.3%), 중간(29.3%), 그렇다(17.4%))로 나타났다. 전체적으로 불법체류 이주노동자에 대한 인식수준은 합법적 이주노동자에 비해 부정적 응답이 더 높으며, 합법화, 노동법적 권리, 가족을 데려올 권리를 주어서는 안 된다는 의견이 많은 것으로 나타났다.

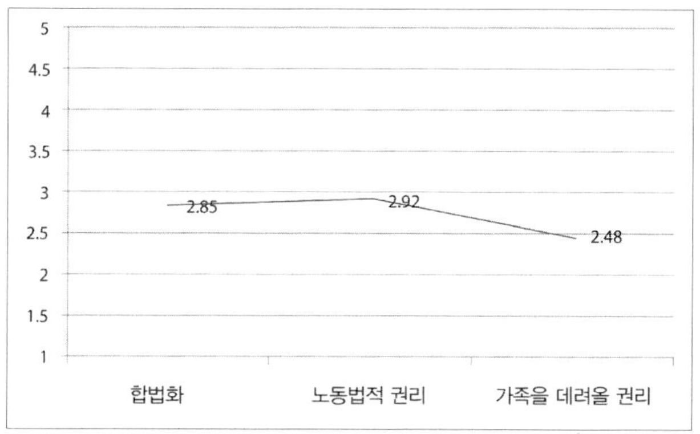

〈그림 3-7〉 불법체류 이주노동자들에 대한 권리인식

(단위 : 5점 척도)

〈표 3-4〉 불법체류 이주노동자들에 대한 권리인식 (단위 : 명, %)

	그렇지 않다		중간		그렇다	
합법화	476	39.7	376	31.3	348	29.0
노동법적 권리	422	35.2	415	34.6	363	30.3
가족을 데려올 권리	639	53.3	352	29.3	209	17.4

주) 설문문항: 한국에서 일하는 외국인 이주노동자 중 불법체류자에 대해 다음과 같은 의견들이 있습니다. 귀하께서는 이 의견들에 얼마나 동의하십니까?

5) 이주노동자들에 대한 사회경제적 영향력에 대한 인식

(1) 합법적 이주노동자들의 사회경제적 영향력에 대한 인식

이주노동자들이 한국의 경제와 사회에 미치는 영향 등에 대한 인식은 이들이 합법적 지위를 갖고 있는지 아니면 불법체류자의 지위를 갖고 있는지에 따라서 크게 다를 것으로 판단된다. 이주노동자에 대한 다양한 의견을 제시한 후 각 의견에 대해 동의하는 정도를 '전혀 그렇지 않다' 1점, '별로 그렇지 않다' 2점, '보통이다' 3점, '대체로 그렇다' 4점, '매우 그렇다' 5점으로 측정하였다. 조사 결과 '합법적 이주노동자들은 우리나라 경제에 기여하는 것보다 가져가는 것이 더 많다.'는 3.01점(그렇지 않음(28.7%), 중간(43.9%), 그렇다(27.4%)), '합법적 이주노동자 때문에 우리나라 임금이 낮은 수준에 머물러 있다.'는 2.79점(그렇지 않음(39.6%), 중간(36.8%), 그렇다(23.6%)), '합법적 이주노동자들은 한국인의 일자리를 빼앗아 간다.'는 2.87점(그렇지 않음(40.0%), 중간(31.1%), 그렇다(28.9%)), '합법적 이주노동자들이 많이 사는 지역은 지저분하다.'는 3.08점(그렇지 않음(26.8%), 중간(40.0%), 그렇다(33.3%)), '합법적 이주노동자들이 늘어나면 범죄율이 올라간다.'는 3.08점(그렇지 않음(28.7%), 중간(36.2%), 그렇다(35.2%))으로 나타났다. 정리하면 합법적 이주노동자들에 대해서는 전반적으로 내국인의 임금을 줄이거나 일자리는 뺏는다고 생각하지는 않는다. 하지만 주거환경을 더럽히거나 범죄율을 높이는 것으로 인식하고 있다.

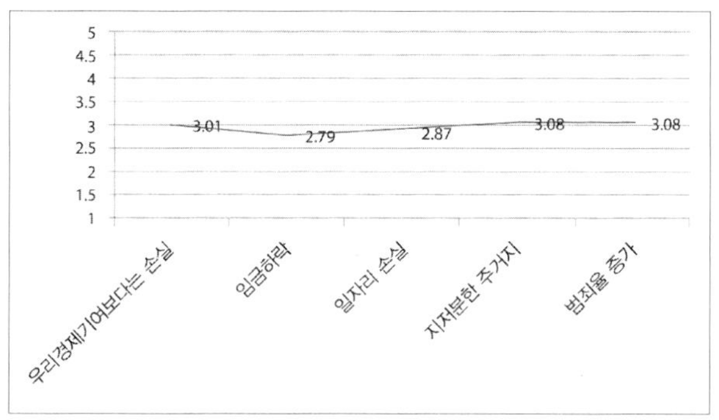

〈표 3-5〉 합법적 이주노동자의 사회경제적 영향력에 대한 인식 (단위 : 명, %)

	그렇지 않다		중간		그렇다	
우리나라 경제에 기여보다는 가져가는 것이 많음	344	28.7	527	43.9	329	27.4
임금 하락	475	39.6	442	36.8	283	23.6
일자리 손실	480	40.0	373	31.1	347	28.9
지저분한 거주지	321	26.8	480	40.0	399	33.3
범죄율 증가	344	28.7	434	36.2	422	35.2

주) 설문문항: 한국에서 일하는 합법적 이주노동자에 대해 다음과 같은 의견들이 있습니다. 귀하께서는 이 의견에 대해 얼마나 동의하십니까?

(2) 불법체류 이주노동자의 사회경제적 영향력에 대한 인식

불법체류 이주노동자의 사회경제적 영향력에 대한 한국인의 인식을 조사한 결과 '불법체류 이주노동자들은 우리나라 경제에 기여하는 것보다 가져가는 것이 더 많다.'는 2.95점(그렇지 않음(30.9%), 중간(42.4%), 그렇다(26.7%)), '불법체류 이주노동자 때문에 우리나라 임금이 낮은 수준에 머물러 있다.’는 2.84점(그렇지 않음(38.5%), 중간(34.9%), 그렇다(26.6%)), ‘불법체류 이주노동자들은 한국인의 일자리를 빼앗아 간다.’는 2.84점(그렇지 않음(39.3%), 중간(32.7%), 그렇다(28.0%)), ‘불법체류 이주노동자들이 많이 사는 지역은 지저분하다.’는 3.27점(그렇지 않음(23.3%), 중간(29.8%), 그렇다(46.8%)), ‘불법체류 이주노동자들이 늘어나면 범죄율이 올라간다.’는 3.35점(그렇지 않음(22.0%), 중간(27.3%), 그렇다(50.7%)), ‘불법체류 이주노동자들은 즉각 본국으로 돌려보내야 한다.’는 3.43점(그렇지 않음(18.8%), 중간(33.7%), 그렇다(47.5%))으로 나타났다.

전체적으로 불법체류 이주노동자에 대한 사회경제적 영향력 인식 수준은 합법적 이주노동자에 비해 부정적 의견이 더 많았다. 이들의 즉각적인 본국송환을 찬성하고, 입금금지를 위한 강력한 정부조치를 찬성하는 응답자들이 반대하는 응답자들보다 많았다. 하지만 이들의 경제적인 영향에 대해서는 부정적인 의견을 가진 응답자들이 특별히 많지는 않았다. 이들이 우리나라 경제에 기여보다는 가져가는 것이 많다거나, 내국인의 임금을 하락시키거나 일자리를 빼앗아 간다고 생각하는 응답자들은 그렇지 않다고 생각하는 응답자들보다 적었다. 그럼에도 불구하고 이들의 사회적인 영향에 대해서는 부정적인 의견을 가진 응답자들이 많았다. 이들이 주거환경을 더럽히고 범죄율을 높인다고 생각하는 응답자들이 그렇지 않다고 생각하는 응답자들보다 많았다. 이렇게 볼 때 한국인은 불법체류 이주노동자들의 경제적 가치 또는 기여에 대해서는 인정하지만 사회적으로 부정적인 영향을 끼칠 수 있다고 생각하고 규범적 차원에서 불법체류자들에 대해서는 정부가 단속하고 규제해야 한다고 생각하는 것으로 판단할 수

 한국인의 이주노동자와 다문화사회에 대한 인식

있다.

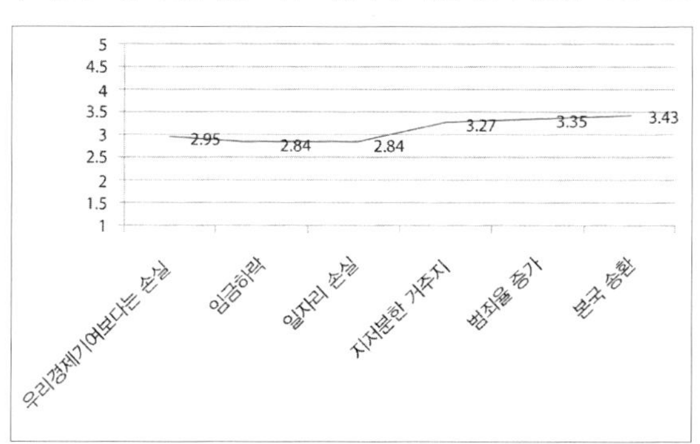

<그림 3-9> 불법체류 이주노동자에 대한 인식 (단위 : 5점 척도)

<표 3-6> 불법체류 이주노동자에 대한 인식 (단위 : 명, %)

	그렇지 않다		중간		그렇다	
우리나라 경제에 기여보다는 가져가는 것이 많음	371	30.9	509	42.4	320	26.7
임금 하락	462	38.5	419	34.9	319	26.6
일자리 손실	472	39.3	392	32.7	336	28.0
지저분한 거주지	280	23.3	358	29.8	562	46.8
범죄율 증가	264	22.0	328	27.3	608	50.7
본국 송환	226	18.8	404	33.7	570	47.5

주) 설문문항: 한국에서 일하는 외국인 이주노동자 중 불법체류자에 대해 다음과 같은 의견들이 있습니다. 귀하께서는 이 의견들에 얼마나 동의하십니까?

6) 불법 이민자 입국금지를 위한 정부조치에 대한 인식

앞서 지적하였듯이 한국인은 이주노동자의 합법성에 대해서 상당히 민감하며 이주노동자가 불법 신분인 경우에는 정부의 강력한 통제를 찬성하는 것으로 나타났다. 정부가 불법이민자가 들어오지 못하도록 좀 더 강력한 조치를 취해야 하는가에 대해서 '반대한다'의 비율이 11.1%, '보통이다' 34.1%, '찬성한다' 54.8%로 한국인은 불법이민자의 입국금지를 위한 강력한 정부조치를 찬성하는 것으로 나타났다.

〈그림 3-10〉 불법이민자 입국금지를 위한 강력한 정부조치에 대한 인식 (단위 : %)

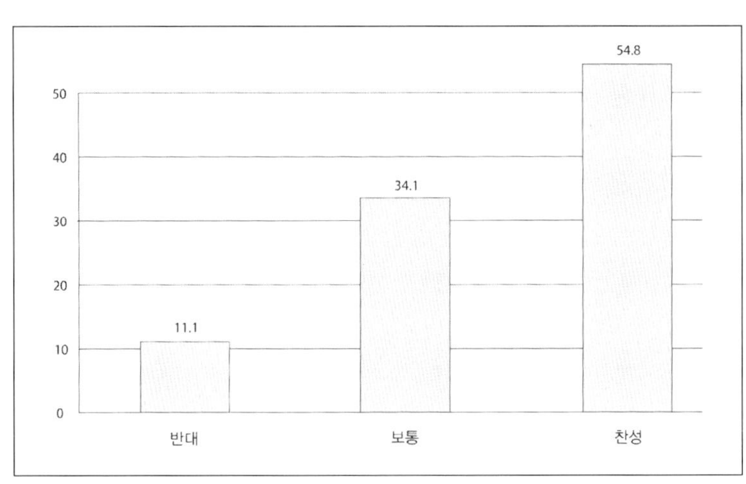

7) 이주노동자들의 애로사항

(1) 합법적 이주노동자들의 어려움에 대한 인식

이주노동자들이 한국에서 생활하면서 경험하는 어려움의 내용과 수준에 대해 한국인이 어떻게 인식하는가를 알아보기 위해 '전혀 어려움이 없다’ 1점, ‘별로 어려움이 없다’ 2점, ‘보통이다’ 3점, ‘대체로 어려움이 크다’ 4점, ‘매우 어려움이 크다’ 5점으로 측정하였다. 우선 합법적 이주노동자들의 어려움에 대해서 조사한 결과 언어장벽 및 문화적 차이는 3.84점(어려움이 없는 편(4.4%),보통(25.0%), 어려움이 있는 편(70.6%)), 가난 또는 저소득 3.64점(어려움이 없는 편(7.4%),보통(32.3%), 어려움이 있는 편(60.3%)), 취업의 어려움 3.46점(어려움이 없는 편(13.7%),보통(35.5%), 어려움이 있는 편(50.8%)), 사회적 편견 3.74점(어려움이 없는 편(7.7%), 보통(28.5%), 어려움이 있는 편(63.8%)), 신분상의 불이익 3.67점(어려움이 없는 편(9.2%), 보통(28.2%), 어려움이 있는 편(62.7%)), 임금체불 및 폭행 3.61점(어려움이 없는 편(11.1%),보통(30.9%), 어려움이 있는 편(58.0%)), 건강 및 산업재해 3.64점(어려움이 없는 편(9.4%), 보통(30.6%), 어려움이 있는 편(60.0%))으로 ‘보통’에 해당하는 3점 이상으로 나타났다. 즉 한국인은 합법적 이주노동자들이 보통 수준 이상의 문제를 경험하는 것으로 인식하고 있고, 특히 언어장벽 및 문화적 차이가 가장 큰 문제이고 다음으로 사회적 차별, 신분상의 불이익, 가난 또는 저소득, 건강 및 산업재해 등의 순으로 문제가 있다고 인식하고 있다. 반면 취업의 어려움은 상대적으로 덜 심각하게 인식하고 있다.

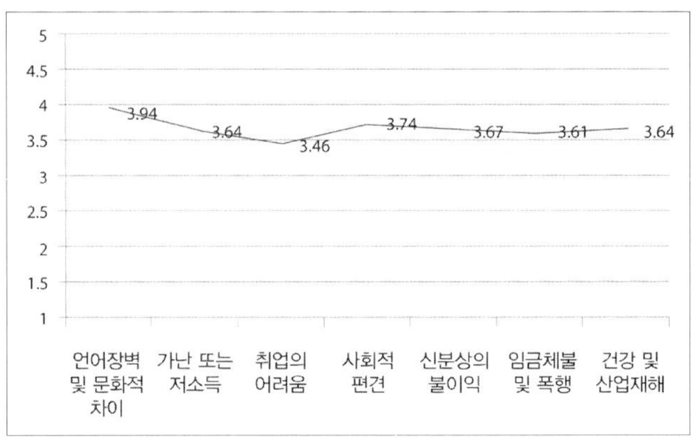

〈표 3-7〉 합법적 이주노동자들의 어려움에 대한 인식수준 (단위 : 명, %)

	어려움이 없는 편		보통		어려움이 있는 편	
언어장벽 및 문화적 차이	53	4.4	300	25.0	847	70.6
가난 또는 저소득	89	7.4	388	32.3	723	60.3
취업의 어려움	164	13.7	426	35.5	610	50.8
사회적 편견	92	7.7	342	28.5	766	63.8
신분상의 불이익	110	9.2	338	28.2	752	62.7
임금체불 및 폭행	133	11.1	371	30.9	696	58.0
건강 및 산업재해	113	9.4	367	30.6	720	60.0

주) 설문문항: 귀하께서는 합법적 이주노동자들이 다음 문제에 대해 어떤 어려움을 겪고 있다고 생각하십니까?

(2) 불법체류 이주노동자의 어려움에 대한 인식

불법체류 이주노동자들이 경험하는 문제들에 대해서는 언어장벽 및 문화적 차이는 4.11점(어려움이 없는 편(2.5%), 보통(17.9%), 어려움이 있는 편(79.6%)), 가난 또는 저소득 4.11점(어려움이 없는 편(3.4%), 보통(18.0%), 어려움이 있는 편(78.6%)), 취업의 어려움 4.03점(어려

 한국인의 이주노동자와 다문화사회에 대한 인식

움이 없는 편(5.9%), 보통(20.2%), 어려움이 있는 편(73.9%)), 사회적 편견 4.15점(어려움이 없는 편(3.6%), 보통(16.7%), 어려움이 있는 편(79.8%)), 신분상의 불이익 4.21점(어려움이 없는 편(3.4%), 보통(14.5%), 어려움이 있는 편(82.1%)), 임금체불 및 폭행 4.16점(어려움이 없는 편(4.5%), 보통(15.8%), 어려움이 있는 편(79.7%)), 건강 및 산업재해 4.14점(어려움이 없는 편(4.1%), 보통(18.4%), 어려움이 있는 편(77.5%))으로 대체로 어려움이 큰 것으로 인식하고 있다. 또한 합법적 이주노동자들에 비교해서 더욱 큰 어려움을 경험하는 것으로 인식하고 있다. 특히 신분상의 불이익이 가장 큰 문제이고, 다음으로 임금체불 및 폭행, 사회적 편견, 건강 및 산업재해, 언어장벽 및 문화적 차이, 가난 또는 저소득의 순으로 문제가 있다고 인식하였다. 불법체류 이주노동자는 취업에 있어서도 대체로 큰 문제를 갖는 것으로 인식하였다.

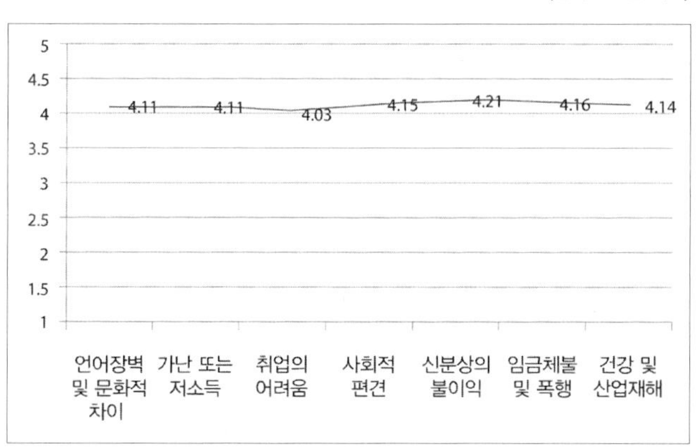

〈그림 3-12〉 불법체류 이주노동자들의 어려움에 대한 인식수준
(단위 : 5점 척도)

<표 3-8> 불법체류 이주노동자들의 어려움에 대한 인식수준 (단위 : 명, %)

	어려움이 없는 편		보통		어려움이 있는 편	
언어장벽 및 문화적 차이	30	2.5	215	17.9	955	79.6
가난 또는 저소득	41	3.4	216	18.0	943	78.6
취업의 어려움	71	5.9	242	20.2	887	73.9
사회적 편견	43	3.6	200	16.7	957	79.8
신분상의 불이익	41	3.4	174	14.5	985	82.1
임금체불 및 폭행	54	4.5	190	15.8	956	79.7
건강 및 산업재해	49	4.1	221	18.4	930	77.5

주) 설문문항: 귀하께서는 불법체류 이주노동자들이 다음 문제에 대해 얼마나 어려움을 겪고 있다고 생각하
십니까?

8) 외국인 이주노동자권리협약 비준

앞서 지적하였듯이 이주노동자권리협약은 이민 수용국에 지나친 부담
을 준다는 이유로 한국을 포함한 대부분의 수용국들은 비준하고 있
지 않다. 이주노동자의 역사가 짧은 한국에서는 이주노동자권리협약
에 대한 사회적 인지도와 관심도가 낮은 편이다. 이번 조사에서도
이주노동자권리협약에 대해서 들어본 적이 있다고 응답한 사람들은
15.8%이고 들어본 저이 없다고 응답한 사람들은 81.3%에 달할 정도
로 이 협약에 대한 인지도가 낮은 것으로 밝혀졌다.

 한국인의 이주노동자와 다문화사회에 대한 인식

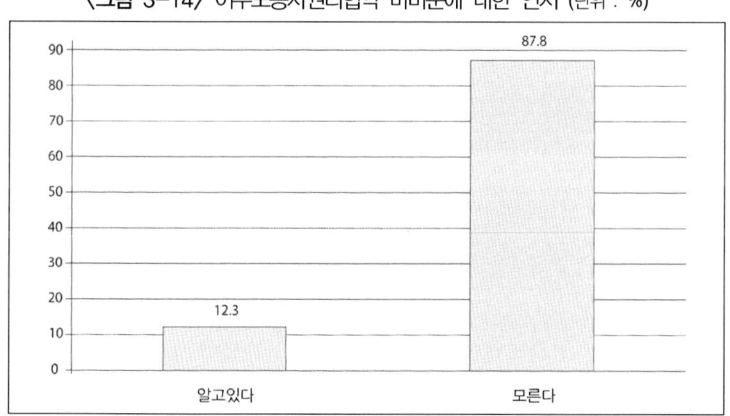

〈그림 3-13〉 이주노동자권리협약에 대해 들어본 경험 (단위 : %)

한국이 이주노동자권리협약을 비준하고 있지 않다는 사실을 알고 있는 사람들은 12.3%이고 모르는 사람들은 87.8%였다. 이주노동자 권리협약이 있다는 사실을 알고 있어도 한국이 이 권리협약을 비준 하지 않고 있다는 사실을 모르는 사람들이 있다.

〈그림 3-14〉 이주노동자권리협약 미비준에 대한 인지 (단위 : %)

비록 한국인은 이주노동자권리협약에 대해서 잘 알지 못하지만 인권 차원에서 한국이 이 권리협약을 비준해서 이주노동자와 그 가족의 권리를 보호해야 한다고 생각하고 있다. 이주노동자권리협약에 비준했을 경우 발생할 수 있는 사회적 비용(이주노동자들의 정주화, 불법체류자 증가, 사회보장 비용의 증가 등)에 대해서 알려 준 후 그래도 한국이 권리협약을 비준해야 한다고 생각하는가라고 질문한 결과 5년 후에 해야 한다는 의견이 30.6%로 가장 높고, 곧바로 해야 한다 27.3%, 10년 후 17.8%, 비준하면 안 된다(비준 반대) 16.6%, 20년 후 7.8% 순으로 나타났다. '곧바로' 또는 '4년 이내'에 비준해야 한다고 응답한 사람들이 58%에 이르는 점을 고려할 때 이주노동자권리협약에 대한 사회적 수용도는 비교적 높다고 볼 수 있다.

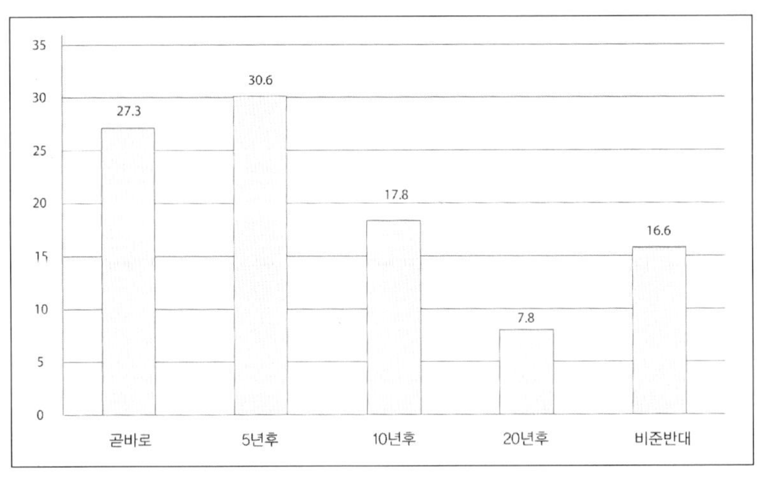

〈그림 3-15〉 이주노동자권리협약의 비준시기 (단위 : %)

 한국인의 이주노동자와 다문화사회에 대한 인식

04

한국인의 다문화사회에 대한 인식과 태도

한국인은 **다문화주의와** 단일민족주의를 동시에 긍정적인 것으로 받아들이고 두 개의 사고가 서로 상충된다고 생각하지 않는다. 또한 한국인은 소수인종집단들이 그들의 고유한 문화를 유지할 수 있어야 한다고 생각하면서도 동시에 이들이 한국의 사회문화로 동화되어야 한다고 생각한다. 즉 한국인의 다문화주의에 대한 인식은 한식 메뉴에 몇 가지 외국음식을 추가하는 것과 같다.

한국은 전 세계에서 유례없이 인종적으로, 문화적으로 동질성이 강한 사회이다. 또한 한국인은 단일민족이라는 신화를 오랫동안 유지해왔고 강한 민족주의는 한국인이 외세의 위협에 대항해서 투쟁할 때 민족을 결집하는 중요한 역할을 수행해왔다. 그러나 외국인과 이주민이 증가하면서 한국사회의 인종적, 민족적, 문화적 다양성은 날로 커지고 있다. 이런 상황에서 한국인은 과거처럼 단일민족주의를 견고하게 유지할 것인지, 아니면 다문화주의를 수용할 것인지가 관심이 대상이 된다.

최근 들어 다문화사회의 구성 주체로서 이주노동자뿐만 아니라 결혼이민자, 다문화가정 자녀 등 그 대상과 수가 점차 늘어남에 따라 다문화사회로의 변화도 점차 가속화 되고 있는 양상이다. 한국인이 다문화사회를 어떻게 인식하고 있으며, 그 태도의 변화를 연구하는 것은 주류집단과 소수인종민족집단의 관계의 변화 양상을 살필 수 있는 주요한 초점이 되는 것이다.

다문화사회로의 변화에 대한 태도

'한국이 오랫동안 단일민족 혈통을 유지해온 것은 매우 자랑스러운 일이다.' 3.77점(반대(10.5%), 보통(26.6%), 찬성(62.9%)), '한국이 단일민족 국가라는 사실은 국가 경쟁력을 높이는 데 도움이 된다.' 3.38점(반대(16.3%), 보통(39.6%), 찬성(44.1%))으로 나타나서 문화다양성이 가져올 사회분열에 대해 우려하고 단일민족주의에 대한 자부심과 신뢰도가 높아서 한국인이 다문화주의를 전폭적으로 수용하는 것이 아니라는 점을 알 수 있다.

본 조사에서는 다문화주의에 관한 문항들과 단일민족주의에 관한 문항들을 제시한 후 응답자들이 각 문항들에 대해 어떻게 생각하는지를 조사하였다. 다문화주의에 관해서 '어느 국가든 다양한 인종·종교·문화가 공존하는 것이 더 좋다.' 3.54점(반대(12.2%), 보통(32.4%), 찬성(55.4%)), '우리나라의 인종·종교·문화적 다양성이 확대되면 국가경쟁력이 도움이 된다.' 3.47점(반대(12.3%), 보통(37.4%), 찬성(50.3%)), '외국인 이주자들이 늘어나면 우리나라 문화는 더욱 풍부해진다.' 3.07점(반대(24.9%), 보통(45.6%), 찬성(29.5%))으로 나타나 문화다양성에 대해서 대체로 긍정적인 인식을 갖는 것으로 나타났다. 그러나 동시에 '우리나라와 다른 인종·종교·문화를 가진 사람들을 받아들이는 데에는 한계가 있다.' 3.47점(반대(10.4%), 보통(44.3%), 찬성(38.3%)), '여러 민족을 국민으로 받아들이면 국가의 결속력을 해치게 될 것이다.' 3.20

점(반대(19.4%), 보통(44.3%), 찬성(36.3%)), '한국이 오랫동안 단일 민족 혈통을 유지해온 것은 매우 자랑스러운 일이다.' 3.77점(반대 (10.5%), 보통(26.6%), 찬성(62.9%)), '한국이 단일민족 국가라는 사실 은 국가 경쟁력을 높이는 데 도움이 된다.' 3.38점(반대(16.3%), 보통(39.6%), 찬성(44.1%))으로 나타나서 문화다양성이 가져올 사회분열에 대해 우려하고 단일민족주의에 대한 자부심과 신뢰도가 높아서 한국인이 다문화주의를 전폭적으로 수용하는 것이 아니라는 점을 알 수 있다. 현재 나타난 한국인의 인식양상은 다문화주의와 단일민족주의를 동시에 긍정적인 것으로 받아들이고 두 개의 사고가 서로 상충된다고 생각하고 있지 않다는 것이다. 즉 한국인의 다문화주의에 대한 인식은 한식 메뉴에 몇 가지 외국음식을 추가하는 것과 같다.

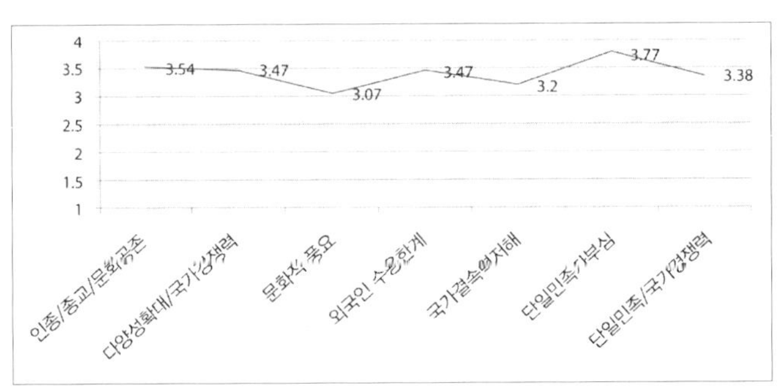

〈그림 4-1〉 외국인 이주자의 증대와 문화다양성에 대한 의견 (단위 : 5점 척도)

<표 4-1> 외국인 이주자의 증대와 문화다양성에 대한 의견 (단위 : 명, %)

	반대		보통		찬성	
인종/종교/문화 공존	146	12.2	389	32.4	665	55.4
다양성 확대 국가경쟁력	147	12.3	449	37.4	604	50.3
문화적 풍요	299	24.9	547	45.6	354	29.5
사람 간의 관계제약	125	10.4	459	38.3	616	51.3
국가결속력 저해	233	19.4	532	44.3	435	36.3
단일민족 자부심	126	10.5	319	26.6	755	62.9
단일민족 국가경쟁력	196	16.3	475	39.6	529	44.1

주) 설문문항: 외국인 이주자의 증대와 문화다양성에 대한 아래의 의견들에 대해 귀하께서는 어떻게 생각하십니까?

'한국의 전통과 풍습이 같이 하지 않은 사람들이 완전하게 한국인이 되는 것은 불가능하다.'는 진술에 대해 3.34점(찬성 45.8%, 반대 19%), '소수인종집단이 한국 사회문화에 동화하여 한국인과 같아지는 것이 한국사회에 더 좋다.'는 진술에 대해 3.21점(찬성 35.8%, 반대 16.3%)로 나타나서 타인종과 외국인이 완전한 한국인이 될 수 없거나 한국의 사회문화에 동화되는 것이 좋다고 생각하는 사람들이 그렇지 않은 사람들보다 많았다.

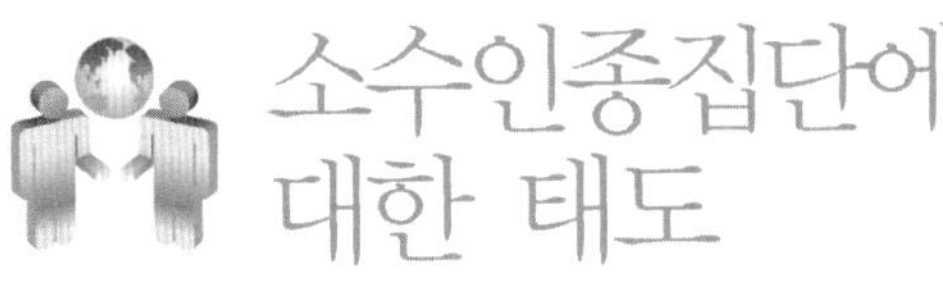

한국인이 외국인의 문화권과 한국문화로의 동화에 대해서 갖고 있는 이중적인 태도는 한국에 있는 다른 인종 및 인종집단(화교, 외국인 등)들에 대한 의견에서도 나타난다. '한국의 전통과 풍습이 같이 하지 않은 사람들이 완전하게 한국인이 되는 것은 불가능하다.'는 진술에 대해 3.34점(찬성 45.8%, 반대 19%), '소수인종집단이 한국 사회문화에 동화하여 한국인과 같아지는 것이 한국사회에 더 좋다.' 는 진술에 대해 3.21점(찬성 35.8%, 반대 16.3%)로 나타나서 타인종과 외국인이 완전한 한국인이 될 수 없거나 한국의 사회문화에 동화되는 것이 좋다고 생각하는 사람들이 그렇지 않은 사람들보다 많았다. 하지만 동시에 '소수인종집단의 전통과 풍습을 보존해 주기 위해 정부가 이들을 지원해 주어야 한다.' 3.10점(찬성 33.1%, 반대 22.8%), '소수인종집단이 자신이 고유한 전통과 풍습을 유지하는 것

이 한국사회에 더 좋다.' 3.13점(찬성 31.5%, 반대 19.2%), '소수인종집단들이 우리나라 사람들과 동일한 권리와 기회를 갖도록 정부가 보호해야 한다.' 3.29점(찬성 40.9%, 반대 15.4%), '소수인종집단의 자녀는 이중언어와 이중문화를 유지하는 것이 좋다.' 3.27점(찬성 38.8%, 반대 14.7%), '정부는 예산을 별도로 편성해서 소수인종집단의 자녀들을 위한 이중언어 교육을 실시해야 한다.' 3.14점(찬성 34.9%, 반대 21.6%)으로 나타나서 타인종 및 인종집단의 문화권의 인정과 보호를 찬성하는 사람이 반대하는 사람들보다 많았다. 즉 한국인은 소수인종집단의 문화권유지와 한국사회 문화로의 동화를 동시에 찬성하는 것으로 나타났다.

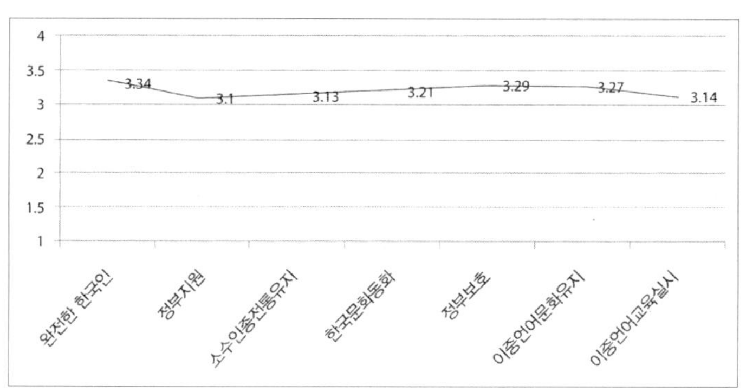

〈그림 4-2〉 국내 타인종 및 인종집단에 대한 태도 (단위 : 5점 척도)

〈표 4-2〉 국내 타인종 및 인종집단에 대한 태도 (단위 : 명, %)

	반대		보통		찬성	
완전한 한국인 불가능	228	19.0	423	35.3	549	45.8
정부지원	274	22.8	529	44.1	397	33.1
소수인종 전통 · 풍습 유지	230	19.2	592	49.3	378	31.5
한국문화 동화	195	16.3	575	47.9	430	35.8
정부보호	185	15.4	524	43.7	491	40.9
이중언어 · 문화 유지	176	14.7	558	46.5	466	38.8
이중언어교육 실시	259	21.6	522	43.5	419	34.9

주) 설문문항: 한국에 있는 다른 인종 및 인종집단(화교, 외국인 등)들에 대한 귀하의 의견은 어떠합니까?

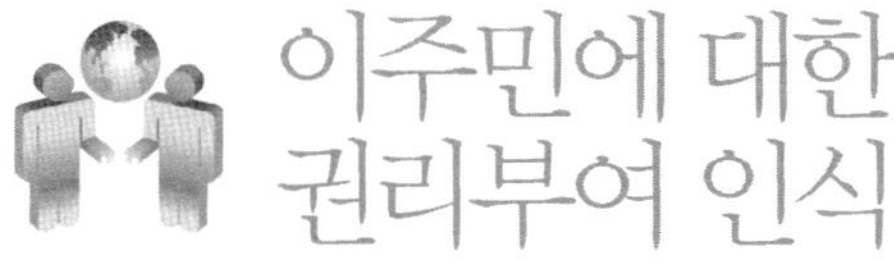

이주민에 대한 권리부여 인식

'한국의 전통과 풍습이 같이 하지 않은 사람들이 완전하게 한국인이 되는 것은 불가능하다.'는 진술에 대해 3.34점(찬성 45.8%, 반대 19%), '소수인종집단이 한국 사회문화에 동화하여 한국인과 같아지는 것이 한국사회에 더 좋다.'는 진술에 대해 3.21점(찬성 35.8%, 반대 16.3%)로 나타나서 타인종과 외국인이 완전한 한국인이 될 수 없거나 한국의 사회문화에 동화되는 것이 좋다고 생각하는 사람들이 그렇지 않은 사람들보다 많았다.

한국인이 외국인의 문화권과 한국문화로의 동화에 대해서 갖고 있는 이중적인 태도는 이주민에 대한 권리부여인식에 대한 의견에서도 나타난다. '다른 나라에서 태어난 아이라도 부모 중 한 사람이 한국 국적을 가졌다면 한국 국적을 가질 권리가 있다.'는 진술에 대해 3.75(찬성 67.3%, 반대 6.8%). '부모가 한국 국적이 아니더라도 한국에서 태어난 아이는 한국국적을 가질 권리가 있다.'는 진술에 대해 3.65점(찬성 60.8%, 반대 13.0%)으로 나타나서 부모 중 한 사람이 국적을 가진 경우와 한국에서 태어난 아이에 해당되는 이주민에 대해 권리를 부여하는 것이 좋다고 생각하는 사람이 그렇지 않은 사람들보다 많았다. 하지만 '한국정부는 불법이민자가 들어오지 못하도록 좀 더 강력한 조치를 취해야 한다.'는 진술에 대해 3.63점(찬성 54.8%, 반대 11.1%)으로 나타나 불법취업이민자들에게는 권리를 부여하지 않는 것이 좋다고 생각하는 의견이 그렇지 않은 사람들보다 더 많았다.

'한국국적이 없어도 합법적으로 한국에 이주한 사람은 한국 사람과 동등한 권리를 가져야 한다.'는 진술에 대해 3.52점(찬성 52.5%, 반대 11.4%), '국가발전에 도움이 되는 우수외국인에게 이중국적을 허용해야 한다'는 진술에 대해 3.12점(찬성 34.8%, 반대 23.8%)로 나타나서 합법이주자와 우수외국인에 대해서는 권리부여를 하는 것이 좋다고 생각하는 사람이 그렇지 않은 사람보다 많았다. 하지만 '선천적으로 이중국적을 가진 사람은 이중국적을 허용해야 한다.'는 진술에 대해 2.91점(찬성29.0%, 반대 33.4%)로 나타나서 이중국적을 소유한 이주자에 대해 긍정적으로 생각하는 사람보다 부정적으로 생각하는 더 많이 분포되었음을 알 수 있었다.

<그림 4-3> 이주민 권리부여 인식에 대한 태도 (단위 : 5점 척도)

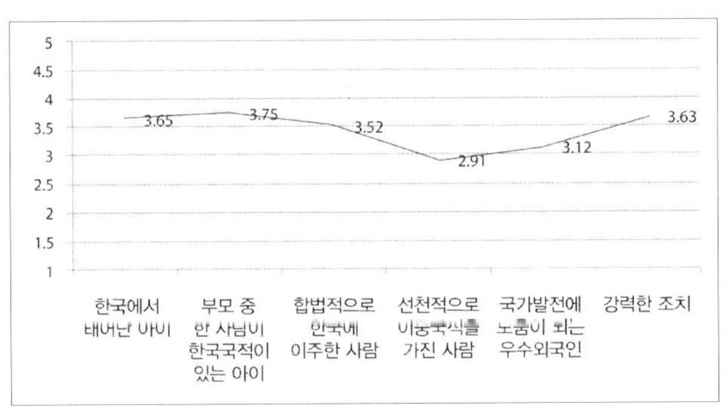

〈표 4-3〉 이주민 권리부여 인식에 대한 태도 (단위 : 명, %)

	반대		보통		찬성	
부모가 한국 국적이 아니더라도 한국에서 태어난 아이는 한국국적을 가질 권리가 있다	156	13.0	315	26.3	729	60.8
다른 나라에서 태어난 아이라도 부모 중 한 사람이 한국국적을 가졌다면 한국국적을 가질 권리가 있다	81	6.8	311	25.9	808	67.3
한국 국적이 없어도 합법적으로 한국에 이주한 사람은 한국사람과 동등한 권리를 가져야 한다	137	11.4	433	36.1	630	52.5
선천적으로 이중국적을 가진 사람은 이중국적을 허용해야 한다	401	33.4	451	37.6	348	29.0
국가발전에 도움이 되는 우수외국인에게 이중국적을 허용해야 한다	286	23.8	497	41.4	417	34.8
한국 정부는 불법이민자가 들어오지 못하도록 좀 더 강력한 조치를 취해야 한다	133	11.1	409	34.1	658	54.8

주) 설문문항: 국적과 관련한 아래의 의견들에 대해 귀하께서는 어떻게 생각하십니까?

외국인 이주자와 소수자들과의 사회적 거리감

한국인은 선진국출신 이주노동자에 대해 가장 친밀감을 느끼는 반면에, 동성애자에 대해서는 가장 거부감이 강한 것으로 나타났다. 그리고 북한이탈주민에 대한 거부감은 이주노동자, 여성 결혼이민자, 장애인에 비교해서 강한 것으로 나타났다.

사회적 거리감은 인종, 민족, 성, 종교, 직업 등 다양한 사회집단들 간의 편견, 차별, 사회적 관계를 측정할 때 사용하는 척도이다. 본 연구에서는 사회적 거리감을 사용해서 장애인, 북한이탈주민, 선진국출신 외국인, 개발도상국출신 외국인, 여성결혼이민자, 동성애자에 대한 한국인의 사회적 거리감을 측정하였다. 장애인, 북한이탈주민, 선진국출신 외국인, 개발도상국출신 외국인, 여성 결혼이민자, 동성애자 변인들은 각 사회적 거리감 측정요인을 각각 합하여 그 정도를 측정한다. 예를 들면, 외국인 사회적 거리감을 측정하는 설문은 각각 4점 척도로 구성되어 있으며, 설문의 문항수가 7개이므로 각 설문의 척도를 합하면 7에서 28까지의 척도가 나온다. 이 척도의 점수를 다시 7개 문항의 수로 나누면 1에서 4까지의 비율척도가 나온다. 이 값을 다시 3분화하여 1∼1.999에 해당할 경우에는 '소원함', 2∼2.999에 해당할 경우에는 '보통', 3∼4에 해당하는 경우는 '친밀함'으로 구분하여 분석에 사용하였다. 측정 결과 선진국출신 이주노동자 2.88점(소원함(5.1%), 중간(50.2%), 친밀함(44.8%)), 장애인 2.73점(소원함(7.3%), 중간(62.8%), 친밀함(29.9%)), 개발도상국 이주노동자 2.66점(소원함(11.3%), 중간(60.6%), 친밀함(28.1%)), 북한이탈주민 2.58점(소원함(18.2%), 중간(55.1%), 친밀함(26.8%)), 동성애자 1.67점(소원함(74.1%), 중간(21.6%), 친밀함(4.3%))의 순서로 나타났다. 따라서 한국인은 선진국출신 이주노동자에 대해 가장 친밀감을 느끼는 반면에, 동성애자에 대해서는 가장 거부감이 강한 것으로 나타났다. 그리고 북한이탈주민에 대한 거부감은 이주노동자, 여성 결혼이민자, 장애인에 비교해서 강한 것으로 나타났다.

〈그림 4-4〉 외국인이주자 및 소수자에 대한 사회적 거리감 (단위 : 5점 척도)

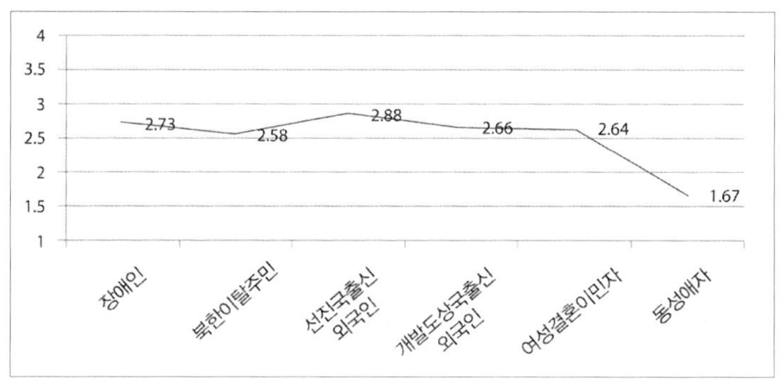

<표 4-4> 외국인이주자 및 소수자에 대한 사회적 거리감 (단위 : 명, %)

	소원함		중간		친밀함	
장애인	87	7.3	754	62.8	359	29.9
북한이탈주민	218	18.2	661	55.1	321	26.8
선진국출신외국인	61	5.1	602	50.2	537	44.8
개발도상국출신외국인	136	11.3	727	60.6	337	28.1
여성결혼이민자	149	12.4	731	60.9	320	26.7
동성애자	889	74.1	259	21.6	52	4.3

주) 설문문항: 우리 사회의 여러 소수 집단과 일상생활에서 경험할 수 있는 여러 가지 상황을 가정한 것입니다. 귀하라면 어떻게 하실 것인지 개인적인 의견을 표시해 주십시오.

1) 장애인

장애인에 대한 한국인의 사회적 거리감을 측정하였다. 측정 결과, 그냥 알고 지내는 것 3.14점, 직장동료로 지내는 것 3.08점, 가까운 이웃이 되는 것 3.07점, 동호회에 들어오는 것 3.05점, 절친한 친구로 지내는 것 2.92점, 내자녀의 배우자가 되는 것 1.95점, 나의 배우자가 되는 것 1.95점의 순서로 나타났다. 따라서 한국인은 장애인에 대해 그냥 알고 지내거나 직장동료로 지내고 동호회에 들어오거나 가까운 이웃이 되고, 절친한 친구가 되는 것에 대해 긍정적인 반면에, 내 자녀의 배우자가 되거나 나의 배우자가 되는 것에 대해서는 부정적인 것으로 나타났다.

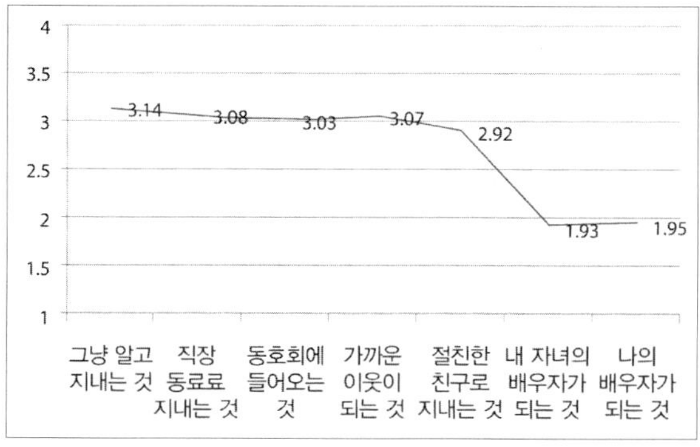

<표 4-5> 장애인에 대한 사회적 거리감 (단위 : 명, %)

	소원함		친밀함	
그냥 알고 지내는 것	69	5.8	1,131	94.3
내 직장에서 동료로 지내는 것	104	8.7	1,096	91.3
내가 속한 동호회에 들어오는 것	151	12.6	1,049	87.4
내 가까운 이웃이 되는 것	146	12.2	1,054	87.8
나와 절친한 친구로 지내는 것	287	23.9	913	76.1
내 자녀의 배우자가 되는 것	954	79.5	246	20.5
나의 배우자가 되는 것	940	78.3	260	21.7

주) 설문문항: 우리 사회의 여러 소수 집단과 일상생활에서 경험할 수 있는 여러 가지 상황을 가정한 것입니다. 귀하라면 어떻게 하실 것인지 개인적인 의견을 표시해 주십시오(장애인).

2) 북한이탈주민

북한이탈주민에 대한 한국인의 사회적 거리감을 측정한 결과, 그냥 알고 지내는 것 2.91점, 동호회에 들어오는 것 2.89점, 직장동료로 지내는 것 2.88점, 가까운 이웃이 되는 것 2.81점, 절친한 친구로 지내는 것 2.66점, 내 자녀의 배우자가 되는 것 1.98점, 나의 배우자가 되는 것 1.96점의 순서로 나타났다. 따라서 한국인은 북한이탈주민에 대해 그냥알고 지내거나 직장동료로 지내고 동호회에 들어오거나 가까운 이웃이 되고, 절친한 친구가 되는 것에 대해 긍정적인 반면에, 내 자녀의 배우자가 되거나 나의 배우자가 되는 것에 대해서는 부정적인 것으로 나타났다.

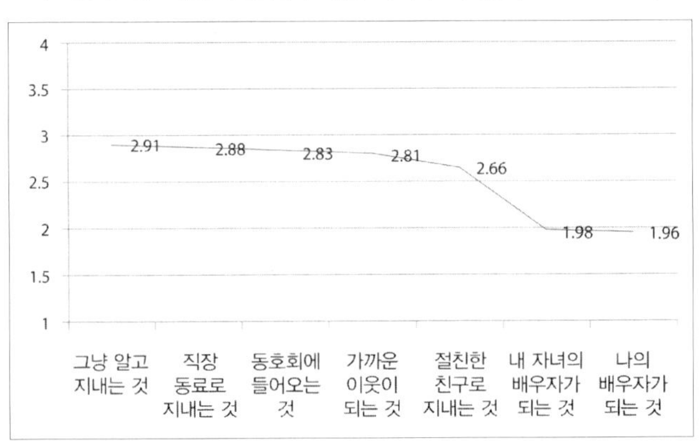

〈그림 4-6〉 북한이탈주민에 대한 사회적 거리감 (단위 : 5점 척도)

 한국인의 이주노동자와 다문화사회에 대한 인식

<표 4-6> 북한이탈주민에 대한 사회적 거리감 (단위 : 명, %)

	반대		찬성	
그냥 알고 지내는 것	220	18.3	980	81.7
내 직장에서 동료로 지내는 것	234	19.5	966	80.5
내가 속한 동호회에 들어오는 것	273	22.8	927	77.3
내 가까운 이웃이 되는 것	300	25.0	900	75.0
나와 절친한 친구로 지내는 것	436	36.3	764	63.7
내 자녀의 배우자가 되는 것	884	73.7	316	26.3
나의 배우자가 되는 것	890	74.2	310	25.8

주) 설문문항: 우리 사회의 여러 소수 집단과 일상생활에서 경험할 수 있는 여러 가지 상황을 가정한 것입니다. 귀하라면 어떻게 하실 것인지 개인적인 의견을 표시해 주십시오(북한이탈주민).

3) 선진국출신 외국인

선진국출신 외국인에 대한 한국인의 사회적 거리감을 측정한 결과, 그냥 알고 지내는 것 3.16점, 직장동료로 지내는 것 3.17점, 동호회에 들어오는 것 3.13점, 가까운 이웃이 되는 것 3.1점, 절친한 친구로 지내는 것 3.04점, 내 자녀의 배우자가 되는 것 2.31점, 나의 배우자가 되는 것 2.24점의 순서로 나타났다. 따라서 한국인은 선진국출신 외국인에 대해 그냥 알고 지내거나 직장동료로 지내고 동호회에 들어오거나 가까운 이웃이 되고, 절친한 친구가 되는 것에 대해 긍정적인 반면에, 내 자녀의 배우자가 되거나 나의 배우자가 되는 것에 대해서는 부정적인 것으로 나타났다.

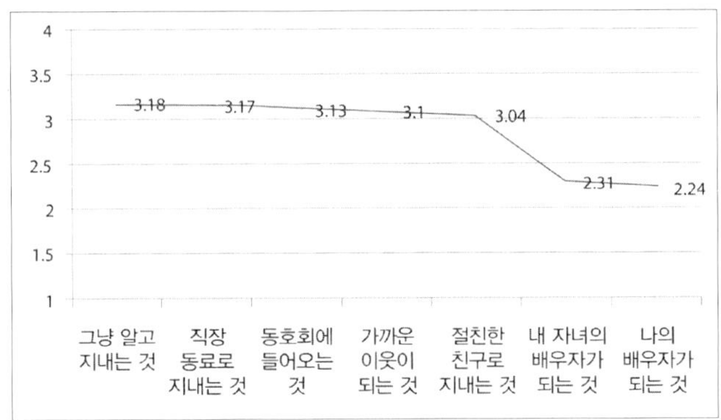

〈표 4-7〉 선진국출신 외국인에 대한 사회적 거리감 (단위 : 명, %)

	반대		찬성	
그냥 알고 지내는 것	51	4.3	1,149	95.8
내 직장에서 동료로 지내는 것	75	6.3	1,125	93.8
내가 속한 동호회에 들어오는 것	100	8.3	1,100	91.7
내 가까운 이웃이 되는 것	120	10.0	1,080	90.0
나와 절친한 친구로 지내는 것	179	14.9	1,021	85.1
내 자녀의 배우자가 되는 것	706	58.8	494	41.2
나의 배우자가 되는 것	749	62.4	451	37.6

주) 설문문항: 우리 사회의 여러 소수 집단과 일상생활에서 경험할 수 있는 여러 가지 상황을 가정한 것입니다. 귀하라면 어떻게 하실 것인지 개인적인 의견을 표시해 주십시오(선진국출신 외국인).

4) 개발도상국출신 외국인

개발도상국출신 외국인에 대한 한국인의 사회적 거리감을 측정한 결과, 그냥 알고 지내는 것 3.03점, 직장동료로 지내는 것 2.99점,

 한국인의 이주노동자와 다문화사회에 대한 인식

동호회에 들어오는 것 2.95점, 가까운 이웃이 되는 것 2.91점, 절친한 친구가 되는 것 2.78점, 내 자녀의 배우자가 되는 것 2점, 나의 배우자가 되는 것 1.96점의 순서로 나타났다. 따라서 한국인은 개발도상국출신 외국인에 대해 그냥 알고 지내거나 직장동료로 지내고 동호회에 들어오거나 가까운 이웃이 되고, 절친한 친구가 되는 것에 대해 긍정적인 반면에, 내 자녀의 배우자가 되거나 나의 배우자가 되는 것에 대해서는 부정적인 것으로 나타났다.

〈그림 4-8〉 개발도상국 출신외국인에 대한 사회적 거리감

(단위 : 5점 척도)

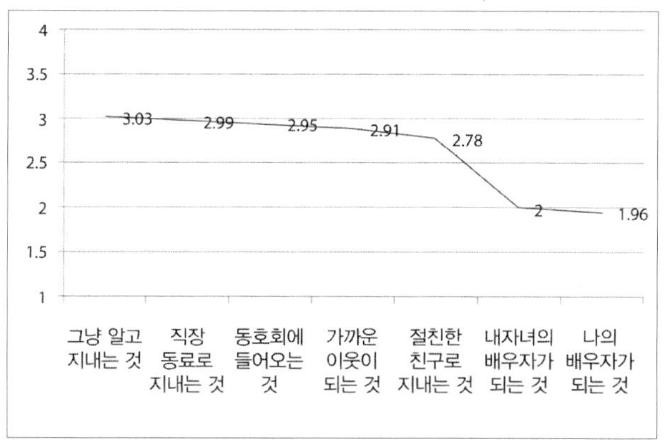

<표 4-8> 개발도상국 출신 외국인에 대한 사회적 거리감 (단위 : 명, %)

	반대		찬성	
그냥 알고 지내는 것	108	9.0	1,092	91.0
내 직장에서 동료로 지내는 것	150	12.5	1,050	87.5
내가 속한 동호회에 들어오는 것	192	16.0	1,008	84.0
내 가까운 이웃이 되는 것	232	19.3	968	80.7
나와 절친한 친구로 지내는 것	354	29.5	846	70.5
내 자녀의 배우자가 되는 것	892	74.3	308	25.7
나의 배우자가 되는 것	906	75.5	294	24.5

주) 설문문항: 우리 사회의 여러 소수 집단과 일상생활에서 경험할 수 있는 여러 가지 상황을 가정한 것입니다. 귀하라면 어떻게 하실 것인지 개인적인 의견을 표시해 주십시오(개발도상국출신 외국인).

5) 여성 결혼이민자

여성 결혼이민자에 대한 한국인의 사회적 거리감을 측정한 결과, 그냥 알고 지내는 것 2.99점, 직장동료로 지내는 것 2.97점, 동호회에 들어오는 것 2.95점, 가까운 이웃이 되는 것 2.93점, 절친한 친구가 되는 것 2.8점, 내 자녀의 배우자가 되는 것 1.96점, 나의 배우자가 되는 것 1.91점의 순서로 나타났다. 따라서 한국인은 여성 결혼이민자에 대해 그냥 알고 지내거나 직장동료로 지내고 동호회에 들어오거나 가까운 이웃이 되고, 절친한 친구가 되는 것에 대해 긍정적인 반면에, 내 자녀의 배우자가 되거나 나의 배우자가 되는 것에 대해서는 부정적인 것으로 나타났다.

〈그림 4-9〉 여성 결혼이민자에 대한 사회적 거리감 (단위 : 5점 척도)

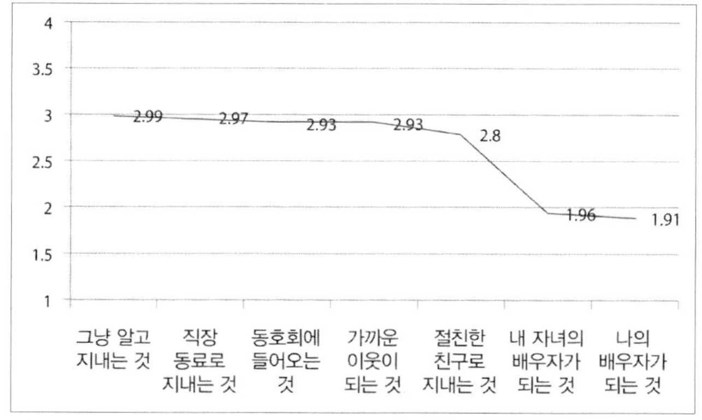

〈표 4-9〉 여성 결혼이민자에 대한 사회적 거리감 (단위 : 명, %)

	반대		찬성	
그냥 알고 지내는 것	153	12.8	1,047	87.3
내 직장에서 동료로 지내는 것	165	13.8	1,035	86.3
내가 속한 동호회에 들어오는 것	203	16.9	997	83.1
내 가까운 이웃이 되는 것	207	17.3	993	82.8
나와 절친한 친구로 지내는 것	336	28.0	864	72.0
내 자녀의 배우자가 되는 것	917	76.4	283	23.6
나의 배우자가 되는 것	930	77.5	270	22.5

주) 설문문항: 우리 사회의 여러 소수 집단과 일상생활에서 경험할 수 있는 여러 가지 상황을 가정한 것입니다. 귀하라면 어떻게 하실 것인지 개인적인 의견을 표시해 주십시오(여성 결혼이민자).

6) 동성애자

동성애자에 대한 한국인의 사회적 거리감을 측정한 결과, 그냥 알고 지내는 것 1.95점, 직장동료로 지내는 것 1.92점, 동호회에 들어오는 것 1.86점, 가까운 이웃이 되는 것 1.84점, 절친한 친구가 되는 것 1.71점, 내 자녀의 배우자가 되는 것 1.21점, 나의 배우자가 되는 것 1.19점의 순서로 나타났다. 따라서 한국인은 동성애자에 대해 그 냥 알고 지내거나 직장동료로 지내고 동호회에 들어오거나 가까운 이웃이 되고, 절친한 친구가 되는 것, 내 자녀의 배우자가 되거나 나의 배우자가 되는 것 일곱 가지 모두에 대해 부정적인 태도를 갖 는 것으로 나타났다.

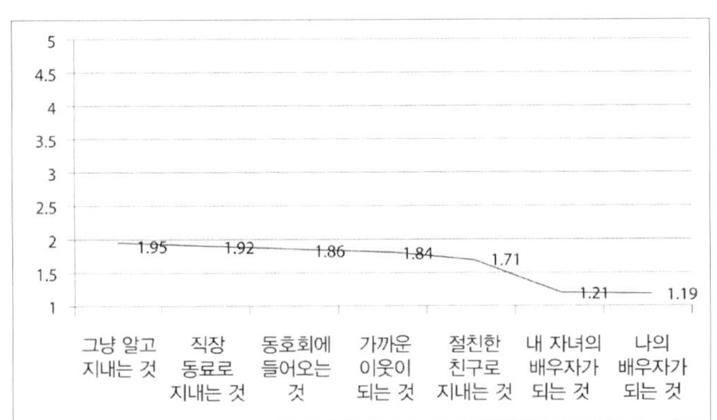

〈그림 4-10〉 동성애자에 대한 사회적 거리감 (단위 : 5점 척도)

〈표 4-10〉 동성애자에 대한 사회적 거리감 (단위 : 명, %)

	반대		찬성	
그냥 알고 지내는 것	844	70.3	356	29.7
내 직장에서 동료로 지내는 것	873	72.8	327	27.3
내가 속한 동호회에 들어오는 것	907	75.6	293	24.4
내 가까운 이웃이 되는 것	915	76.3	285	23.8
나와 절친한 친구로 지내는 것	972	81.0	228	19.0
내 자녀의 배우자가 되는 것	1,167	97.3	33	2.8
나의 배우자가 되는 것	1,169	97.4	31	2.6

주) 설문문항: 우리 사회의 여러 소수 집단과 일상생활에서 경험할 수 있는 여러 가지 상황을 가정한 것입니다. 귀하라면 어떻게 하실 것인지 개인적인 의견을 표시해 주십시오(동성애자).

　분석 결과들을 정리하면 첫째, 선진국출신 외국인에 대한 친밀도가 가장 높고 그 다음으로 장애인, 개발도상국출신 외국인, 여성 결혼이민자, 북한이탈주민, 동성애자 등의 순서로 친밀도가 떨어지는 것으로 나타나 한국인의 '선진국외국인 출신에 대한 선호의식'이 높음을 알 수 있다.

　둘째, 동성애자를 제외한 여타 집단에 대해서는 그냥 알고 지내거나 직장 동료, 동호회 회원, 가까운 이웃, 절친한 친구로 받아들이려 하나 내 자녀의 배우자 또는 자신의 배우자로 받아들일 자세는 되어 있지 않다. 동성애자에 대해서는 그저 알고 지내는 소원한 관계마저도 허용하지 않으려는 자세를 취하고 있다.

 # 한국인의 국민정체성

우리 국민들은 상대적으로 정치적·법적요인(한국인임을 느끼는 것, 한국국적을 갖는 것, 한국어를 할 수 있는 것)이 혈통적·문화적요인(아버지가 한국인, 어머니가 한국인, 생애의 대부분을 한국에 거주)보다 더 중요하게 생각하고 있음을 의미한다.

한국인이 외국인의 문화권과 한국문화로의 동화에 대해서 갖고 있는 이중적인 태도는 한국인의 국민정체성에 대한 의견에서도 나타난다. '한국인임을 느끼는 것'에 대한 진술은 3.48점(중요함 92.2%, 중요하지 않음 7.8%), '한국국적을 갖는 것'에 대한 진술은 3.39점(중요함 88,9%, 중요하지 않음 11.1%). '한국어를 할 수 있는 것'에 대한 진술은 3.38점(중요함 89.7, 중요하지 않음 10.3%), '아버지가 한국인'에 대한 진술은 3.3(중요함 85.6%, 중요하지 않음 14.4%), '어머니가 한국인'에 대한 진술은 3.26점(중요함 84.2%, 중요하지 않음 15.3%), '한국 문화적 전통을 이어가는 것'에 대한 진술은 3.21점(중요함 85.2%, 중요하지 않음 14.8%), '한국의 정치, 경제, 사회, 문화발전에 기여하는 것'에 대한 진술은 3.21점, '생애의 대부분을 한국에서 사는 것'에 대한 진술은 2.89점(중요함 65.1%, 중요하지 않음 34.9%)으로 나타났다. 이러한 분석결과는 우리 국민들은 상대적으로 정치적·법적요인(한국인임을 느끼는 것, 한국국적을

 한국인의 이주노동자와 다문화사회에 대한 인식

갖는 것, 한국어를 할 수 있는 것)이 혈통적 · 문화적요인(아버지가 한국인, 어머니가 한국인, 생애의 대부분을 한국에 거주)보다 더 중요하게 생각하고 있음을 의미한다.

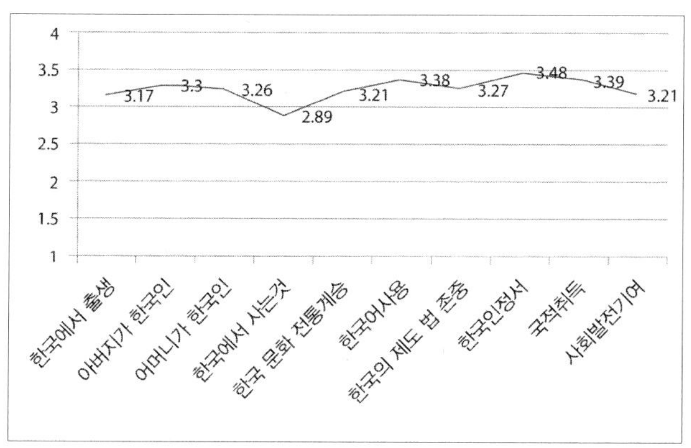

〈그림 4-11〉 한국인의 국민정체성에 대한 태도

(단위 : 5점 척도)

〈표 4-11〉 한국인의 국민정체성에 대한 태도 (단위 : 명, %)

	중요하지 않음		중요함	
한국에서 태어나는 것	260	21.7	940	78.3
아버지가 한국인	173	14.4	1,027	85.6
어머니가 한국인	184	15.3	1,016	84.7
생애의 대부분을 한국에서 사는 것	419	34.9	781	65.1
한국 문화적 전통을 이어가는 것	178	14.8	1,022	85.2
한국어를 할 수 있는 것	124	10.3	1,076	89.7
한국의 정치제도 법 존중	158	13.2	1,042	86.8
한국인임을 느끼는 것	94	7.8	1,106	92.2
한국 국적을 갖는 것	133	11.1	1,067	88.9
한국의 정치, 경제, 사회, 문화 발전에 기여하는 것	197	16.4	1,003	83.6

주) 설문문항: 귀하께서는 '한국인'으로서 인정받기 위해 갖춰야 할 요건으로 다음과 같은 사항들이 얼마나 중요하다고 생각하십니까?

앞서 제2장의 이론적 논의에서 제안했듯이 국민정체성의 종족적 요인과 시민적 요인을 교차하여 각 요인에 해당하는 문항의 평균값을 기준으로 4가지 유형으로 구분한 결과 <표 4-12>와 같은 결과를 얻었다. 종족적 요인과 시민적 요인을 둘 다 중시하는 혼합형이 459명(38.1%)로 가장 많고, 어느 요인도 상대적으로 중시하지 않는 다원형 378명(31.8%), 시민적 요인을 중시하는 시민형 210명(17.5%), 종족적 요인을 중시하는 종족형 153명(12.8%) 순으로 나타났다. 시민형과 혼합형이 대다수인 서구 사회와는 달리 한국인의 국민정체성은 시민적 요인과 종족적 요인을 모두 중요시 여기는 혼합형과 두 요인 모두를 중요시 여기지 않는 다원형으로 양분되는 특징을 보이고 있다.

<표 4-12> 한국인의 국민정체성 유형

항 목	N	%
혼합형(Mixed)	459	38.1
종족형(Ethnic)	153	12.8
시민형(Civic)	210	17.5
다원형(Plural)	378	31.8
계	1,200	100

국민정체성의 4가지 유형에 따라 한국인의 다문화 수용성에서 차이가 있는지 평균차이 검증(ANOVA)과 Scheffe 사후검증을 실시한 결과 국민정체성 유형별로 유의미한 차이가 있는 것으로 나타났다.[06] 국민정체성의 유형 중 혼합형과 종족형은 이민자에 대해서 배

---

06 한국인의 국민정체성과 다문화 수용성 간의 관계에 대해서는 윤인진·송영호(2009)의 논문 "한국인의 국민정체성과 다문화수용성"을 참조하라.

타적이고 소극적인 태도를 보이고 있으며, 다원형과 시민형은 대체로 긍정적이고 관용적인 태도를 보이는 것으로 나타났다. 이런 결과는 종족적 요인과 시민적 요인 모두를 중시여기는 혼합형 사람들은 한국인으로서의 강한 집합정체성을 갖고 있기 때문에 동질적인 한국문화와 정체성에 변화를 가져오는 다문화사회로의 변화에 대해 부정적이고 외국인에 대해 배타적인 태도를 취하기 때문인 것으로 보인다. 반면 한국인으로서의 집합정체성이 강하지 않은 다원형 사람들은 다문화로의 변화에 대해 긍정적이고 외국인에 대해 관용적인 태도를 갖는 것으로 보인다.

한국인의 국가 자부심

'나는 어떤 다른 나라 사람이기보다도 한국인이고 싶다.'는 진술에 대해 3.89점(찬성 66.9%, 반대 7.2%)으로 나타나서 한국인에 대한 자부심이 높다고 생각하는 사람이 그렇지 않은 사람들보다 많았다.

한국인이 외국인의 문화권과 한국문화로의 동화에 대해서 갖고 있는 이중적인 태도는 한국인의 국가 자부심에 대한 의견에서도 나타난다. '한국이 국제 스포츠 대회에서 잘할 때면 내가 한국인인 것이 자랑스럽다.'는 진술에 대해 4.25점(찬성 82.7%, 반대 3.9%)으로 나타나 스포츠는 개인의 재미와 즐거움은 물론 한국인의 주체성과 국민의 집단적 감정 등을 가장 효과적으로 또는 극적으로 이끌어내는 기제로 작동하고 있다는 사실을 알 수 있다,

'나는 어떤 다른 나라 사람이기보다도 한국인이고 싶다.'는 신술에 대해 3.89점(찬성 66.9%, 반대 7.2%)으로 나타나서 한국인에 대한 자부심이 높다고 생각하는 사람이 그렇지 않은 사람들보다 많았다. 하지만 '오늘날 한국에는 내가 한국을 부끄럽게 여기도록 만드는 것이 있다.'는 진술에 대해 3.52점(찬성 54.1%, 반대 12.0%), '나는 종종 내가 바라는 것만큼 한국을 자랑스럽게 여기지 못한다.'는 진술

에 대해 3.44점(찬성 47.7%, 반대 10.3%)으로 나타나 한국인에 대한 자부심 못지않게 자랑스럽지 않게 생각하는 사람이 그렇지 않은 사람들보다 많음을 알 수 있다.

'국민은 자기나라가 잘못 되더라도 자기나라를 지지해야 한다.'는 진술에 대해 3.39점(찬성 48.9%, 반대 22.8%), '일반적으로 말해서, 한국은 대부분의 다른 나라보다 더 좋은 나라이다.'는 진술에 대해 3.34점(찬성 43.1%, 반대 22.8%)으로 나타나서 자기나라를 지지해야한다고 생각하는 사람과 우리나라가 더 좋은 나라라고 생각하는 사람이 그렇지 않은 사람들보다 상대적으로 많았다. 하지만 '다른 나라 사람이 한국 사람만 같다면 세계는 더 좋아질 것이다.'는 진술에 대해 3.04점(찬성 24.7%, 반대 22.3%)로 상대적으로 낮게 형성되었음을 보여준다.

〈그림 4-12〉 한국인의 국가 자부심에 대한 태도 (단위 : 5점 척도)

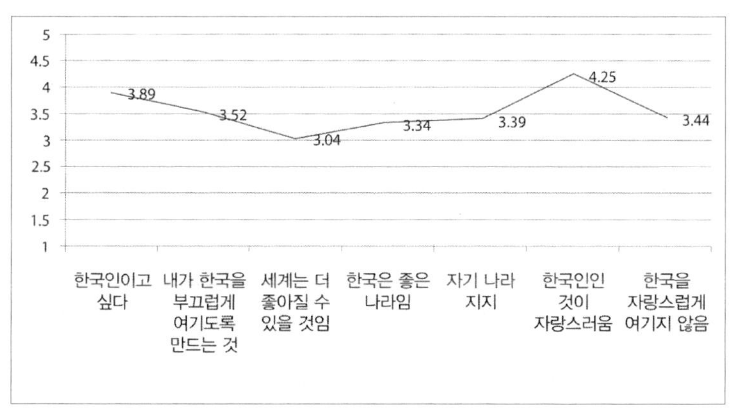

<표 4-13> 한국인의 국가 자부심에 대한 태도 (단위 : 명, %)

	반대		보통		찬성	
나는 어떤 다른 나라 사람이기보다도 한국인이고 싶다	86	7.2	311	25.9	803	66.9
오늘날 한국에는 내가 한국을 부끄럽게 여기도록 만드는 것이 있다	144	12.0	407	33.9	649	54.1
다른 나라 사람이 한국 사람만 같다면 세계는 더 좋아질 수 있을 것이다	268	22.3	636	53.0	296	24.7
일반적으로 말해서, 한국은 대부분의 다른 나라보다 더 좋은 나라이다	199	16.6	484	40.3	517	43.1
국민은 자기 나라가 잘못 되더라도 자기 나라를 지지해야 한다	274	22.8	339	28.3	587	48.9
한국이 국제스포츠대회에서 잘할 때면 내가 한국인인 것이 자랑스럽다	47	3.9	161	13.4	992	82.7
나는 종종 내가 바라는 것만큼 한국을 자랑스럽게 여기지 못한다	123	10.3	505	42.1	572	47.7

주) 설문문항: 귀하는 아래의 글들에 어느 정도 찬성 또는 반대하십니까?

이 장에서 살펴본 한국인의 다문화사회에 대한 인식의 주요 내용을 정리하면 한국인은 다문화사회로의 변화에 대해서는 대체로 긍정적인 태도를 보이고 있다. 또한 다문화를 문화다양성 측면에서 긍정적으로 생각하는 동시에 단일민족주의를 강하게 유지하고 있어 이 두 개념이 서로 모순된다고 생각하지 않고 보완적 개념으로 인식하는 경향이 있다. 국민정체성과 관련해서는 국민과 민족을 동일시하던 관행에서 벗어나 서구인처럼 국민과 민족을 구분하여 인식하고 있으며, 국민정체성의 시민적 요인을 종족적 요인보다 중요하게 인식하고 있는 것을 확인하였다. 또한 한국인의 국민정체성 유형은 종족적 요인과 시민적 요인 모두를 중요시 여기는 혼합형이 가장 많고, 다음으로 두 요인 모두를 덜 중요하게 여기는 다원형으로 양분되는 양상을 보인다. 국민정체성과 다문화 수용성과의 관계를 살펴본 결과 종족적 요인과 시민적 요인을 둘 다 중시하는 혼합형이 가장 배타적인 태도를 보였으며, 사안에 따라서 약간의 차이가 있지만 대체로 다원형이 가장 관용적인 태도를 보였다.

제3장과 제4장에서는 한국인의 이주노동자와 다문화사회에 대한 인식과 태도를 인지적 측면, 정서적 측면, 행동적 측면에서 살펴보았다. 과거에 비교해서 한국인의 외국인에 대한 태도는 보다 관용적이고 개방적인 방향으로 변한 것은 사실이다. 그러나 외국인과 의미있는 수준의 접촉과 교류는 여전히 미미한 수준이고 겉으로 공개적으로 드러내는 외현적 태도는 개선되었을지 몰라도 내면적으로는 여전히 외국인에 대한 사회적 거리감이 크고 피부색과 출신국의 발전 수준에 따라 차별적으로 대우하는 관행은 그대로 남아 있다. 또한 정부 차원의 선진적인 외국인정책의 실현으로 외국인이 살아가는 생활환경은 개선되었지만 여전히 일상생활에서 경험하는 불편함과 불이익은 쉽게 해소되지 않고 있다.

이런 결과에 기초해서 다음 장에서는 우리사회의 다문화적 소수자집단의 실태를 파악하고, 이들의 인권과 삶의 질을 개선하고, 다수집단과 소수집단들이 공존할 수 있는 방안들을 모색하도록 하겠다.

05

다문화적
소수자집단의
실태와 공존의 모색

다양한 사람들이
함께 살아가는
다문화사회는 주류
사회의 가치, 관습, 문화에
기반을 둔 다수집단과 이에
포함되지 않는 소수집단들
이 평화로운 공존을 추구하
는 사회이다. 다문화정책은
다수집단과 소수집단이 공
존하면서 발생되는 다양한
사회문제를 해결하기 위한
정책이라고 이해할 수 있다.

다문화정책의 방향

다문화정책의 지향점은 특정 소수집단이 배제되거나 차별받지 않고 인간의 보편적인 권리를 향유할 수 있는 제도적 방안을 모색하는 것이다. 일반적인 소수자정책이 여성, 장애인, 양심적 병역 거부자, 동성애자와 같은 전통적인 의미의 소수자에 집중되었다면 다문화정책은 다문화적 소수자집단뿐만 아니라 다수집단까지를 정책의 대상으로 포함한다.

다양한 사람들이 함께 살아가는 다문화사회는 다수집단과 고유한 정체성을 지닌 소수집단들이 서로의 가치, 문화, 관습을 공유하며 평화롭게 공존하는 사회이다. 다수집단과 소수집단들이 공존하면서 발생되는 다양한 사회문제를 해결하기 위한 정책을 다문화정책이라고 정의할 수 있다. 다문화정책의 지향점은 특정 소수집단이 배제되거나 차별받지 않고 인간의 보편적인 권리를 향유할 수 있는 제도적 방안을 모색하는 것이다. 일반적인 소수자정책이 여성, 장애인, 양심적 병역 거부자, 동성애자와 같은 전통적인 의미의 소수자에게 집중된 반면 다문화정책의 지향점은 다문화적 소수집단뿐만 아니라 소수집단들과 공존하는 다수집단까지를 정책대상으로 삼는 포괄적인 개념으로 이해할 필요가 있다.

여성, 장애인, 양심적 병역 거부자, 동성애자와 같은 전통적인 의미의 소수자에 한정되었던 한국의 소수자정책은 북한이탈주민, 재외동포에 이어 이주노동자, 결혼이민자와 같이 외국에서 이주한 새로운 소수집단들이 등장하면서 자연스럽게 다문화정책으로 전환되어 확대되었다. 특히 한국과 문화적인 차이는 있지만 한민족이라는 혈연에 기초해 단일민족으로 묶을 수 있었던 북한이탈주민이나 재외동포와 달리, 인종적·문화적 다양성을 지닌 이주노동자와 결혼이민자의 등장은 이전과 다른 새로운 정책적 접근과 대안을 요구하고 있다.

국경을 넘어 인적·물적 교류가 활발히 진행되면서 세계화시대에 걸맞는 가치와 의식을 가져야 한다는 시대적 요청과 당위성으로 말미암아 그 동안 한국사회의 다수집단에 속하는 한국인이 이들을 어떻게 인식하고 있는지 고려하지 않은 채 다문화사회를 향한 다양한 정책을 수립해 왔다. 그러나 아무리 이상적인 정책이라 할지라도 다수집단에 속하는 한국인의 지지와 공감을 이끌어낼 수 없다면 그 제도나 정책은 시행착오를 겪을 뿐만 아니라 지속성을 갖기도 어렵다.

이와 같은 문제의식에서 본 장에서는 2008년 (사)아시아인권센터에서 실시한 '이주노동자와 다문화적 소수자집단에 대한 한국인의 인식'의 결과를 바탕으로 다문화적 소수집단에 대한 정책을 모색해 보고자 한다. 제3장과 4장에서 분석한 결과 중에서 다문화정책과 관련된 주요 시사점을 요약하면 다음과 같다.

첫째, 한국인은 혈통이나 문화와 같은 종족적 요인뿐만 아니라 법과 제도와 같은 시민적 요인을 모두 중시하는 것으로 나타났다.

둘째, 한국인은 인권을 매우 중시하며 소수집단의 교육권이나 문화권과 같은 인권의 다양한 측면이 실질적으로 보장되어야 한다고 생각한다.

셋째, 한국인은 한국이 다문화사회로 진입했다고 느끼지만 실제로 외국인이나 다문화적 소수집단을 직접 만나거나 교류한 경험이 거의 없다.

본 장에서는 이와 같은 시사점들 고려하여 다문화적 소수집단을 위한 정책을 살펴보되 각 소수집단에 대한 정책에서 문제가 되고 있는 현안들을 검토하고 기존의 법과 제도를 인권 중심의 시각에서 개선하여 다수집단인 한국인과 다문화적 소수집단이 공존할 수 있는 방안을 모색해 보고자 한다. 이 과정에서 다문화정책이 다양한 주체들의 참여를 통해 이루어지고 있음을 고려해 각 정책에 대한 상충되는 다양한 시각들도 함께 살펴볼 것이다. 논의의 대상은 인종적·문화적으로 상이한 범주에 속하는 이주노동자, 결혼이민자, 다문화가정의 자녀, 이주아동이며, 넓은 의미에서 문화적 다양성을 지닌 다문화적 소수집단에 해당되지만 엄밀히 말해 혈연관계로 인해 한국인으로 간주될 수 있는 북한이탈주민과 재외동포는 제외하도록 하겠다.

다문화적 소수자집단 지원정책

이주노동자와 결혼이민자를 동등한 권리와 의무를 지닌 사회구성원으로 인식해 이들의 주체적인 면모를 좀 더 부각시키고 한국인들이 타문화에 대해 이해하고 배우는 간접 경험의 장을 확대시킬 수 있는 프로그램이 필요하다. 특히 한국에 체류하고 있는 이주노동자와 결혼이민자가 대부분 아시아 국가들임을 고려해 이들 국가에 대한 더 많은 정보를 제공하여 한국인과 다문화적 소수집단의 상호이해를 높여 나가야 하겠다.

1) 이주노동자

(1) 이주노동자에 대한 수요 현황과 전망

한국사회에서 이주노동자가 필요한가에 관한 논의는 이주노동자가 국내인력의 보완인가 대체인가와 같은 이주노동자 유입의 성격과 경제적 의미와 관련이 있어 좀 더 자세한 학문적 연구가 진행될 필요가 있다. 그러나 적어도 고용주에게 있어 이주노동자는 반드시 필요한 존재로 인식되고 있다. 이동임·김현수(2006), 오계택 외(2007), 유길상·박영범·어수봉·박성재(2007)이 이주노동자를 고용하고 있는 사업체를 대상으로 실시한 설문조사에 따르면 이주노동자를 고용하는 가장 큰 이유는 해당 업무에 종사할 국내 인력의 부족이었다. 일의 특성상 힘이 들고 어렵기 때문에 내국인이 기피하므로 이주노동자를 채용할 수밖에 없다는 것이다. 사업체가 이주노동자를 고용하는 이유로 내국인 구인의 어려움 외에 3년간의 안정적인 고용가능성(낮은 이직률), 한국인 근로자보다 상대적으로 낮은 임금(인건비) 등이 그 뒤를 잇고 있다.

〈표 5-1〉 중소업체가 이주노동자를 고용하는 이유 (단위 : 개소, %)

	이동임 외(2006)	오계택 외(2007)	유길상 외(2007) 복수응답
사업체수	253	322	300
한국인 근로자를 구할 수 없어서	65.6%	187 (58.1%)	83.3%
외국인 근로자를 3년간 안정적으로 고용할 수 있어서	*	56 (17.4%)	43.0%
외국인 근로자의 임금이 상대적으로 낮기 때문에	20.9%	37 (11.5%)	33.7%
외국인 근로자에게는 장시간 일을 시키기가 용이하기 때문에	10.3%	9 (2.8%)	16.0%
외국인 근로자의 생산성이 상대적으로 높기 때문에	*	*	11.3%
외국인 근로자는 노사분규의 염려가 없어서	2.0%	*	2.3%
시키는 대로 잘해서	*	11 (3.4%)	*
근면성실	*	21 (5.6%)	*
단기간 사용이 편해서	1.2%	*	*
기타	−	1 (0.3%)	*

출처: 이동임 외(2006), 오계택 외(2007), 유길상 외(2007) 재구성.
주) * : 설문지 미포함 항목, − : 무응답

이주노동자의 저임금으로 인한 고용비용절감의 장점이 점차 사라지는 점을 감안할 때 이주노동자를 고용하는 가장 큰 이유가 내국인 구인의 어려움이라는 사실은 더욱 설득력을 갖는다. 이주노동자의 임금이 고용허가제 이전부터 '고용 및 직업에 있어서 차별대우에 관한 협약'(ILO 제111호 협약)에 따른 노동 3권 보장(2005 나 1746), 최저임금제(2005 나 4141)와 퇴직금지급(부산지법 2005 단 5492) 등과 같은 내국인과 동일한 근로기준법의 적용을 결정한 법원의 잇따른 판결로 점차 상승하고 있기 때문이다. 2007년 현재 이주노동자의 통상임금은 114만원, 총 근로시간은 211시간으로 시간당 임금은 5,505원으로 조사되었고, 2005년과 2007년 사이에 이주노동자의 시간당 임금은 약 25.4%, 최저임금은 22.5% 상승하였다(유길상 외, 2007: 47). 또한 이주노동자의 임금은 이주노동자의 생산성을 반영하여 결정되는 것으로 조사되었는데(오계택 외, 2007; 유길상 외, 2007) 이주노동자의 업무량이나 생산성 모두 동일한 업무를 수행하는 한국인 근로자에 비해 떨어지므로 이주노동자의 임금수준은 이를 고려한 합리적인 시장임금 수준에서 결정되고 있다는 것이다. <표 5-2>에서 보듯이 유사 업무를 수행하는 이주노동자와 비교했을 때 이주노동자의 생산성이 증가할수록 임금도 함께 상승하고 있는 것을 볼 수 있다.

〈표 5-2〉 내국인 근로자 대비 이주노동자의 생산성, 임금, 노동비용의 변화 (단위 : 개소, %)

	근로시간	업무량	생산성	임금수준	총노동비용
2003년 조사	106.3	–	87.4	71.4	86.1
2005년 조사	100.8	88.3	84.2	85.1	–
2007년 조사	101.5	94.7	89.0	86.7	90.1

출처: 유길상 · 이규용 · 이해춘 · 조준모 · 노용진 · 김헌구 · 박의경(2003), 유길상 · 이규용 · 박성재(2005), 유길상 외(2007) 재구성.
주: 2003년 조사는 제조업, 건설업, 음식업에 취업해있는 외국인근로자의 통상 임금이며, 2005년과 2007년은 제조업취업자의 임금만 구한 것임.

그러나 전반적인 고용비용의 상승에도 불구하고 이주노동자에 대한 수요는 지속될 가능성이 높다. 이주노동자를 고용하고 있는 사업체가 이주노동자에 대한 추가적인 고용의사나 앞으로의 채용계획을 밝히고 있기 때문이다(이동임·김현수, 2006; 오계택 외, 2007; 유길상 외, 2007). 대부분의 사업체가 이주노동자를 추가로 고용하겠다는 의사를 밝혀 이주노동자에 대한 추가적인 수요가 있음이 확인되었고 대다수의 사업체가 앞으로도 이주노동자를 채용하겠다고 응답하였다. 특히 사업장의 규모에 관계없이 대부분의 기업체가 모두 1~2명의 이주노동자를 추가로 고용하기를 원했는데 업종별로 기계 95.1%, 금속 92%, 화학 94.8%, 전기전자 83.3% 등이 추가고용 의사를 시사했다. 또한 앞으로 이주노동자의 채용계획을 묻는 질문에 기업의 93.2%가 긍정적으로 답했다(오계택 외, 2007: 23).

이주노동자에 대한 수요는 한국의 저출산과 고령화에 따라 한국의 청·장년층 생산인력이 지속적으로 감소하는 인구구성비의 변화와 맞물려 있다. 15세에서 64세까지의 생산가능 인구는 2016년부터 감소추세에 접어들 것으로 예상되며 총인구도 2018년 이후 감소될 것으로 추정된다. 따라서 15세에서 29세의 청년층과 30세에서 49세의 장년층의 비중이 크게 줄어들 것으로 예상된다(통계청, 2006).

중소제조업의 인력부족은 여러 가지 이유로 지속될 가능성이 높은데 양현봉(2007)은 그 원인을 크게 세 가지로 설명한다. 첫째, 중소제조업의 인력을 담당하는 청년층의 인구가 저출산과 고령화로 인해 지속적으로 감소하고 있다. 출산율은 2005년 1.1명이고 평균수명은 2005년 79세로 높아져 15세에서 29세의 청년층 인구가 120만 명 감소하였다. 둘째, 실업계 고등학교 졸업생의 감소와 높은 대학진학률이다. 졸업 후 중소기업에 종사하던 실업계고 졸업생의 수가 2000년에서 2006년 사이에 12만 8447명이나 감소했고 취업률도 25.9% 줄어

든 반면 이들의 대학진학률은 **68.6%**로 증가추세에 있다. 셋째, 중소
기업과 대기업의 임금격차가 갈수록 심화되어 2005년 현재 중소기
업의 임금은 대기업의 **53.8%** 정도에 불과하다. 국가인적자원위원회
도 향후 경제성장에 따라 단순노무, 기능인력의 수요가 매년 증가할
것이고 인력부족현상은 더 심화될 것으로 예상하고 있다(국가인적
자원위원회, 2007). 그러므로 생산직의 인력난, 한국인의 고령화, 저
출산으로 인한 청년층의 감소 등으로 인한 인구구성비의 변화 등을
고려할 때 향후 이주노동자에 대한 수요는 경기변동으로 국내 상황
이 크게 바뀌지 않는 한 지속될 전망이다.

(2) 고용허가제의 성과와 한계

한국의 이주노동자정책은 크게 동포들의 방문취업제(2007년 3월)
와 일반 이주노동자를 대상으로 한 고용허가제(2004년 7월)로 나누
어진다. 방문취업제의 경우 노동허가제 형식으로 국내에 들어와 일
자리를 구할 수 있지만 고용허가제의 경우 사업주가 필요한 인원을
신청해서 취업이 이루어진다. 정부가 사업체가 필요로 하는 인원의
5배수 내에서 이주노동자를 알선하면 사업주는 구직자 명부에 나타
난 취업희망 근로자의 학력, 경력, 연령 등을 검토해 고용한다. 고용
허가제의 실시로 중소기업의 생산인력 부족, 특히 단순노무 인력의
부족률은 2004년 5.5%에서 2007년 3.2%로 많이 개선된 것으로 나
타났다(중소기업청, 2008). 그 중에서 <표 5-3>에서 보듯이 이주노
동자의 도입기간, 사업장 이탈률, 임금체불 경험비율, 평균송출비용
은 고용허가제의 성과로 평가된다.

<표 5-3> 고용허가제 도입 성과 (단위: 개소, %)

구분	이주노동자 도입기간	사업장 이탈률(%)	임금체불 경험비율(%)	평균 송출비용(달러)
산업연수제	93	50~60	36.8	3,509
↓	↓	↓	↓	↓
고용허가제	71.5	3.3	9.0	1,097

출처: 유길상 외(2007) 내용을 바탕으로 구성.

이와 같은 개선점에도 불구하고 고용허가제에는 고용주와 이주노동자 모두 불만족스러워 하는 부분이 있다. 무엇보다 산업인력공단과 외국인근로자 지원센터가 운영되고 있지만 사업주나 이주노동자의 고용이나 체류지원서비스는 많이 부족하다. 고용주의 입장에서 가장 불만인 부분은 재계약이다. 재계약으로 이주노동자가 사업장을 변경할 수 있어 지속적인 고용이 힘들다는 것이다. 사업주는 이주노동자가 사업장을 변경할 때 교체충원이 이루어지기까지 시간이 걸리므로 사업운영에 어려움이 크다고 토로한다. 심지어 사업주의 귀책사유 외에 근로자가 사업장을 이탈한 경우에도 사업주의 고용허용인원이 제한되어 있어서 충원에 문제가 발생하고 있다. 허가국의 제한이나 변동으로 원하는 국가의 인력을 제때에 공급받지 못하는 경우도 생기는데 중국과의 MOU 체결이 늦어져 재중동포외 중국인이 제외된 일도 있었다. 이주노동자가 한국어 시험을 보지만 여전히 존재하는 언어소통의 어려움 역시 해결되어야 할 과제이다(관련기사: 연합뉴스 07/06/28, 파이낸셜뉴스 07/09/27, 07/10/09).

한편 이주노동자의 경우 공식적으로 또는 비공식적으로 지불한 과도한 입국비용이 가장 큰 문제로 지적된다. 전반적으로 많이 감소했지만 비공식 비용과 브로커 비용이 여전히 존재하는 것으로 파악된다. 이주노동자가 본국에서 계약서를 작성하고 한국에 입국한 후 업무, 시간, 임금이 근로계약과 달라 문제가 발생하기도 한다. 평균 근무시간을 초과한 10시간 이상의 무리한 장기근무, 주로 야간근무, 주야 맞교대 등 지나치게 과중한 노동과 최저임금에 미달하는 근무시간 대비 급여액 등도 문제점으로 지적된다. 일부 노동자의 경우 재계약할 때 재고용을 이유로 기존의 노동조건이 악화되는 경험을 한 것으로 밝혀져 재계약 과정에 문제가 있다는 지적이다(외국인이주·노동운동협의회·이주인권연대, 2008). 고용자와 이주노동자 모두 '합법적'이고 '지속적'인 고용을 원한다. 그러나 현실에서는 합법적인 틀 안에서 이와 같은 고용관계를 유지하기 어렵게 만드는 요인들이 존재한다. 한국인이 바라는 이주노동자정책으로 나아가기 위해서는 '합법적'이고 '지속적인' 고용에 부정적인 영향을 끼칠 수 있는 구조적 요인을 파악하고 이에 대한 개선책을 검토해 볼 필요가 있다.

① 송출비용의 개선

이주노동자의 입국비용은 산업연수생제와 고용허가제를 거치면서 많이 개선되었다는 평가를 받고 있지만 여전히 해결되어야 할 문제로 남아있다. 고용허가제 3주년 평가보고서(유길상 외, 2007)에 따르면 입국과정에서의 송출비용은 평균 1,097달러이다. 세부 항목별로 살펴보면 직접비용(항공료, 여권 및 사증발급비용, 건강검진료) 평균 680달러, 정부가 공식적으로 징수하는 해외출국부담금은 313달러, 비공식비용(알선 수수료) 49달러로 조사되었다. 송출비용은 베트남과 몽골이 높은 것으로 나타났고 필리핀, 인도네시아는 상대적으로 낮은 것으로 조사되었다. 그러나 평균 송출비용은 1,097달러로 많이 감소했지만 몽골이나 베트남과 같이 송출비용이 평균의 두세 배에 이르는 국가도 있어 국가 간 편차가 심한 것으로 조사되었는데 적게는 264달러에서 많게는 1,750 달러까지 지불된 것으로 조사되었다.

〈표 5-4〉 조사대상자가 파악하고 있는 국가별 총 송출비용 (단위: $US, 원)

국가	유길상 외 (2007) 이주노동자 설문 (단위: 달러)	유길상 외 (2007) 사업체 설문 (단위: 원)	외국인이주 · 노동운동협의회 · 이주인권연대 (2008) 이주노동자 설문 (단위: 달러)	외국인이주 · 노동운동협의회 (2009) 이주노동자 설문 (단위: 달러)
몽골	1,730	5,750,000	1,366	1,549
버마	–	–	850	–
베트남	2,879	6,250,000	6,650	6,105
스리랑카	–	3,000,000	3,000	2,248
인도네시아	886	7,000,000	1,852	2,074
중국	654	10,000,000	812	4,699
태국	1,178	1,750,000	2,128	–
파키스탄	–	–	9,500	–
필리핀	572	4,375,000	2,071	1,246
중국 조선족	654	5,823,529	–	–
전체 평균	1,097	5,387,097	3,519.5	2,635

출처: 유길상 외(2007) 재구성, 외국인이주 · 노동운동협의회 · 이주인권연대(2008), 외국인이주 · 노동운동협의회(2009)

주) 외국인이주 · 노동운동협의회 · 이주인권연대(2008)의 총 399명의 조사대상자 중 89.7%만이 고용허가제로 입국한 이주노동자이고, 과거 미등록 이주노동자였다가 2003년 합법화된 E9-1 비자 소지자와 미등록 이주노동자 51명이 포함. 외국인이주 · 노동운동협의회(2009)에는 2005년부터 2008년 사이에 입국한 이주노동자가 응답자의 88.9%이며 고용허가제 시행전에 입국한 이주노동자가 일부 포함.

이주노동자를 고용하고 있는 사업체도 비공식비용을 인지하고 있는 것으로 조사되었는데 설문에 참여한 사업체의 11.7%, 약 35개 업체가 비공식비용을 파악하고 있었다(유길상 외, 2007: 45). 대부분

 한국인의 이주노동자와 다문화사회에 대한 인식

은 특례고용허가제로 취업한 재중동포들이 비공식비용을 지출한 것으로 알려졌으나 중국, 인도네시아, 베트남, 몽골 출신 이주노동자들이 모두 500만 원 이상을 비공식비용으로 지불한 것으로 조사되었다. 특히 이주노동자의 응답과 사업체가 파악하고 금액이 서로 다르게 나타났다. <표 5-4>에서 유길상 외(2007)의 설문조사에 참여한 베트남 국적의 이주노동자들은 비공식 비용으로 평균 2,879 달러를 지불한 것으로 조사되었지만 사업체들이 파악한 금액은 원화 대 달러의 환율을 1대 1000으로 환산하더라도 약 두 배에 가까운 625만 원이었다. 비공식 송출비용만 놓고 보았을 때 사업체가 인지하고 있는 비용이 외국인이주·노동운동협의회·이주인권연대 (2008)의 조사결과와 더 유사하다.

송출비용은 같은 국가에서 온 이주노동자라 할지라도 개인에 따라 지불하는 액수가 다르고 설문조사에 포함된 대상자에 따라 차이를 보일 수 있다. 특히 외국인이주·노동운동협의회·이주인권연대(2008)의 설문에는 2003년 고용허가제 시행 전후로 합법화된 이주노동자와 미등록 이주노동자 51명이 포함되어 있어 이 결과를 전적으로 고용허가제의 문제라고 보기 어렵다. 그럼에도 불구하고 위의 상이한 조사결과는 결론적으로 고용허가제도 하에서도 비공식비용과 같은 송출비리가 여전히 지속되고 있음을 입증하는 것으로 이에 대한 좀 더 철저한 조사가 실시되어야 한다.

그렇다면 이주노동자는 송출비용을 어떻게 마련하는 것일까? 대부분의 이주노동자는 송출비용을 마련하기 위해 가족, 친척 및 친구의 도움을 받았고 저축자금이나 자산판매로 얻은 수익금으로 충당하거나 금융기관이나 송출기관으로부터 비용을 대출받는 것으로 알려졌다. 베트남과 몽골출신 이주노동자 중 일부는 금융기관에서 송출비를 대출받기도 하고 필리핀이나 재중동포처럼 송출기관에서 송출비용을 대출을 받는 경우도 있었다(유길상 외, 2007: 66).

이와 같은 이유로 이주노동자가 월급에서 가장 큰 비중을 차지하는 것은 본국으로의 송금이다. 대부분의 이주노동자가 평균 급여의 70.7%를 본국으로 송금하고 있으며 태국이나 몽골출신 이주노동자는 본국에 임금의 90% 이상을 송금하고 있었다. 몽골이나 베트남에서 온 이주노동자와 같이 송출비용을 금융기관이나 송출기관에서 대출받은 경우 임금의 일부를 송출비용 상환에 사용하는 것으로 조사되었다. 특히 생활비나 유흥비는 임금의 2.3%에 불과하고, 그나마 이것도 중국이나 필리핀 출신을 제외한 나머지 이주노동자들은 전혀 지출하지 않는다고 응답해 이들이 한국에서 지극히 검약한 삶을 살고 있는 것으로 조사되었다.

〈표 5-5〉 이주노동자의 월급사용처 및 월평균 송금액 (단위 : %, 만원)

월급사용처	몽골	베트남	인도네시아	태국	필리핀	중국조선족	전체
본국 송금	68.8	75	71.4	95.9	92.6	42	70.7
통장에 저축	3.1	2.8	21.4	0.0	5.9	51.0	20.0
생활비/유흥비	0.0	2.8	0.0	0.0	0.0	6.0	2.3
송출비용 상환	15.5	5.6	0.0	0.0	0.0	1.0	3.0
기타	3.1	0.0	7.1	0.0	0.0	0.0	0.7
무응답	9.4	13.9	0.0	4.1	0.0	0.0	3.3
월평균 송금액	58.5	64.4	86.3	62.9	68	95.1	72.6

출처: 유길상 외(2007), p. 80 재구성.

송출비용이 문제가 되는 것은 과도한 송출비용이 미등록 이주노동자와 연관이 있기 때문이다. 지나치게 높은 송출비용과 비공식비용을 지불하고 입국한 이주노동자는 합법적인 3년의 고용계약 기간이 만료된 후에도 본국에 돌아갈 수 없다. 송출비용을 갚고 자신이 목적한 돈을 벌기 위해 재고용을 원하며 만약 재고용되지 못할 경우 미등록 이주노동자가 되는 길을 택할 가능성이 높다. 그러므로 한국 정부와 송출국이 상호 협력하여 이주노동자의 선발과 송출과정 전반에 대한 체계적인 감시와 더불어 공식·비공식 비용을 줄여 나감으로써 송출비용을 최소화시키는 것이 무엇보다 절실히 요구된다.

② 고용계약의 투명성

고용허가제에서 이주노동자는 '외국인근로자의 고용 등에 관한 법률' 제25조에 의거해 ① 사용자가 정당한 사유로 근로계약기간 중 근로계약을 해지하고자 하거나 근로계약이 만료된 후 갱신을 거절하고자 하는 경우, ② 휴업·폐업 그 밖에 외국인근로자의 책임이 아닌 사유로 그 사업체에서 근로를 계속할 수 없게 되었다고 인정되는 경우, ③ 제19조 제1항 또는 제20조 제1항의 규정에 따라 외국인 고용허가의 취소 또는 고용제한 조치가 행하여진 경우, ④ 그 밖에 대통령령이 정하는 사유가 발생한 경우 3회에 한해 사업체의 변경이 허용된다.

한국고용정보원의 고용허가제 DB분석을 통해 신고된 총 31,471 건, 22,700명의 사업체이동 실태조사에 따르면 전체 일반고용허가제 이주노동자의 31.1%가 사업장을 이동한 것으로 신고했고 사업체 이동자의 평균 이동 횟수는 1.39회로 나타났다(유길상 외, 2007: 82). 이주노동자의 사업체 이동사유의 대부분이 '근로계약해지 및 갱신

거절'로 기록되었지만 이주노동자들이 지적한 실제 사유는 낮은 임금이나 임금체불과 같이 주로 임금과 관련된 이유가 65%에 이른다.

〈표 5-6〉 외국인근로자의 사업체 이동 사유: 근로자조사(복수응답) (단위 : %)

이동사유	낮은 임금	직장 휴·폐업	과중한 노동	근로조건 저하	임금 체불	비합리적 대우	사적인 이유	근로계약 갱신거절	상해· 상병	기타
비율	53.1	21.9	15.6	15.6	12.5	12.5	12.5	9.4	6.3	3.1

출처: 유길상 외(2007), p. 81.

그러나 이주노동자들이 사업장을 이동하는 이유는 단순히 낮은 임금때문만은 아닌 것으로 조사되었다. 외국인이주·노동운동협의회 외(2008)에서 조사한 이주노동자의 사업장 변경의 주된 사유는 낮은 임금(18.8%)외에도 임금체불(14.9%)과 열악한 작업환경(12.2%) 등으로 밝혀졌다. 입국 전과 입국 후 계약에서 근로조건에 차이가 있었다는 이주노동자들을 조사한 결과 임금, 근로시간, 숙식제공, 휴식과 휴일, 업종, 업무내용 등이 입국 전과 비교해 다른 것으로 나타났다. 외국인이주·노동운동협의회(2009)에 따르면 '계약서 내용을 모두 이해했다'고 응답한 이주노동자는 26.6%에 불과했고, 대부분의 이주노동자들은 일부만 이해하거나(49.5%) 전혀 이해하지 못한 사람도(11.6%) 있었다. 이주노동자는 입국한 후 1년간 사업장을 변경할 수 없으므로 근로계약서를 정확히 이해하고 입국하는 것이 매우 중요하므로 이에 대한 확인절차가 필요하며 입국 후 차이가 날 경우 이를 협의할 수 있는 방법도 마련되어야 한다.

그런데 이와 같은 근로조건의 차이가 재계약 과정에서도 발생하고 있는 것으로 조사되었다. 이주노동자는 3년의 계약기간이 종료된 후 합법적으로 재고용 계약을 맺을 수 있는데 재고용을 원하는 고용주와 이주노동자는 이주노동자의 체류기간 만료 30일 전에 근로계약서를 작성하여 고용주가 노동부 고용지원센터에 재고용 신청서를 접수하면 재고용 확인서를 발급받게 된다. 이주노동자는 재고용 확인서와 근로계약서를 가지고 출입국관리사무소에서 사증발급을 신청하고 일단 출국하고 나서 30일이 지나 재입국하도록 되어 있다. 그런데 이 과정에서 재고용을 이유로 이주노동자의 노동조건에 변화가 있었다고 한다. 외국인이주노동운동협의회 · 이주인권연대(2008)에 따르면 재고용을 이유로 무리한 잔업 및 특근요구, 산재보험미적용, 기숙사비 본인부담, 임금 삭감 등과 같은 무리한 요구가 있었던 것으로 조사되었다. 물론 이와 같은 고용조건의 변화는 이주노동자 본인의 근무태도나 능력에 대한 평가에서 비롯될 수 있지만 재고용을 이유로 3년의 경력과 한국어 의사소통 능력을 지닌 이주노동자의 임금을 삭감하거나 산재보험과 같은 기본적으로 보장되어야 할 부분까지 제외하겠다는 것은 납득하기 어렵다.

〈표 5-7〉 재고용 및 재계약을 이유로 변화된 노동조건 (단위 : 명, %)

구 분	빈도	백분율
임금삭감	32	18.8
기숙사비 본인부담	34	20.0
무리한 잔업 및 특근요구	46	27.1
산재보험 미적용	35	20.6
기타	23	13.5
전 체	170	100.0

출처: 외국인이주노동운동협의회 · 이주인권연대(2008.)

이주노동자들이 사업장을 이동할 때 해당 고용지원센터에서는 사업장 변경사유에 대한 사실관계를 조사한 후 이를 허용하고 있다. 그러나 사업장 변경사유에 있어 형식과 내용에 차이가 발생하므로 이를 좀 더 세분화시켜 조사할 필요가 있다. 사업주의 귀책사유 없이 이주노동자가 단순히 임금인상을 목적으로 사업장을 이탈하거나 변경하는 행위를 근절하여 고용주의 피해를 최소화시켜야 한다. 이와 더불어 입국 전후 계약서에 명시된 임금이나 근로조건을 위반하는 사업체를 파악해 이주노동자의 사업장 이동을 예방하고 재고용을 이유로 이주노동자가 피해를 보는 일이 없도록 주무기관의 감독이 요청된다. 사업체와 이주노동자 모두 계약관계를 성실히 이행하고 만약 불가피한 변동사항이 있다면 재조정하는 것이 양자가 모두 바라는 지속적인 장기고용의 전제조건이 되기 때문이다.

③ 인력부족시스템의 통합적 운용

한국의 중소기업에서 근무하고 있는 이주노동자들은 대부분 비전문 외국인력으로 특별한 기능이나 자격이 없는 외국인이 대부분이다. 이주노동자의 직무를 조사한 오계택 외(2007)에 따르면 조사대상자의 56.1%가 특별한 기술이 없이 단순반복적인 작업을 하는 생산직 단순노무직에 종사하고 있었고 조사대상자의 36.4%는 약간의 기술교육이 필요한 생산직 반숙련직에 종사하고 있었다. 상당 수준 이상의 훈련과 교육이 필요한 생산직 숙련직의 비율은 3.8%에 불과해 이주노동자 대부분이 비전문적인 업무를 수행하고 있는 것으로 조사되었다.

그러나 사업체는 이와 같은 이주노동자의 직무수준에 만족하지 못하는 것으로 드러났다. 이동임 · 김현수(2006)의 조사에서 사업체가 원하는 직무수준을 갖춘 외국 인력을 확보할 수 있었는지 묻는 질문에 과반수에 가까운 **46.6%**의 사업체가 '그렇지 못하다'고 응답하였다. 사업체가 원하는 직무수준의 인력을 채용하지 못한 이유는 '외국 인력의 직무수준을 파악할 수 있는 정보'가 없기 때문이었다. 고용허가제로 공급된 외국 인력은 대부분 단순노무인력이지만, 기업이 실질적으로 필요로 하는 인력은 단순적 근로자(**44.7%**), 반숙련인력(**34%**), 숙련인력(**20.9%**) 순으로 조사되었고, 기계와 전기·전자 분야의 경우 반숙련인력의 비중이 각각 **40.7%, 44.8%**로 다른 업종보다 상대적으로 높은 사업들이다. 사업체들은 무엇보다 이주노동자의 직무능력을 파악할 수 있는 표준시스템이 없어 원하는 인력을 선별하는데 어려움이 있다고 토로했다(이동임·김현수, 2006: 64-68).

이런 이유로 사업체가 이주노동자 선정에 가장 많이 고려하는 것은 '출신국가'(**47%**)나 '체격 등 육체적 조건'(**14.6%**)이다. 이주노동자의 기능을 측정할 수 없기 때문에 인력을 평가하는데 국가의 기질적 특징이나 일반적인 인적특성이 주요 변수로 작용하는 것이다(이동임·김현수, 2006: 60-62). 현재 이주노동자를 선발하는 기준에 있어 한국어 외에 다른 시험을 보지 않으며 기능자격증이나 경력여부도 크게 검토하지 않는다. 이주노동자의 **68%**가 본국에서 취업경력이 있지만 자격증 소지자는 **32%**, 직업훈련 경험자는 **29%**에 불과해 대부분이 자격증이나 직업훈련의 경험이 없는 것으로 조사되었다. 따라서 이주노동자의 취업경력과 현재 업무의 유사성은 평균 **27.9%**에 불과하고 대부분 본국에서 했던 업무와 전혀 다른 새로운 업무를 한국에서 하고 있는 것으로 조사되었다(이동임·김현수, 2006: 70-72).

이주노동자를 고용한 대부분의 사업체는 이주노동자에게 직무 적응교육을 시키고 있다. 조사대상 기업체의 절반이 넘는 대부분의 사업장에서 교육을 실시하고 있었고 사업체규모가 클수록 훈련을 실시하는 비율도 높았다. 생산직 이주노동자가 단순노무직이나 생산직 반숙련직에 필요한 기술이나 기능을 익히는데 걸리는 시간은 보통 3~6개월이다. 대부분의 업종은 입국 후 6개월이 지나면 업무에 필요한 기능이나 기술을 습득하여 직무를 수행할 수 있지만 금속업종은 다른 업종에 비해 업무 습득에 더 많은 기간이 필요하다(오계택 외, 2007: 24-25). 본국에서 동종업종에 종사했던 경험이 있는 이주노동자를 고용했을 경우 훈련기간이 단축되었고 기계나 금속업종의 경우 바로 활용이 가능하다는 답변이 많았다(이동임·김현수, 2006: 71).

〈표 5-8〉 취업경험 있는 자의 취업경력기간 및 현재 업무와의 유사성 (단위 : 명, %)

	응답자수	취업경험 있음	취업경력						현재 업무와 유사함
			소계	1년 미만	1-3년	3-5년	5-9년	10년 이상	
전체	299	68.0	204	10.3	36.8	15.2	22.1	15.7	27.9
중국조선족	100	61.0	61	3.3	27.9	14.8	21.3	32.8	31.1
몽골	32	65.6	21	14.3	47.6	9.5	14.3	14.3	4.8
태국	49	87.8	43	7.0	46.5	11.6	25.6	9.3	25.6
필리핀	68	86.8	59	10.2	32.2	22.0	28.8	6.8	32.2
베트남	36	41.7	15	33.3	46.7	13.3	0.0	6.7	40.0
인도네시아	14	35.7	5	40.0	40.0	0.0	20.0	0.0	20.0

출처: 유길상 외(2007).

이주노동자를 고용하는 사업체가 원하는 직무능력을 검토한 결과 지금까지 주로 단순노무직의 유입이 대부분이었던 이주노동자정책은 조정될 필요가 있다. 비숙련공이 대부분인 이주노동자의 직무적

응기간이 3~6개월이고, 기업에서 바라는 인력은 현장에 바로 투입할 수 있는 반숙련공이나 숙련공이며, 동종업종의 종사한 경험이 높은 이주노동자를 고용했을 때 도움이 되기 때문이다. 무엇보다 이주노동자의 직무능력을 객관적으로 파악해 처음부터 기업이 필요로 하는 인력을 도입할 필요가 있다. 이주노동자를 선발하는 과정에서 한국어 능력뿐만 아니라 기능자격증이나 이주노동자의 경력을 검토해서 본국에서의 경험을 살릴 수 있는 유사업종에 종사하도록 하여 장차 반숙련공이나 숙련공으로 성장할 수 있도록 절차와 제도를 개선할 필요가 있다. 이를 위해 무엇보다 국가 간 서로 상이한 이주노동자의 기능이나 직무능력을 객관적으로 파악할 수 있어야 하는데 이런 점에서 이동임 · 김현수(2006)의 제안처럼 '직무능력표준(skill standard)'이 개발되어야 한다.

2) 결혼이민자

(1) 국제결혼 및 이혼의 증가

결혼이민자는 '재한외국인처우기본법'에 따라 "대한민국 국민과 혼인한 적이 있거나 혼인관계에 있는 재한외국인(제2조 제3호)"으로 "대한민국의 국적을 가지지 아니한 자로서 대한민국에 거주할 목적을 가지고 합법적으로 체류하고 있는 자(동법 제2조2호)"를 말한다. 이와 같은 법률규정에 따라 결혼이민자는 국제결혼을 통해 한국에 들어와 체류하고 있는 혼인귀화자 및 한국인과 혼인한 상태로 체류하고 있는 외국인으로 볼 수 있다. 결혼이민자는 2009년 5월 현재 167,090명으로 전년에 비해 15.7%가 증가했으며 성별로는 여성이 89.7%를 차지하였고 이 중 24.8%는 국적을 취득하였다.

〈표 5-9〉 결혼이민자 현황(2009년 5월 행정안전부) (단위 : 명)

결혼 이민자											
계			국적 미취득자			국적 취득자			자녀현황		
계	남	여	계	남	여	계	남	여	계	남	여
167,090	17,237	149,853	125,673	15,190	110,483	41,417	2,047	39,370	103,484	52,842	50,642

출처: 행정안전부(2009).

한국에서 결혼이민자가 증가하는 이유는 국제결혼의 다양성과 연관이 있다. 해방 후 미군기지촌을 중심으로 미군과 한국여성 사이에서 제한적으로 발생하던 국제결혼은 1980년대 통일교의 국제결혼사업으로 점차 늘어나기 시작했다. 1980년대 후반 이주노동자의 유입과 1990년대 혼기를 놓친 농촌지역의 노총각과 외국여성과의 결혼이 보편화되고 국제결혼중개업이 등장하면서 국제결혼은 도시지역의 남성들과 외국여성과의 결혼으로 확대되었다. 국제결혼한 부부가 법원에 제출한 혼인 및 이혼접수 신고서류를 검토한 김두섭(2006)에 따르면 국제결혼한 배우자의 국적은 초기 미국이나 일본에서부터 중국이나 동남아 국가에까지 이르고 있었다. 또한 국제결혼을 하는 한국인도 농촌의 노총각에서부터 도시 지역에 거주하는 초혼과 재혼남까지 그 연령과 대상이 확대되고 있으므로 오늘날 한국사회에서 국제결혼은 한 마디로 규정짓기 힘든 다양성을 지닌다고 평가할 수 있다.

이와 같은 결과는 2009년 보건복지부가 실시한 전국 다문화가족

실태조사에서도 확인할 수 있는데 외국인 배우자의 출신국은 중국 조선족(30.4%)이 가장 많고 다음으로 중국(27.4%), 베트남(19.5%), 필리핀(6.6%), 일본(4.1%), 캄보디아(2.0%) 순이었고 평균 나이차도 10세로 비교적 큰 편으로, 특히 캄보디아와 베트남 출신 결혼이민자 가정은 각각 17.5세, 17세 정도 차이가 났다. 결혼이민자들은 주로 서울, 경기 등 수도권 지역(51.9%)이나 도시지역(72.1%)에 거주하며 부부 한쪽 이상이 재혼인 경우가 35%나 되었다. 이는 국제결혼이 더 이상 혼인적령인구의 성비불균형이나 지역 간의 격차로 인한 농촌지역 노총각들의 전유물이 아니며 세계화에 따른 인적, 물적 교류의 확대로 인한 가치관의 변화와도 관련이 있다는 김두섭(2006)의 주장을 뒷받침 해준다.

〈표 5-10〉 외국인과의 혼인 추이 (단위 : 명)

구 분(연도)	2002	2003	2004	2005	2006	2007	2008
총 혼인건수	304,877	302,503	308,598	314,304	330,634	343,559	327,715
국제결혼건수	15,202	24,776	34,640	42,356	38,759	37,560	36,204
국제결혼비율	5.0%	8.2%	11.2%	13.5%	11.7%	10.9%	11.0%

출처: 통계청(2009).
주: 2008년 한국 남자와 외국 여자와의 혼인은 총 28,163건으로, 중국 13,203건(46.9%), 베트남 8,282건(29.4%), 필리핀 1,857건(6.6%) 순서임.

국제결혼의 증가와 더불어 국제결혼한 부부의 이혼율도 급상승하고 있다. 앞서 실태조사에 따르면 2008년 국제결혼한 부부의 이혼건수는 총 이혼건수의 9.7%를 차지하고 있다. 한국여자와 외국남자의 이혼은 11.1% 증가하였고 한국남자와 외국여자와의 이혼도 전년보다 39.5% 증가함으로써 국제결혼을 한 부부의 이혼이 급격한 증가

추세에 있음을 알 수 있다. 이는 한국인의 이혼율이 2004년 이후 점차 감소추세에 있고 20년 이상 동거한 부부의 이혼이 증가하고 있는 것과 대조적이다. 국적별 이혼 건수에서는 특히 캄보디아(79.8%), 우즈베키스탄(42.9%), 중국(47.7%) 출신의 처와 중국(60.9%)과 캐나다(41.7%) 출신의 남편과의 이혼이 급격한 증가세를 보이고 있다.

〈표 5-11〉 외국인과의 이혼 추이 (단위 : 명)

구 분(연도)	2002	2003	2004	2005	2006	2007	2008
총 이혼 건수	144,910	166,617	138,932	128,035	124,524	124,072	116,535
외국인과의 총 이혼	1,744	2,012	3,300	4,171	6,136	8,671	11,255
총 이혼대비 구성비	1.2%	1.2%	2.4%	3.3%	4.9%	7.0%	9.7%

출처: 통계청 (2009).

국제결혼한 부부의 이혼에서 가장 특히 두드러지는 것은 한국인 남편과 외국인 처의 이혼이다. 2008년 국제결혼한 부부의 이혼은 전년보다 29.8% 증가한 11,255건이다. 이 중 한국인 남편과 외국인 처의 이혼은 7,962건으로 전체 국제결혼한 부부의 이혼 중 70.7%를 차지하고 있으며 전년보다 39.5% 증가함으로써 급격한 증가추세에 있음을 알 수 있다. 또한 한국인 남편과 외국인 처와의 이혼은 평균 동거기간이 2.7년이고 동거기간이 5년 미만인 부부가 90.2%에 이르며 이혼 당시 미성년 자녀가 없는 부부가 90.1%를 차지하고 있다. 특히 한국인 남편과 외국인 처의 이혼은 대부분 중국, 필리핀, 베트남, 일본, 몽골, 우즈베키스탄, 캄보디아 순으로 많이 발생하는데, 이는 결혼중개업체를 통해 혼인한 한국인 남성과 결혼이민자의 이혼율이 국제결혼의 이혼통계에서 높은 비중을 차지한다고 볼 수 있다.

 한국인의 이주노동자와 다문화사회에 대한 인식

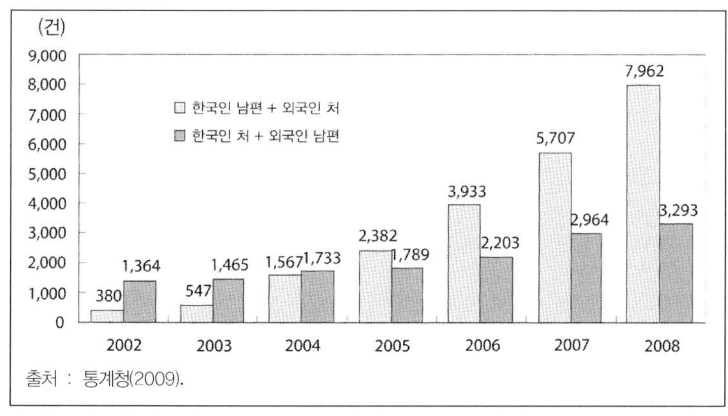

〈그림 5-1〉 한국인과 외국인 부부의 이혼 추이

앞서 보건복지가족부가 실시한 실태조사에 따르면 국제결혼한 부부의 이혼 사유는 중국 조선족, 한족, 북미·호주·서유럽 국가 출신은 성격차이를, 베트남, 필리핀, 캄보디아 출신은 학대·폭력을 지적한 비율이 높아 외국인 배우자의 출신국가에 따라 이혼사유가 다르게 나타났다. 그러므로 결혼이민자의 이혼의사에 영향을 미치는 요인들을 살펴볼 필요가 있는데 박재규(2007)에 따르면 결혼과정에서 발생한 왜곡된 정보가 이혼에 큰 변수로 작용하고 있었다. 동 연구에 따르면 전북 농촌지역에 거주하는 결혼이민자 중 이혼의사를 갖고 있는 결혼이민자 가운데 과반수가 남편과의 성격차이, 정보의 부정확성, 그리고 경제적 어려움을 그 이유로 지적했다. 무엇보다 남편에 대한 정보가 실제와 차이가 있거나 부당행위를 당한 경험이 이혼의사에 영향을 미치고 있었다. 김두섭(2006)도 법원에 제출된 국제결혼 및 이혼접수자료를 분석한 결과 베트남, 필리핀, 몽고, 우즈베키스탄 국적의 아내의 결혼기간이 매우 짧다는 공통점을 확인하였다. 이와 같은 연구들은 일주일이 채 되지 않는 짧은 기간에 서로에

대한 이해나 정확한 정보가 부족한 상태에서 배우자를 선택하는 국
제결혼 중개 관행이 이혼에 심각한 영향을 준다는 사실을 입증해
준다.

(2) 국제결혼 중개 관행의 실태와 문제점

한국정부는 결혼이민자의 국내 정착과 이들의 사회통합을 위해
다양한 지원정책을 실시하고 있지만 국제결혼 중개로 입국한 결혼
이민자는 이주과정에서부터 인권과 결혼의 자율성을 침해할 수 있
으므로 국제결혼 중개행태에 주목할 필요가 있다. 그동안 국제결혼
중개는 무엇보다 여성에 대한 차별적인 광고행위, 허위정보나 부정
확한 정보 제공, 자율적인 배우자 결정권의 침해 때문에 사회적인
문제가 되었다. 이에 따라 결혼중개업에 의한 국제결혼에 대한 실태
조사(한건수 · 설동훈, 2006)가 이루어졌고, 그 결과 결혼과정의 투
명성을 담보하기 위해 2007년 12월 14일 '결혼중개업의 관리에 관
한 법'이 제정되었다.

그러나 동법이 제정된 후에도 한국의 관할권을 벗어나 제3국에서
이루어지는 국제결혼 중개 관행은 여전히 위법과 인권침해의 요소
를 담고 있다. 결혼이민자에 대한 인터뷰와 몽골에서 실태조사를 실
시한 김현미 · 김민정 · 김정선(2008)에 따르면 초국가적인 네트워
크를 형성하고 있는 중개업자들은 빠르면 일주일에서 두세 달 만에
배우자 비자를 받아 결혼이민자를 한국에 입국시키기 위해 여성들
의 모집, 맞선과 합방, 결혼식과 결혼등록과정과 같은 이주의 전 과
정에서 인권침해를 야기하고 있었다. 동 연구에 따르면 수치감을 유

 한국인의 이주노동자와 다문화사회에 대한 인식

발하는 신체검사, 불법 계약서의 체결 강요와 같은 여성의 신체적 자유와 결혼의 자율성을 해치는 요소뿐만 아니라 혼인증명서의 대리발급과 같은 위법적인 행위가 여전히 자행되고 있었다.

(3) '결혼중개업의 관리에 관한 법'의 성과와 한계

'결혼중개업의 관리에 관한 법'은 결혼중개업을 통해 국제결혼을 할 경우 발생할 수 있는 각종 문제에 대한 법적 근거를 마련했다는 데 그 의의가 있다. 그동안 아무런 규제도 받지 않았던 결혼중개업을 일정한 조건을 갖추고 등록하도록 만들어 국제결혼중개업에 대한 전국적인 현황을 파악할 수 있게 되었다. 구체적으로 거짓 또는 과장된 표시와 광고를 금지하고, 국제결혼중개업자의 전문지식 및 윤리의식에 관한 교육을 실시하며, 보증보험금 또는 예치금을 예치하고, 중개사무소를 갖추어 관할 지역에 등록하게 하고, 결혼중개업자가 거짓, 또는 과장되거나 국가 · 인종 · 성별 · 연령 · 직업 등을 이유로 차별하거나 편견을 조장할 우려가 있는 내용을 표시 · 광고를 금지하고 있다.

그러나 '결혼중개업의 관리에 관한 법'은 인신매매성 위장결혼, 사기결혼, 허위 정보 제공에 따른 피해를 막기에는 역부족이다. 동법 제12조 2항은 "결혼중개를 함에 있어서 이용자에게 거짓된 정보를 제공하여서는 아니 되며" 이를 어길시 제26조 2항에 따라 "2년 이하의 징역 또는 1천만 원 이하의 벌금에 처한다"고 명시하며 제11조에 "외국 현지 법령을 준수"하도록 규정하였다. 그러나 동법은 가정의 해체를 가져올 수 있는 중요한 신상에 관한 정보를 숨겼을 때 이에 대한 구체적인 처벌규정이 없다. 또한 동법 제11조에 따라 외국 현지 법령을 준수할 경우 베트남과 태국에서 결혼중개업을 금지시키는 것이 당연하지만 이에 대한 구체적인 조항이 명시되지 않아 베트남, 몽골, 캄보디아에서 불법으로 간주한 행위를 방관하는 측면이 있다.

국제결혼 가정의 만족도는 일반적으로 한국인 가정의 만족도보다 높은 것으로 나타나(설동훈 외, 2003; 보건복지부, 2009) 결혼중개를 통해 결혼한 가정이 모두 문제가 있다고 단정하는 것은 바람직하지 않다. 그러나 결혼중개를 통한 국제결혼이 사회뿐만 아니라 외교 문제로까지 비화되는 이유는 결혼중개를 통한 영리추구라는 결혼중개업의 근본적인 한계와 결혼의 신성함과 상호간의 신뢰를 무너뜨리는 결혼당사자들의 다른 목적이 있기 때문이다. 영리추구를 목적으로 한 국제결혼 중개방식은 이윤극대화를 위해 결혼을 속성으로 진행시켜 허위 및 과장 정보와 위법, 불법, 인권침해 요소가 많다. 여기에 결혼을 통한 이주가 남성의 경제력에 의해 진행되기 때문에 여성의 지위가 예속적일 수밖에 없고 후진국 여성의 경우 국적취득과 취업을 위한 수단으로 국제결혼을 선택하는 경우가 많아지고 있다.

그 결과 결혼중개를 통한 국제결혼은 국제결혼이 이혼율이 급속한 증가와 결혼이민자의 불법체류를 야기하고 있다. 배우자의 직업, 폭력전과, 장애, 이혼 여부 등과 같이 결혼당사자가 기본적으로 알아야 할 사항을 모른 채 결혼한 경우, 한국말이 서투른 외국인 피해자 여성은 명확한 법적 구제를 받기 어려울 뿐만 아니라 자녀가 있는 경우 이혼을 고려하기도 쉽지 않다. 국제결혼에 대한 경제적인 부담은 대부분 한국 남성의 몫이기 때문에 돈을 지불하고 여성을 사온다

 한국인의 이주노동자와 다문화사회에 대한 인식

는 인식으로 외국인 배우자의 일방적인 동화만을 강조하는 가부장적인 구조를 강화시키고 자녀에까지 부정적인 영향을 끼칠 수 있다. 한국인 남성의 경우 결혼한 후 얼마 되지 않아 신부가 사라지거나 국적 취득 후 이혼을 당하기도 하는데, 이는 대부분 외국인 배우자의 이주 목적이 결혼이 아닌 국내 취업이나 국적 취득이기 때문으로 추측된다.

국제결혼한 부부의 이혼의 약 70%를 차지하는 한국인 남편과 외국인 처의 이혼은 평균 2.7년이라는 짧은 동거기간, 이혼 당시 90.1%의 부부에게 미성년 자녀가 없었다는 사실, 간이귀화로 2년 만에 한국 국적 취득이 가능한 상황 등을 고려할 때 위장결혼의 가능성을 배제할 수 없다. 국제결혼이 이미 혼기를 놓쳐 사회문제가 되는 농촌지역의 노총각에 국한되지 않고 재혼하려는 도시의 중년 남성으로까지 확대된 현 시점에서, 결혼중개업을 통한 이윤추구를 방관하는 것은 결혼을 핑계로 '선(先) 결혼 후(後) 입국'의 관행을 지속시켜 외국 현지의 피해자들을 양산할 뿐만 아니라 국제결혼 후 가출과 이혼으로 가정의 해체를 조장할 수 있다. 결혼이민자가 한국인 배우자와의 가정불화뿐만 아니라 취업을 목적으로 가출하거나 심지어 같은 국가 출신의 이주노동자와 동거하는 경우까지 발생하고 있기 때문이다(관련 기사 : 문화일보 2008/07/14, MBC 뉴스데스크 2008/06/05, 광남일보 2009/07/14).

(4) 국제결혼중개업에 대한 쟁점 검토

국제결혼중개와 '결혼중개업의 관리에 대한 법'에 대한 논란 뒤에는 결혼이라는 사적인 영역에 국가가 어느 정도 개입해야 하는가라는 본질적인 문제가 내포되어 있다. 결혼중개업은 전통적인 의미에서 지인을 통해 배우자를 소개받으며 감사의 의미로 사례비를 주면서 시작되었는데, 소개를 받은 후 "자유롭고 완전한 동의"에 의해 결혼하는 것은 전적으로 결혼당사자들 개인의 선택으로 여겨진다. 대한민국 헌법에는 국민의 권리로서 인간의 존엄과 가치 및 행복추구권(제10조)으로서 "혼인과 가족생활은 개인의 존엄과 양성의 평등을 기초로 성립하고 유지되어야"(제36조 제1항) 한다고 명시하고 있으며 결혼에 대한 구체적인 조항은 당사자 사이에 혼인의사의 합치가 있어야 혼인이 실질적으로 성립한다고 민법에서 규정하고 있다(민법 제815조 제1호). 이는 본질적으로 결혼을 개인의 사적영역으로 규정하는 것으로, 2009년 헌법재판소의 혼인빙자간음죄 위헌 판결에서 알 수 있듯이 개인의 자유권에 속하는 영역에 대한 국가의 개입은 점차 줄어드는 추세이다.

이와 같은 입장은 국제적인 문헌에서도 확인되는데 세계인권선언 제16조 2항, 시민적·정치적 권리에 관한 국제규약 제23조, 여성차별철폐협약 제16조 1항, '결혼에 대한 동의, 결혼에의 동의, 최연소연령, 결혼신고에 관한 유엔협약(United Nations Convention on the Consent to Marriage, Minimum Age for Marriage and Registration of Marriages, 1962)' 제1조 1항은 결혼이 당사자들의 "자유롭고 완전한 동의(free and full consent)"에 의해 성립되고 "혼인 중 및 혼인을 해소할 때의 동일한 권리와 책임"을 강조하고 있다. 세계인권선언은 결혼을 결혼당사자들의 "동일한 권리"로만 언급한 반면 여성차별철폐협약은 "동일한 권리와 책임"을 명시하고 있다. 특히 '결혼에의 동의, 최연소연령, 결혼신고에 관한 유엔협약' 제1조 제1항은 법이 정한 규정에 따라 결혼을 엄숙히 선언하고 증언해 줄 수 있는 권위를 지닌 사람 앞에서 자유롭고 완전한 동의에 의해 혼인했다는 사실을 알리기까지 결혼의 법적 효력이 발휘되지 않는다고 규정하며 동일한 주제에 대한 권고가 1965년 유엔총회에서 채택된 바 있다.

국제결혼중개업에 대한 입장은 나라마다 차이가 있는데 미국, 스위스, 일본은 국제결혼중개업을 인정하고 있지만 결혼의 자율성을 침해할 수 있는 인신매매 성격이 강한 결혼에 대해 미국은 '여성에 대한 폭력방지법', 일본은 '인신매매금지법'을 제정해 처벌하고 있다. 이와 달리 베트남은 2002년 68호 명령(Decree No. 68)을 제정해 영리를 목적으로 하는 국제결혼중개를 금지하였고 캄보디아는 '캄보디아인과 외국인 간의 국제결혼 방식과 절차에 관한 시행령'을 제정해 국제결혼의 허가와 행정절차 과정에 결혼중개업체의 개입을 금지하였다. 두 차례에 걸쳐 한국인과의 국제결혼을 중지시켰던 캄보디아 정부의 조치는 미국, 프랑스 등 외국인과의 결혼이 자유연애에 따라 결혼 후 현지에 사는 일반적인 형태와 달리, 캄보디아 전체 국제결혼의 60%를 차지하는 한국인과의 결혼은 결혼중개방식을 통해 자국 여성을 한국으로의 이주시키는 방식이기 때문이다(연합뉴스 2010/03/19).

한국의 경우 인신매매를 처벌하는 규정이 형법 제289조에 있으나 이는 국외이송목적의 인신매매를 처벌하는 규정이므로 여성을 국내에 반입하는 경우에는 적용이 되지 않는다(김재련, 2008: 95). 그러므로 선진국과 같이 인신매매방지법에 관한 법률을 제정해 인신매매성 국제결혼중개의 피해자를 보호하고 예방하는 것이 필요하다. 이와 더불어 한국이 비준하지 않은 'UN 인신매매방지의정서,' '국제조직범죄방지협약,’ ‘협약을 보충하는 인식 특히 여성 및 아동의 매매 예방·억제·처벌의정서’의 비준도 검토할 필요가 있다.

(5) 국제결혼 중개 관행의 개선방향

“자유롭고 완전한 동의”와 적법한 절차를 거쳐 결혼이 성립되고 결혼 후 가출이나 이혼으로 인한 가정의 해체를 예방하기 위해서는 첫째, 배우자로서 알아야 할 기본적인 정보를 제공하고, 둘째, 가정 해체를 조장하는 책임당사자에 대한 처벌을 강화하며, 셋째, 불법체류나 위장결혼의 유인요소를 제거하는 방식으로 제도를 개선할 필요가 있다. 미국의 국제결혼중개업법(International Marriage Broker Regulation Act of 2005)과 같이 신청자의 신상 정보, 폭력에 관한 범죄기록, 성적 범죄 기록, 가정 폭력법과 같은 정보가 있다면 이를 외국여성의 자국어로 먼저 제공한 후 동의를 얻은 다음 결혼을 진행시켜야 한다.

또한 늘어나는 결혼이민자의 가출, 불법체류, 위장결혼을 조장해 가정의 해체를 야기한다면 이에 책임이 있는 자의 처벌도 고려해 보아야 한다. 법무부에 따르면 2009년 12월 현재 불법체류 결혼이민자는 모두 9,352명으로 집계되었지만 신고하지 않은 가출을 포함하면 그 숫자는 훨씬 많을 것으로 예상된다. 결혼이민자의 가출이나 위장결혼으로 인한 혼인무효소송도 점차 증가해 서울가정법원에 따르면 혼인무효소송 신청건수는 2003년 207건에서 2007년 487건으로 2배 이상 증가했고 그 처리 건수도 2003년 142건에서 2007년 548건으로 4배 가까이 증가했다(문화일보 2008/07/14). 배우자에 대한 신상불일치로 인한 가정불화나 취업이나 국적취득을 목적으로 한 위장결혼임이 판명될지라도 결혼중개인은 별다른 법적 제재나 처벌을 받지 않기 때문에 그 후유증은 모두 피해자인 외국인 처나 한국인 남편의 몫이 된다. 그러므로 국제결혼중개로 맺어진 가정이 신상정보의 불일치, 가출, 혼인무효, 위장결혼 등으로 해체되었다면 손해배상을 통한 피해자의 구제는 물론이고 사실관계를 조사해 결혼중개업자에 대한 구체적인 법적제재도 고려해 보아야 한다.

이와 더불어 현재의 비자체계도 재검토해 볼 필요가 있다. 아시아 국가의 여성들이 위장결혼을 하면서까지 한국행을 원하는 이유는 국적취득과 취업이 다른 국가보다 용이하기 때문이다. 결혼이민자의 한국국적의 취득은 간이귀화를 통해 이루어지는데 배우자와 혼인한 상태로 한국에 2년 이상 거주하거나 그 배우자와 혼인한 후 3년이 경과하고 혼인한 상태로 한국에 1년 이상 계속하여 주소가 있으면 신청이 가능하다(국적법 제6조 제2항 제1호와 제2호). 또한 위 기간을 충족하지 못하였더라도 그 배우자와 혼인한 상태로 대한민국에 주소를 두고 그 배우자의 사망, 실종, 그 밖의 자신의 귀책사유 없이 정상적인 혼인생활을 할 수 없거나, 그 배우자와 혼인하여 출생한 미성년의 자를 양육하고 있거나 양육하여야 할 자로서 제1호 또는 제2호의 기간을 충족한 경우에도 국적을 취득할 수 있다(국적법 제6조 제2항 제3호와 제4호). 또한 국적법 시행규칙 제4조에 명시된 한국어능력에 대한 필기시험은 면제되었기 때문에 면접시험만 보면 될 뿐 아니라 법무부의 사회통합프로그램의 수강여부도 본인의 선택사항이 되었다.

〈표 5-12〉 혼인귀화 신청 자격

국가	한국	일본	대만	프랑스	미국
조 건	○한국에 2년 거주 ○혼인 후 3년 경과, 한국에 1년 이상 거주 증명 ○재산증명	○일본에 3년 이상 거주 ○혼인 후 3년 경과, 일본에 1년 이상 거주 증명	○대만에 3년이상 거주 (매년 합계 183일 이상 3년간 거주) ○재산증명 ―〉국적취득신청 가능 ―〉1년 후 호적 발급	○프랑스인과 결혼으로부터 4년 후 신청 가능 ○결혼 후3년이상 계속 정주 ―〉이를 증명할 수 없을 경우 5년 이상 공동생활 증명	○미국 시민권자의 배우자로 3년 이상 경과 ○영주권을 취득한 후 5년 이상 *해외 체류에 대해서도 조건 동일

출처: 설동훈 외(2003), 이영주(2008), 각국의 국적법.

2005년 출입국관리법 시행령이 개정되면서 국민의 배우자 비자 소지자(F-2)의 자유로운 취업도 가능해졌다. 국민의 배우자 비자(F-2) 소지자가 영주비자(F-5)를 취득하기 위해 국내에 5년 동안 거주하도록 했던 것을 2년으로 단축시켜 영주비자를 취득할 수 있도록 규정이 완화되었다. 귀화를 신청할 때 경제적 능력을 입증하는 데 있어서 '본인 또는 배우자의 재직 증명서'로 규정이 바뀌었고, 이혼 소송이 진행될 때도 국제결혼 이주여성이 취업활동이 가능하도록 F-2 비자를 부여하며 한국인 배우자의 귀책사유를 입증하지 못하고 자녀양육권을 취득하지 못하더라도 국제결혼 이주여성의 자녀에 대한 면접권을 보장하기 위해 국민의 배우자 비자(F-2) 체류 자격을 부여하고 있다.

<표 5-12>에서 보는 바와 같이 일본, 대만, 프랑스, 미국에 비해 단기간에 국적을 취득할 수 있고 취업을 허용하는 한국의 혼인귀화

 한국인의 이주노동자와 다문화사회에 대한 인식

는 아시아 여성들에게 '코리안 드림'을 쫓아 무리하게 결혼을 강행하게 만드는 원인이 될 수 있다. 위장결혼으로 적발된 경우도 늘어나고 있는데 한국 국적을 취득한 뒤라도 위장결혼임이 밝혀지면 형사확정판결로 한국 국적이 박탈되고 국외로 추방당하게 된다. 이 경우 이중국적을 허용하지 않는 한국의 국적법에 따라 본국의 국적을 이미 포기한 상태라 해당자는 무국적자가 될 수밖에 없다. 무국적자 감소에 관한 협정(Convention on the Reduction of Statelessness) 제8조는 '국적박탈로 무국적자가 될 경우 체약국은 그 국적을 박탈할 수 없다'고 명시하고 있지만 허위서류나 위조로 국적으로 획득한 경우에는 법원의 공정한 재판(fair hearing)을 거치도록 규정하고 있다. 위장결혼 혐의자는 한국에서 합법적인 절차에 따라 형사재판을 받게 되므로 재판결과에 따라 위법자의 국적을 박탈하는 것은 정당하다는 것이 법무부의 입장이고, 이는 미국, 영국, 독일 등 세계 모든 나라에서도 인정하고 있는 바이다.

대부분의 국가가 선택적 이민정책을 취하며 위장결혼을 방지하기 위해 체류자격을 강화하고 있다. 프랑스의 경우 위장결혼을 방지하기 위해 "체류허가증을 취득하거나 취득시킬 목적"만으로 "혼인을 하거나 또는 아동을 인지한 경우," 또한 동일한 목적을 위해 "혼인 또는 아동의 인지를 기획"한 경우 5년 구금 및 15,000 유로의 벌금에 처하도록 법을 개정하였다(이영주, 2008: 221-224). 미국의 경우도 위장 결혼을 통한 국적취득은 범죄로 간주되므로 공소시효를 인정하지 않고 시민권을 박탈후 추방하고 있다(미주 한국일보 2008/12/05). 이런 결과를 사전에 예방하기 위해서는 결혼이민자의 취업이나 권리에 대한 실질적인 보장이 이루어질 수 있도록 노력하되 결혼의 목적 외에 입국을 철저히 통제할 수 있도록 국적부여 요건을 강화시켜 위장결혼으로 인한 피해자나 무국적자의 발생을 미연에 방지할 필요가 있다.

3) 다문화가정의 자녀

지금까지 한국에는 화교를 비롯해 이주노동자, 북한이탈주민, 그리고 결혼이민자와 같은 다양한 외부인들이 이주하여 가족을 이루고 정착하는 과정에서 다문화가정이란 용어가 등장하기 시작했다. '다문화가족지원법'에 따르면 '다문화가족'이란 "결혼이민자와 출생 시부터 대한민국 국적을 취득한 자로 이루어진 가족"이나 "귀화허가를 받은 자와 출생 시부터 대한민국 국적을 취득한 자로 이루어진 가족"을 말한다(제2조 1호). 교육부는 다문화가족을 좀 더 포괄적으로 규정하는데 다문화가정을 "우리와 다른 민족·문화적 배경을 가진 사람들로 구성된 가정"으로 정의하여 국제결혼가정과 이주노동자의 자녀를 다문화가정 자녀교육의 정책지원 대상으로 삼고 있다. 이에 따라 교육부는 이주노동자와의 혼인으로 출생한 자녀뿐만 아니라 외국인 이주노동자의 자녀도 교육대상에 포함시키고 있는 것이다(교육인적자원부, 2006). 따라서 여기에서 논의되는 다문화가정의 자녀의 범위는 교육부의 정의에 기초하여 좀 더 포괄적인 의미로 해석될 수 있다.

(1) 표준화된 한국어교육의 지원

국제결혼이 빠르게 증가함에 따라 다문화가정의 자녀 또한 그 수가 계속 증가하고 있다. 다문화가정의 자녀는 2006년 25,000명에서 2007년 44,000명으로 늘어났고 행정안전부가 파악하고 있는 다문화가정의 자녀는 2009년 5월 현재 103,484명에 이르고 있다. 이들은 연령별로 다양하게 분포되어 있지만 만 6세 이하가 전체의 59.6%, 만 7~12세 이하가 26.7%를 차지해 전체의 약 86%가 아직 초등학교 이하의 교육시설에 다니거나 미취학 아동인 것으로 조사되었다.

〈표 5-13〉 다문화가족 자녀의 연령별 현황

구 분	계	만 6세 이하	만 7~12세	만 13~15세	만 16~18세
자녀수	103,484명	61,700명	27,568명	7,785명	6,431명
비 율	100%	59.6%	26.7%	7.5%	6.2%

출처: 행정안전부(2009).
주: 행안부 통계상 '외국인주민 자녀(107,689명)' 중 부모가 모두 외국인인 경우는 제외.

2009년 보건복지부 다문화가족 실태조사에서 초등생 자녀를 둔 결혼이민자의 73.5%는 자녀를 양육하는 데 어려움을 겪고 있다고 답했다. 일반가정의 경우 자녀를 양육하는 데 어려운 점으로 경제적 부담(53.8%), 학업성적(19.8%)이 지적되지만 결혼이민자의 경우 학원비 마련(27.4%), 예습·복습과 같은 학습지도(23.3%), 숙제지도(19.8%)의 순으로 자녀의 학습지도에 대한 어려움이 약 40%를 차지해 결혼이민자의 미숙한 한국어가 자녀양육에 있어 문제가 되고 있음을 알 수 있다. 이와 같은 이유로 자녀와 관련된 자녀양육·학습지원(62.7%)이나 임신·출산지원(38.4%)과 같은 항목이 결혼이민자의 복지욕구에서 높은 비중을 · 차지했으나 <그림 5-2>와 같이 자녀양육 및 학습지원에 대한 실질적인 지원은 많이 부족했던 것으로 조사되었다.

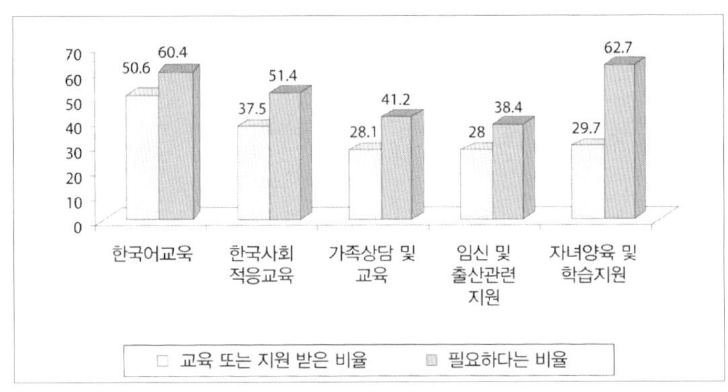

〈그림 5-2〉 결혼이민자의 교육 또는 지원받은 비율과 필요도 비교

출처: 보건복지부(2009).

　　다문화가정의 자녀들이 겪는 어려움은 크게 두 가지로 언어발달장애, 소통의 어려움으로 인한 학업부진과 낮은 자아 존중감, 주변사람들의 편견, 부모의 양육태도, 자신의 외모로 인한 정체성의 혼란이다. 다문화가정의 자녀들에 대한 선행연구들은 여성 결혼이민자가 다문화가정 자녀들이 겪고 있는 여러 문제와 연관이 있으며 특히 자녀들의 학습능력과 정체성에 영향을 주고 있음을 보여준다. 결혼이민자의 미숙한 한국어 의사소통능력은 가족관계, 사회생활, 자녀교육에 직접적인 영향을 미칠 수 있고 무엇보다 언어를 배울 단계에 들어선 다문화가족 자녀들에게 부정적인 영향을 줄 수 있다. 이는 지역에 관계없이 농촌지역 다문화가정의 아동(서현 · 이승은, 2007)

과 서울과 경기지역 다문화가정 아동(오소영·김영태·김영란, 2009)에게서 공통적으로 나타났고, 특히 유아기부터 환경적응에 영향을 주고 있었다(오재연·송미선, 2009). 언어는 유아의 사회화에 핵심적인 역할을 하므로 외국인 어머니를 둔 유아가 한국어에 어려움을 보이는 것은 이후 개인적인 행동이나 환경에 적응하는 행동, 사회적응과 사회관계에서 어려움을 겪을 가능성을 시사하는 것이다.

이와 같은 문제점을 인식한 종교단체나 시민단체를 중심으로 자원봉사자를 통해 다문화가정의 자녀들을 위한 한국어 교육지원이 이루어지기 시작했고, 교육인적자원부, 여성부, 한국어 세계화 재단 등을 중심으로 방과 후 교실을 통해 이들을 위한 한국어 교육지원 프로그램이 실시되었다. 그러나 무엇보다 다문화가정 자녀의 효율적인 한국어 교육을 위해서 국가적 차원에서 다문화가정의 한국어 교육을 위한 정책에 관심을 갖고 표준화된 한국어 교과과정을 개발하고 보급할 필요가 있는데(원진숙, 2008; 전은주, 2008), 같은 한국어를 교육할지라도 학습자가 처해 있는 사회적 배경이 다르고 한국어의 기능에 차이가 있기 때문에 '제2언어로서의 한국어(Korean as a second language: KSL)'와 '외국어로서 한국어(Korean as a foreign language: KFL)'는 다를 수 있다. 결혼이민자나 그 자녀에게 한국어는 사회적으로 우세한 주류 언어이지만(KSL), 이주노동자나 그 자녀와 같은 외국인에게 한국어는 여러 외국어 중 하나이다(KFL). 그러므로 결혼이민자나 그 자녀의 한국어 교육(KSL)은 한국에서 생활하는 데 필요한 의사소통 능력을 중심으로 한국의 사회, 문화, 전통 등을 이해함과 동시에 학습자 자신의 언어와 문화를 유지할 수 있는 능력을 기르는 데 중점을 두게 된다(전은주, 2008; 637-640).

〈표 5-14〉 KSL 교육과 KFL 교육의 차이점

	제2언어로서 한국어(KSL) 교육	외국어로서 한국어(KFL) 교육
한국어의 위상	제2언어	외국어
사회적 배경	한국어가 주류 언어인 공간 (한국 내)	학습자의 모국어가 주류 언어인 공간 혹은 한국어가 주류 언어가 아닌 공간
한국어의 기능	사회생활 언어, 교육의 언어	국제교류, 한국인과의 대화언어
교수-학습 환경	한국어가 모국어인 교사, 한국어 수업 등을 통한 학습, 교실 밖에서도 학습 가능	한국어가 모국어인 교사 혹은 한국어 의사소통 능력을 갖춘 교사, 한국어 수업을 통한 학습
교육 목표	한국어 의사소통능력 신장, 한국사회와 문화, 전통 등을 이해, 학습자 모국어와 모국 문화를 유지할 수 있도록 하는 능력 등	한국어 의사소통 능력의 신장, 한국어를 통한 문화와 학문 분야에 대한 지식의 증대 학습자의 모국어와의 비교, 교실 밖 사회에서 한국어의 사용 등

출처: 전은주(2008).

제2언어로서 한국어(KSL)와 같은 체계적이고 표준화된 한국어 교육과정이 개발되고 다문화가정의 부모와 자녀에게 우선적인 지원을 통해 적절한 한국어 교육을 실시할 수 있다면 이들의 언어소통능력을 증진시키는데 기여할 수 있을 것이다. 특히 다문화가정 자녀의 한국어 습득과 인지능력에 긍정적인 영향을 주어 한국어에 대한 이해와 소통능력의 향상과 더불어 학습부진, 정체성 혼란, 집단 따돌림 등을 예방하는데 도움이 될 것으로 기대된다. 외국인과 결혼이민자뿐만 아니라 재외동포와 유학생까지 꾸준히 증가하고 있는 현실을 감안할 때 무엇보다 지금까지 이들에 대해 비전문적으로 수행되어온 한국어 교육에 보다 체계적인 정부와 학계의 관심이 요구된다. 제2언어로서 또는 외국어로서 한국어를 보다 효과적으로 실시하기 위해 다문화가정에 대한 이해와 전문적인 지식을 갖춘 전문가를 확

보하고 다문화가정의 자녀에게 적합한 교수법과 교재에 대한 연구
와 개발이 필요하다.

(2) 자아존중감과 정체성 확립을 위한 사회적 지지

결혼이민자들이 문화나 가치체계의 차이에서 비롯되는 갈등으로
스트레스를 받는 반면 다문화가정의 자녀들은 이러한 문화적 영향
보다는 청소년기에 느끼는 자아정체감의 영향이 상대적으로 더 클
수 있다. 다문화가정 자녀들의 대부분은 초등학교부터 본격적으로
자아정체성의 혼란을 겪는데 개인, 심리적 소외감, 학교, 가족, 친구
등의 요소가 종합적으로 다문화가정 아동의 심리사회적 적응에 영
향을 미치고 있다. 다문화가정 아동의 경우 자아정체성에 대한 사회
적인 지지가 무엇보다 중요한데, 이들에 대한 편견이나 따돌림의 원
인이 자신의 부모, 피부색, 외모와 같이 스스로의 노력으로 바꿀 수
없는 부분이라 더 문제가 된다.

조영달 · 윤희원 · 박상철(2006)에 따르면 다문화가정의 자녀가
집단따돌림을 당한 경험은 일반 초등학생의 따돌림과 비교해 크게
차이가 나지 않지만 이유에 있어서는 큰 차이를 보인다고 한다. 일반
학생의 경우 ‘잘난 척해서(29.4%)’가 가장 많은 반면, 다문화가정 자
녀의 경우 개인적인 특성과 무관하게 단지 ‘국제결혼 가정의 자녀라
는 이유’ 때문에 따돌림을 당하는 것으로 드러났다. 외모가 한국인과
거의 흡사하고 한국에서 태어나 한국어에 능통한 아이들의 경우 또
래와의 관계에 큰 문제가 없지만 피부색이 다르고 한국어 능력이
부족한 경우 편견과 차별의 대상이 될 수 있기 때문에 더 문제가

될 수 있다. 정하성·유진이·이장현(2007)에 따르면 다문화가정의 청소년들은 집단따돌림을 당했을 때 일반 청소년들에 비해 언어와 문화, 가치관의 차이로 인한 정체성의 혼란을 훨씬 심하게 느끼는 것으로 나타났다.

다문화가정의 아동이 청소년으로 성장하면서 점차 개인적인 요인과 남들과 구분되는 신체적 특징이 자아정체감의 형성에 영향을 주고 있기 때문에 따돌림과 같이 자신이 속한 집단에서 배척당하는 경험은 사회적응을 어렵게 할 수 있다. 이영주(2009)는 경기도의 중고등학교에 재학 중인 다문화가족 청소년 304명을 대상으로 스스로 인식하는 한국인 정체감과 다문화가족 청소년의 주변인이 인식하는 한국인 정체감을 구분하여 다문화가정의 청소년들의 심리사회적 적응에 차이를 알아보았다. 그 결과 주변인들이 다문화가정 청소년들을 외국인으로 인정하는 경우 다문화가정의 청소년들은 심리사회적 적응에 매우 어려움을 겪는 것으로 나타났다. 즉 다문화가정의 청소년들을 한국인이 아닌 외국인으로 인정하는 또래 한국 청소년들의 인식과 태도가 이들의 사회심리적응에 상당한 영향을 미친다는 것이다.

그러므로 공교육에서 외모나 피부색으로 인한 인종차별적 편견과 따돌림을 방지할 수 있는 다문화교육이 시급한 것으로 파악된다. 실제 다문화가정의 청소년들이 주변에 없는 경우 일반 청소년들에게는 이들은 TV에서나 볼 수 있는, 직접적인 연관성이 없는 사람들로 치부될 가능성이 높다. 청소년들은 직접 접촉하고 경험하며 함께한 시간이 길수록 보다 친밀감을 형성할 수 있기 때문에(정하성 외, 2007) 다문화수용성을 높이기 위해서는 연령별 인지발달능력에 합당한 다문화교육과 다문화가정의 청소년들과 직접 접촉해 경험을 교류할 수 있는 실제적인 교육을 개발해야 한다. 이와 더불어 일반 청소년들이 다문화가정의 자녀들을 한국사회나 자신에게 피해를 줄 수 있는 존재로 인식하는 경향이 큰 만큼(양계민, 2009) 경제적으로나 문화적으로 한국사회에 도움이 될 수 있는 측면을 부각할 수 있도록 다문화교육의 방향을 설정할 필요가 있다.

또한 다문화교육을 위한 교사들의 역량도 강화할 필요가 있다. 다문화가정의 자녀들이 학교에 잘 적응하기 위해서는 교사가 다문화가정과 그 자녀들을 이해하는 것이 중요한데 대부분의 교사들은 문화적 다양성과 다문화 수용성에 공감하고 다문화관련 교육의 필요성을 느끼고 있어 이에 대한 교육적 지원이 필요한 것으로 조사되었다. 모경환(2007)의 다문화교육에 대한 인식도 조사에 따르면 대부분의 교사들은 다문화교육의 당위성을 인식하고 있고(93.3%), 이를 보람된 일로 여기지만(80%), 교사교육 프로그램에서 다문화프로그램이 다루어 지지 않아(75%) 개선이 필요한 것으로 나타났다. 특히 교사가 다문화가정의 자녀들을 인정해 주고 다문화가정의 자녀들이 임원을 했던 경험은 생활만족도, 교사와의 관계, 친구와의 관계, 한국어 능력에 긍정적인 영향을 준다는 사실(박윤경 · 이소연, 2009)을 고려하여 교사들은 다문화가정 자녀들의 적응을 위하여 좀 더 많은 관심과 주의를 기울일 필요가 있다.

4) 이주아동

(1) 국내체류 이주아동의 현황과 문제점

이주노동자는 체류자격에 따라 가족동반권이 허용되는 전문 외국인력과 가족동반권을 허용하지 않는 비전문 외국인력으로 구분된다. 아시아의 저개발국가에서 온 이주노동자는 대부분 비전문 외국인력으로 비자에 명시된 체류기간의 초과여부에 따라 다시 합법적인 이주노동자와 불법체류 이주노동자로 나누어진다. 불법체류 이주노동자는 허용된 체류기간을 초과하여 서류에 등록이 되지 않은(undocumented) 경우로 흔히 미등록 이주노동자(undocumented migrant worker)로 불린다. 여기에서 논의하게 될 이주아동은 합법적인 상태나 미등록 상태로 주로 3D업종에 종사하고 있는 비전문 이주노동자의 자녀를 말한다.

한국 정부는 비전문 이주노동자에게 가족동반권을 허용하지 않았는데 그 이유는 여러 가지로 생각해 볼 수 있다. 첫째 고용허가제가 기존의 산업연수생제도에서 발전했음을 감안한다면 당시 산업연수생은 노동자가 아닌 학생신분이므로 가족을 동반할 수 없었고 그 방식이 고용허가제에 그대로 계승되었다고 볼 수 있다. 둘째 비전문 이주노동자는 짧은 기간 동안 한국에 체류하다 본국으로 돌아가는 일시적인 노동자로서 비교적 낮은 임금에 거처가 없이 대부분 기숙사 생활을 하는지라 가족동반을 허용할 수 없었을 것이다. 셋째 한국 정부도 다른 나라들처럼 자국에 도움이 되는 인력을 받아들이는 선택적 이민정책을 취하므로 이들의 정주를 허용하지 않은 면도 있다.

그러나 현실에서는 브로커 비용을 지불하면서까지 가족을 데려오는 비전문 이주노동자가 점점 많아지고 있고 미등록 이주노동자로 가족과 함께 한국에서 장기체류하는 경우도 계속 증가하고 있다. 앞서 살펴본 바와 같이 많은 이주노동자는 계약서를 이해하지 못하고 입국하고 있으므로 가족동반 금지조항을 모를 가능성이 많다. 또한 박경태·설동훈·이상철(1999)에 따르면 한국에 오는 이주노동자의 대부분이 사회적 연결망을 갖고 있으며 브로커의 도움을 받지 않더라도 친구(32.8%), 친척(31%), 아는 사람(25.9%)이 브로커와 비슷한 수준의 수수료를 받고 이주노동자의 이동에 관여하고 있다. 이런 점을 고려할 때 계속 증가하고 있는 관광비자로 입국한 미등록 장기체류자와 이주아동은 이런 다양한 사회적 연결망을 이용해 입국할 가능성이 높다.

이주아동은 부나 모가 먼저 한국에 입국한 뒤 지인, 친척, 브로커를 통해 자녀를 입국시키는 경우와 이주노동자의 자녀로 한국에서 태어난 경우로 나누어진다. 전자의 경우 입국 당시 한국에 데려다준 동반자의 자녀로 출입국기록이 남게 되므로 이주아동은 한국에서 자신의 신분을 증명할 방법이 없다. 후자의 경우 본국이나 한국 주재 출신국 대사관에 신고함으로써 국적과 호적을 얻을 수 있지만 이것이 불가능하거나 부모가 이를 기피할 경우 이주아동은 국적을 부여받지 못해 무국적자로 남게 된다. 후자의 경우 부나 모의 본국으로 돌아갈 경우 출생신고를 통해 국적을 부여받을 가능성이 높은데 그 이유는 대부분의 아시아 국가들이 국적법으로 부나 모의 혈통을 따라 자식을 인정하는 속인주의를 채택하고 있기 때문이다.

한국의 국적법도 다른 아시아 국가와 마찬가지로 속인주의를 채택하고 있으므로 이들은 한국 국적자가 될 수 없다. 이주아동은 법에 의거하지 않은 체류로 인해 신분을 보장받지 못하므로 외국인으로서 누릴 수 있는 기본적인 혜택도 받을 수 없다. 특히 이주아동의 부모는 가족을 동반할 수 없다는 규정을 위반하고 있거나 미등록 이주노동자인 경우 자신의 불안정한 신분 때문에 아이들을 밖에 나가지 못하게 하고 집안에 방치하는 경우가 많아 이주아동은 기본적인 교육이나 의료혜택도 받기 어렵다. 이와 같이 본인의 의사와 상관없이 부모의 결정으로 말미암아 불안정한 신분으로 한국에 숨어 지내는 이주아동의 수를 정확히 파악한다는 것은 거의 불가능한 실정이다.

(2) 이주아동의 권리와 그 한계

한국이 1989년 채택해 1991년 비준한 '아동권리협약'은 아동이 법적대리인의 인종, 피부색, 성별, 언어, 재산, 장애, 출신 또는 지위에 관계없이 어떤 종류의 차별도 받지 않고 권리를 향유해야 함을 명시하고 있다. 동 협약은 아동을 돌보고 보호함에 있어서 가족과 부모의 역할이 매우 중요하고 동시에 국가는 가족과 부모가 그들의 의무를 수행할 수 있도록 도와줄 책임이 있음을 명백히 규정하고 있다. 동 협약은 모든 아동이 이름과 국적을 가지고 부모가 누구인지 알고 부모에게 양육받을 권리(제7조), 부모와 함께 살 권리(제9조), 자녀간의 관계를 유지할 권리(제10조) 교육받을 권리(제28조), 보호받을 권리(제37조), 차별받지 않을 권리(제2조, 제30조)가 있음을 명시하고 있다. '이주노동자권리협약'도 성명, 출생등록, 국적에 대한 권리(제29조)와 아동의 교육권이 부모의 고용에 관한 비적법 상태를 이유로 제한되지 않는다(제30조)고 명시하고 있다.

특히 이주아동의 경우 돈을 벌기 위하여(35%), 한국말을 못해서(25%), 불법체류 아동이기 때문에(15%) 정규학교에 다니지 않고 있어 이들의 인권문제가 심각한 실정이다(설동훈 외, 2003). 이주아동이 미등록 이주노동자의 자녀라 할지라도 유엔아동권리협약(1991년 비준), 이주노동자권리협약, 재한외국인처우기본법(2007년 7월 18일 시행), 초중등교육법시행령(제75조, 제82조, 2003년 개정)에 따라 합법적으로 체류하고 있는 이주노동자의 자녀와 동등한 학습권을 갖는다.

한국정부는 2003년 1월 유엔 아동권리위원회로부터 모든 외국 아동들에게도 자국의 아이들과 같이 동등한 교육을 받을 권리를 보장하라는 권고를 받고 2008년 초중등교육법 시행령을 개정해 미등록 이주노동자 자녀들까지 초등학교에 입학할 수 있도록 출입국사실증명, 외국인등록 사실증명서의 제출의무를 삭제했다. 따라서 미등록 이주노동자의 자녀들도 임대차계약서, 인우보증서 등의 거주사실을 확인할 수 있는 서류를 제출함으로써 국내학교에 입학 또는 전학이 가능하다. 그러나 초등학교와 달리 중학교는 의무교육이 아니므로 교장의 재량에 맡겨 두고 있어 중고등학교에 다니기가 용이하지 않은 실정이다.

보건복지부의 경우에는 미등록 이주노동자 자녀의 의료비를 지원하고 있으며 만약 건강보험, 의료급여 등 각종 의료보장제도에 의해 의료혜택을 받을 수 없을 경우 1회 500만 원 이내 횟수 제한 없이 입원진료 및 당일 외래수술에 대한 진료비를 제공하고 있다. 보육시설의 경우 부모의 국적에 관계없이 이용하도록 허용하고 있고 기본

보육료를 지원하고 있지만 대기자가 많아 현실적으로 이용하기가 쉽지 않다.

〈표 5-15〉 외국인근로자의 자녀 등에 대한 의료비지원 현황

구 분	계		외국인근로자 자녀		여성결혼이민자 자녀	
	진료건수	진료금액 (단위: 천원)	진료건수	진료금액 (단위: 천원)	진료건수	진료금액 (단위: 천원)
2006	79	55,883	78	255,548	1	335
2007	239	50,570	233	48,700	6	1,870
2008	418	82,178	405	80,957	13	1,221

출처: 보건복지부(2010).

법무부는 합법적인 체류기간이 만료된 미등록 이주노동자를 본국으로 추방시켜야 하므로 미성년인 이주아동도 부모를 따라 한국을 떠날 수밖에 없다. 2006년 실제로 이와 같은 사태가 일어나 여론이 악화되자 법무부는 '취학 중인 불법체류 아동에 대한 한시적 구제지침'을 취해 초등학교에 자녀를 보내고 있는 이주노동자들이 자진신고를 하고 2개월 후 귀국한다는 동의를 받아 출국유예조치를 내렸다. 출입국관리법 제61조는 강제퇴거 대상이라 할지라도 인도적인 사유가 있는 경우에는 특별허가를 할 수 있도록 규정하고 있지만 법무부는 한국에서 출생한 아동 및 미성년 아주아동의 합법적인 체류보장을 반대하는 입장이다. 그 이유는 이주아동의 합법적인 체류가 아동을 빌미로 미등록 이주노동자의 합법화 요구나 부모를 가장해 체류하려는 불법체류자를 양산할 수 있다고 판단하기 때문이다.

(3) 강제퇴거조치와 가족결합권에 대한 검토

이주아동의 문제에 대한 쟁점은 일반적으로 부모인 미등록 이주노동자가 합법적인 체류허가를 받지 않은 강제퇴거의 대상이기 때문에 미성년인 이주아동도 함께 추방의 대상이 되는 데 있다. 그 부모가 합법적인 체류자격이 없으면 아이들도 합법적인 체류가 보장되지 않지만 아이들은 불법행위를 저지른 주체가 아니라는 점을 근거로 '아동인권협약'에 의거해 무죄로 간주된다(설동훈 외, 2003). 이주노동자가 미등록 이주노동자가 되는 이유는 여러 가지가 있겠지만 이들이 강제퇴거의 대상이 되었을 경우 이주아동은 동반출국을 하거나 혼자 남게 된다. 이 경우 미성년인 이주아동의 가족보장권리는 어떻게 되는지가 쟁점이 될 수 있다.

아동권리협약은 아동이 자신의 의사에 반하여 부모와 분리되지 않을 것을 규정하고 있으며(제9조 제1항) 이와 같은 가족결합권(right to family unification)은 다른 국제인권조약에도 명시되어 있다. 이주노동자가 그의 배우자와 미혼의 미성년 자녀와 재결합하는 것을 촉진하기 위해 적절한 조치를 취할 것(이주노동자권리협약 제44조 제1항), 배우자와 미성년 자녀가 외국인과 합류하여 함께 살 수 있도록 입국을 허용할 것(체류국의 국민이 아닌 개인의 인권에 관한 선언 제5조 제4항), 이주노동자와 이주노동자의 배우자 미성년 자녀의 가족 결합에 관한 규정(이주노동자의 법적 지위에 관한 유럽협약 제12조), 당사국들은 외국인 노동자의 가족결합을 촉진할 것(유럽사회헌장 제19조 제6항) 등이 그것이다.

국적법으로 속지주의를 채택한 미국에서는 체류자격에 관계없이 미국에서 태어난 사람에게 시민권을 부여하기 때문에 불법체류 중인 외국인 부모의 추방은 시민권을 취득한 자녀의 사실상의 추방(de facto deportation)을 초래할 수 있으므로 논란이 되었다. 그러나 1975년 Acosta v. Gaffney 사건에서 미국의 제3순회연방항소법원(Court of Appeal for the Third Circuit)은 시민권자의 부모를 추방한다고 해서 자녀의 미국 거주가 금지되는 것은 아니라 연기될 뿐이라고 판결하여 가족결합권을 이유로 한 부모의 불법체류를 허용하지 않았다. 2005년 불법체류자였던 한국인 부부가 추방되고 그 자녀는 미국에 남게 된 것도 이와 같은 판례에 근거한 조치이다(이규창, 2005: 468-470).

유럽인권재판소는 불법체류 또는 범죄로 인한 추방으로 인해 가족과 분리되는 것은 유럽인권협약 제8조에 위배되는 것으로 본다. 동 협약은 제8조 제2항에 국가가 개인의 가정생활에 개입할 수 있는 요건을 규정하고 있는데, 첫째 추방의 절차가 법률에 합치되어야 하고, 둘째 추방의 목적(국가안보, 공공안전, 국가의 경제적 복리, 질서유지, 범죄방지, 보건, 도덕의 보호, 다른 사람의 권리와 자유의 보호)에 부합되어야 하고, 셋째 추방조치가 민주사회를 위해 필요한 경우라야 한다. 유럽인권협약도 불법체류자의 추방처럼 당사국의 법률에 합치할 경우 국가가 가정생활에 개입하는 것을 인정하고 있다.

추방문제는 국가의 주권에 해당하지만 사적 권리인 가족결합권도 존중되어야 하므로 국제인권관련조약은 국가와 부모가 가족결합권이 지켜질 수 있도록 서로의 노력을 강조하고 있다. 그러나 가족결합권은 체류국의 적법한 절차에 따라 가족이 결합되는 것을 의미하는 것이지 가족결합권을 이유로 체류국의 법을 개정해 불법체류를 합법화시키라는 의미는 아니다. 왜냐하면 미등록 이주자가 자녀를 데

 한국인의 이주노동자와 다문화사회에 대한 인식

리고 본국으로 귀국할 경우 당사자는 불법체류 신분에서 벗어날 수 있을 뿐만 아니라 '아동권리협약'에 명시된 가족결합권인 부모와 살 권리(제7조)와 이름과 국적을 가지고 부모로부터 양육될 권리(제7조)의 제약이 해소될 수 있기 때문이다. 특별한 이유로 생명의 위협을 느껴 귀국이 힘든 경우 따로 난민 신청이 가능하기 때문에 법무부에서 실시하는 강제퇴거조치가 가족결합권을 위배한다고 보기는 어렵다.

(4) 이주아동의 '자녀의 권리'를 위한 국적 회복

인권차원에서 이주아동을 도울 수 있는 방법은 '아동권리협약'에 규정된 교육권, 건강권과 같은 사회권을 보장하고 무엇보다 중요한 국적을 회복시켜 이들이 무국적자가 되는 것을 막고 자신의 법적인 권리를 보호할 수 있도록 도와주는 일이다. 이는 아동권리협약 제7조에 명시되어 있는 자녀의 권리로 "모든 아동이 이름과 국적을 가지고 부모가 누구인지 알고 부모에게 양육받을 권리"이며 이주노동자권리협약도 제29조에 "이주노동자의 자녀는 성명, 출생의 등록 및 국적에 대한 권리를 갖는다."라고 명시하고 있다.

국적을 회복하는 것은 그 동안 제도권 밖에 방치되었던 미등록이주아동을 제도권 안으로 수용해 아동권리협약에 명시된 '아동권'을 보장하는데 기초가 된다. 제대로 된 외국인등록증이나 주민등록증이 있어야 기본적인 사회보장제도의 이용도 가능하기 때문이다. 그러나 현실에 있어서 이주아동은 불안정한 신분 때문에 노출을 꺼려해 정확한 숫자조차 파악하기 힘들다. 한국에 들어온 이주아동이 얼마인지, 태어난 아이가 얼마나 되는지, 얼마나 많은 아이들이 출생신고를 못해 무국적자로 살아가는지 전혀 알 수 없다. 다만 출입국통계연보, 과학기술부, 각 지방자체단체의 관련 통계, 대사관에 등록된 국내출생자 수, 입국한 미등록 이주아동의 수의 통계, 대한의사협회에 집계된 국내 출생 미등록이주아동에 대한 통계 등에 부분적으로 드러나고 있으나 전체 집계는 불가능한 상황이다. 아래의 집계는 여러 부처에서 통계를 조합해 대충이나마 그 수를 추산해 놓은 것으로 18세 이하 이주아동의 수는 약 2만 명 내외로 예상하고 있다.

〈표 5-16〉 미등록 이주아동 수 추계 (단위: 명, %)

구 분	아동, 청소년 수
24세 이하 체류외국인 아동, 청소년	199,336
24세 이하 장기체류 아동, 청소년	153,900 (77.2)
24세 이하 단기체류 아동, 청소년	45,436 (22.8)
24세 이하 불법체류 아동, 청소년	22,092 (11.08)
18세 이하 체류 아동	50,787
18세 이하의 장기체류 아동	39,208 (추정치) (153,900의 77.2)
18세 이하 불법체류 아동	5,623 (법무부 추정치) (50,747의11.08)
6세 18세 초, 중등교 학령기 아동	34,402
6세 18세 장기체류 아동	26,558 (추정치) (34,042의 77.2)
한국내 외국인학교(초 · 중등교)재학생	7,397 (2008. 9. 1.)
한국학교에 재학 중인 외국인 아동	1,209 (2007. 4)
학교에 다니지 못하는 장기체류아동	17,950 (추정치)

출처: 김성천(2009).
주: 2007년. 외국인 출입국 정책 통계연보. 교육과학기술부. 학교제도기획과. 잠재인력과; 2009년, 3월. 교육부, 법무부에서 김동성 국회의원실에 제출한 자료를 조합해 김준식 정리.

이주아동의 자녀로서의 권리는 차후 신분을 올바로 보장받을 수 있는 법적 근거가 될 뿐만 아니라 자신의 의사와 상관없이 한국에서 외국인으로 살아가며 이주아동이 겪게 되는 혼란을 극복하고 정체성을 확립하는데 도움이 될 수 있다. 그러므로 한국 정부는 이주노동자를 파견하고 있는 각국 대사관에 협조를 요청해 한국에서도 출생 등록이나 서류상에 기록된 부모가 아닌 자신의 친부모가 올바로 기재될 수 있도록 도와주어야 한다. 물론 이 과정에서 이주아동의 부모가 체류불적격자로 적발되더라도 면제권을 부여해 적어도 이주아동이 '자녀의 권리'를 회복할 수 있도록 관계당국의 협조와 노력이 필요하다. 단순히 인도적 차원에서 뿐만 아니라 적어도 '아동권리협약'을 비준한 한국에서 이주아동이 무국적자가 되어 자신의 권리를 지키지 못하는 일은 없어야 하기 때문이다.

5) 다문화적 소수집단에 대한 한국인에 인식과 제도적 개선방안

(1) 다문화적 소수집단에 대한 한국인의 인식

다문화적 소수집단에 대한 한국인의 인식은 대체로 긍정적이고 포용적인 것으로 나타났다. (사)아시아인권센터의 설문조사에 따르면 한국인은 이주노동자가 한국경제에 기여하고 있다고 생각하며 노동권과 같은 정당한 법적 권리를 부여하고 이들의 인권을 증진시키는데 대부분 찬성하고 있다. 또한 다문화적 소수집단의 문화적 다양성을 인정하고 있으며 이들이 자신의 문화와 언어를 유지하는데 관용적인 태도를 보인다. 한국의 국적법은 속인주의에 바탕을 두고 있지만 속지주의도 국적취득의 정당한 조건으로 인식해 부모가 외국인이라도 한국에서 태어난 아이에게 국적을 허용하는데 대체로 찬성하는 입장이다.

그러나 한국인은 다문화적 소수집단에 대해 이주목적, 출신지, 법적 지위에 따라 차별적으로 인식하는 경향이 강하다. 동 설문조사에서 한국인은 저개발국 생산직 이주노동자의 유입보다 투자자, 고급 외국인력, 선진국 출신 외국인의 유입을 더 선호하였다. 한국의 법과 제도에 대한 선호도 분명해 합법적인 이주노동자에 대해 영주권과 가족동반권을 부여하는데 찬성하였다. 그러나 미등록 이주노동자에 대해서는 거주지 불결, 범죄율 증가 등과 같은 부정적인 인식이 많아 즉각적인 귀환조치를 실시하고 능력이 있더라도 합법화에 반대하는 입장이 우세하였다. 한국인은 이주노동자의 유입을 허용하지만 장기 체류보다는 단기적이고 순환적인 체류정책을 선호하며 사회적 비용과 부담이 예상되는 결혼이민자나 북한이탈주민의 유입에 대해서도 부정적인 인식이 강했다.

가 다문화적 소수집단에 대한 한국인의 인식을 구체적으로 살펴보면 이주노동자는 한국사회에서 복합적인 위치를 차지하지만 나약하고 희생자적인 이미지가 강하다. 케빈 그레이(Kevin Gray, 2004)는 이주노동자들이 정부에게는 해결되어야 할 정책과제로, 중소기업에게는 저비용으로 노동력을 제공하는 자원으로, 시민사회에서는 한국과 세계경제의 야만적인 포디즘(Fordism) 생산체계에서 인권침해를 당하는 '희생자'로 간주되어 왔다고 평가한다. 여기에 외국인을 별로 경험하지 못했고 문화적 차이를 제대로 인식하지 못했던 "한국인의 무능함"은 이주노동자들의 어려움을 한층 가중시켰는데 이슬람교도 인 이주노동자를 돼지가죽 처리공장에 배치시켜 미등록 이주노동자 가 되게 했던 사례가 대표적이다. 이주노동자정책의 문제점이 드러나 고 이들의 인권침해가 언론에 보도되면서 한국인은 이주노동자들에 게 애처로움을 느끼는 한편 이주노동자를 '저급계층(underclass)'과 '희생자'로 인식하게 된 것이다.

한건수(2003)는 이를 주변에서 이주노동자를 한 번도 경험하지 못 한 한국인이 이주노동자를 "관념적 타자"로 만드는 과정이라고 말 하며, 이런 인식이 이들의 정체성을 왜곡시킬 수 있다고 지적한다. 그레이(2004)의 지적처럼 이주노동자는 경제적으로 최하층에 있는 사람인 동시에 "자신의 모국에서 보다 상향으로 이동하는 계층을 대 표"하는 사람들이다. 그들은 한국인의 인식에 도전해 스스로의 지위 를 바꾸기 위해 주체적으로 행동해 왔고 한국사회가 그려내는 이미 지와 다른 면도 지니고 있다. 한건수(2003)는 그 예로 아프리카 출신 의 이주노동자를 드는데 이들은 자신을 노동자가 아닌 "사업가 (entrepreneur)"로 여기며 한국에 적응하고 있고 가족이나 자신의 사 업을 구상하면서 여가시간을 보낸다고 한다. 그가 인터뷰한 나이지 리아 이주노동자에게서 희생자의 모습을 찾아볼 수 없다. "내가 1997년 한국에 왔을 때 한국은 내게 새로운 비전을 열어주었어요. 전에 내가 나이지리아에 있었을 때 나는 눈앞에 닥친 삶에만 급급했 어요(short vision). 하지만 한국에 와서, 한국은 내게 보다 넓은 삶의 비전을 보여주었고, 산업사회에서 내가 어떻게 살아야 하는지를 가 르쳐 주었어요(한건수, 2003: 334)."

한국인은 결혼이민자들에 대해서도 고정된 이미지를 갖고 있으며 이들의 출신국과 한국어 실력에 따라 차별적으로 인식하는 경향이 있다. 가난한 나라에서 한국으로 이주해 온 저개발국 출신 결혼이민자는 동정이나 멸시의 대상이 된다. 일본 출신 결혼이민자(8.8%)보다 필리핀 여성(45.7%)과 베트남 여성(40.1%)이 더 많은 차별을 받은 것으로 조사되었고(설동훈 외, 2006) 동포가 많아 한국어 능력이 더 우수한 러시아와 중국 조선족 출신 결혼이민자들이 필리핀 출신 결혼이민자보다 차별에 대해 더 심각하게 인식하는 경향이 있다(최운선, 2007). 같은 국가 출신 결혼이민자라 할지라도 연령대, 학력, 체류경로, 이주경로에 따라 배경이 다른데 저개발국 출신이라는 이유만으로 모두 동일하게 대우하는 것은 한국인의 출신국에 대한 차별적인 인식을 보여주는 것이다.

다문화가정의 자녀들에 대해서도 전형화된 이미지가 형성되고 있다. 일반적으로 다문화가정의 자녀들은 미숙한 한국어 능력으로 인해 학습에 곤란을 겪기 때문에 학업성취가 낮은 학생으로 그려진다. 다문화가정의 자녀들을 다룬 기사도 다문화가정의 자녀들이 학교생활에서 겪고 있는 어려움과 문제점에 초점을 맞추고 있다(중앙일보 2008/04/21). 그러나 박윤경·이수연(2009)의 연구에 따르면 다문화가정의 자녀들은 대부분 학교생활에 적응하는 데 큰 문제가 없다고 스스로 인식하고 있다. 이들은 '학교생활 만족도'와 '교사와의 관계'에서 일반가정 학생들보다 더 긍정적인 성향을 보이지만 '친구와의 관계'에서는 부정적인 인식이 더 강하다. 즉 다문화가정의 자녀들이 실제 어려움을 겪고 있는 부분이 학업보다는 학생들과의 관계에서 비롯되는 대인관계일 가능성이 더 많다는 것이다. 특히 대부분 한국

에서 태어난 결혼이민자의 자녀들이 겪는 어려움은 한국어 능력보
다는 피부색이나 어머니의 출신국에 따른 차별에서 비롯된 것이라
고 할 수 있다.

이와 같은 다문화적 소수집단에 대한 차별에 대해 한국인은 객관
적인 자기인식을 하고 있다. 앞서 (사)아시아인권센터의 설문조사에
서 응답자들은 다문화에 대해 개방적인 태도를 보이며 국가경쟁력
에 도움이 되는 것으로 인식하고 있지만, 문화적 다양성을 수용하는
데 어느 정도의 어려움과 한계를 예상하고 있었다. 유선호(2008)의
설문조사에서도 응답자들은 한국이 이미 다문화사회에 접어들었지
만 외국인에 대해 편견을 가지고 있으며 다문화적 소수집단 중에서
이주노동자를 가장 많이 차별한다고 답했다. 이를 개선하기 위해 정
부는 외국인에 대한 차별해소, 인권보호, 언어교육, 사회적응 및 통합교
육을 실시하고 국민들도 외국인에 대한 편견을 해소하고 문화적 차
이를 이해하려고 노력해야 한다고 대답했다. 이와 같은 결과는 다수
를 차지하는 한국인이 스스로의 편견을 인정하고 다문화적 소수집
단에 대한 인식의 변화와 개선의 필요성에 공감하는 것이므로 한국
인의 인식개선을 위한 구체적인 프로그램이 마련되어야 한다.

(2) 다문화관련 프로그램의 검토

다문화관련 프로그램의 방향은 정부의 공무원들이 다문화적 소수
집단을 어떻게 인식하고 있는지와 어느 정도 연관이 있다. 원숙연·
박진숙(2009)이 610명의 중앙정부 공무원을 대상으로 실시한 설문
조사에 따르면 중앙정부 공무원들은 다문화적상황의 불가피성을 인

정하고 사회적 다양성이 국가경쟁력을 증진하는데 기여할 것이라고 예상하고 있었다. 또한 단일민족에 대한 인식이나 국민됨의 조건의 측면에서 다문화적 상황에 대해 수용적인 태도를 보여 주었다. 이들이 선호하는 외국인의 이주는 고급노동이주, 생산직노동이주, 결혼이주, 민족이주의 순으로 사회적 기여 정도에 근거하고 있어 일반인들과 별다른 차이가 없었지만, 동화 →차별/배제→다문화 순으로 이주민의 동화에 대한 선호가 높은 것으로 조사되었다. 이와 같은 공무원들의 성향은 다문화관련 프로그램에도 그대로 반영되어 <표 5-17>에서 보듯이 포섭과 배제의 정책지향성과 동화주의에 기초해 국익을 수호하고 사회통합을 증진하는 방향으로 다문화프로그램이 실시되고 있다.

〈표 5-17〉 부처별 다문화관련 사업의 초점

	정책분야	주 정책고객(현재)	다문화사업의 초점
교육과학기술부	제도권 교육 인적자원개발	이주민포함 가정의 2세대와 그 부모	교과학습부진 지원 학습능력 향상을 위한 환경조성
문화체육관광부	문화의식전반 문화와 예술	이주민, 이주민포함가정 및 그 자녀, 일반국민	다문화에 대한 인식제고, 이주 민 언어·문화적 적응 문화적 다양성 이해
법무부	출입국관리 국적 및 이민	입국 외국인 전체	법질서 수호를 통한 국가안정 이주민의 사회통합
보건복지가족부	가족복지 사회복지	이주민포함 가정 및 그 자녀	결혼이주여성의 사회적응 다문화가족의 복지증진
여성부	성평등 여성인권	(결혼)이주여성	이주여성의 인권증진 이주여성의 사회문화적 적응

주: 각 부처별 다문화사업의 초점은 관련 부처 발주 연구에 나타난 다문화정책 및 관련사업의 개념 정의, 연구범위, 연구의 내용을 참조. 조영달 외, "다문화교육정책수립을 위한 연구", 홍기원 외 "다문화사회의 문화적 지원방안 연구", 이유진 외, "다문화사회 기반구축을 위한 사회통합교육 프로그램 개발 연구", 평택대학교, "결혼이민자를 위한 생활안내", 김이선 외, "결혼이민자가족 지원서비스 효율화 방안 연구" 등
자료: 홍기원(2008).

정부가 다문화프로그램의 수혜자를 합법적인 이주자와 구성원에 한정시켜 국익과 사회통합을 이루는 데 중점을 두는 것과 달리 시민사회는 합법적인 외국인에 국한시키지 않고 미등록 이주노동자에게도 인도적 지원을 제공하며 이주민들의 생존권과 인권을 보호한다는 점에서 차이가 있다. 윤인진(2008)은 이를 "시민주도의 다문화주의"로 정의하는데, 이주민이나 미등록 이주노동자와 같은 소수집단을 지원하는 시민단체나 학자들이 추구하는 시민주도의 다문화주의는 이주민의 동화에만 초점을 맞추는 것이 아니라 국제결혼을 한 한국인 남편이나 아내를 대상으로 하는 프로그램도 실시하고 있다. 그 예로 외국인노동자센터나 시민단체에서 소규모로 진행하는 '다문화 캠프'와 같은 다문화체험 및 문화사업과 이주여성인권센터의 '아내 나라말 교육' 등을 들 수 있는데, 특히 외국인노동자대책협의회의 'Migrant Arirang Festival'은 이주노동자가 자신의 문화를 직접 소개하고 한국인이 함께 참여해 다양한 문화를 경험하는 장이 된다. 그러나 이와 같은 일부 프로그램을 제외하면 대부분의 시민단체의 프로그램도 이주민의 정착지원사업으로 이루어지고 예산이나 인력 부족으로 인해 지속성을 갖기 어려운 측면이 있다. 또한 정부지원을 받게 될 경우 정부정책에 대한 비판능력이 상실될 우려가 있고 일부의 급진적인 진보주의 성향은 국민의 공감을 얻기가 힘들다는 한계도 지닌다(윤인진, 2008: 93).

외국인뿐만 아니라 한국인을 대상으로 하는 다른 프로그램으로 이주노동자를 고용하고 있는 사업체에서 실시하는 교육이 있다. 고용허가제로 입국한 이주노동자들은 국내 기업에서 일하기 전 한국어, 한국문화, 관계법령, 산업안전, 기초기능 등과 같은 필요한 기본

교육을 받는다. 그러나 그 기간이 짧기 때문에 국내 기업에 근무하면서 한국사회에 잘 적응하기 위해 기술·기능 교육 외에 한국어와 문화와 역사와 같은 한국사회에 대한 이해를 높일 수 있는 교육이 필요하다. 오계택 외(2007)가 이주노동자를 고용하고 있는 업체를 조사한 결과, 조사대상 기업의 37.4%가 대부분 사업장에서 부정기적으로 한국어와 한국문화 적응교육을 실시하고 있었다. 또한 절반 정도의 사업장은 한국인 근로자에게도 이주노동자의 출신국의 문화를 이해시키기 위한 교육을 실시하는 것으로 조사되었는데, 이 교육도 자체적으로 이주노동자의 입사 당시(54%)에 부정기적으로 실시(43%)하고 있었다.

이주민관련 사회통합프로그램이나 다문화관련 프로그램들을 검토한 결과 주로 이주민의 적응과 한국사회의 동화에 주안점을 두고 이들의 정착을 지원하기 위한 프로그램이 대부분이었다고 볼 수 있다. 다문화프로그램의 특징을 구체적으로 살펴보면 첫째, 다문화프로그램은 주로 이주자를 대상으로 실시되며 대부분 합법적인 외국인이나 결혼이민자를 중심으로 이루어진다. 둘째, 다문화관련 프로그램의 내용은 이주자의 한국사회 적응에 초점이 맞추어져 있기 때문에 한국어교육이나 한국문화에 대한 이해가 대부분이었다. 셋째, 다문화 관련 프로그램은 문화적 다양성에 중점을 두고 있지만 정작 문화적 다양성에 대한 일반인들의 이해와 인식개선을 위한 구체적인 다문화관련 프로그램은 많이 부족했다.

(3) 다문화프로그램의 개선방향

(사)아시아인권센터의 설문조사에 따르면 대부분의 한국인은 외

국인을 직접 접하거나 대화를 해 본 경험이 거의 없으며 해외여행도 한 달 미만의 단기체류가 대부분인 것으로 조사되었다. 진정한 다문화사회의 실현은 다수집단이 소수집단을 배려하고 이해하여 이들을 사회구성원으로 수용할 때 가능하기 때문에 다문화프로그램은 다문화적 소수집단의 한국사회 적응을 위한 지원뿐만 아니라 새로운 이주민에 대한 한국인들의 인식을 개선하는 방향으로 실시되어야 한다. 특히 이주노동자, 결혼이민자와 그 자녀, 이주아동을 직접 접할 수 있는 사람들의 이해와 협조를 이끌어내는 것이 중요한데 그 이유는 다문화적 소수집단이 자신의 정체성을 형성하고 한국 사회의 구성원으로 성장하기 위해서 사회적 지원과 주변인들의 지지가 필수적이기 때문이다.

오계택 외(2007)에 따르면 한국인 근로자의 외국인에 대한 거리감은 10년 전과 비교해 전반적으로 많이 개선되었다. 그러나 외국인을 '자녀의 배우자로 찬성'하는 비율은 '동료', '이웃', '친구'로 보는 비율보다 현저히 낮아 국민으로 받아들이는 것에는 여전히 거부감을 가지고 있었다. 한국인 근로자의 48.5%가 이주노동자를 직접 접촉한 후 이들에 대한 인식이 바뀌었다고 응답해 외국인과 직접 접촉한 경험이 외국인에 대한 선입관이나 편견을 해소하는 데 도움이 된 것으로 보인다. 그러나 한국인 근로자의 80%는 오랜 시간 함께 근무했다 하더라도 가까운 친구로 생각하는 이주노동자가 한 명도 없다고 응답하였다. 이는 양적인 시간보다 질적인 측면에서 얼마나 서로를 이해하고 공감하는 것이 더 중요한지 단적으로 보여주는 예로 서로에 대한 문화적 차이를 이해하고 공통점을 확인하여 연대감을 형성할 수 있는 다양한 콘텐츠가 많이 개발될 필요가 있다.

학교에서 매일 함께 생활하고 있는 한국 청소년들이 다문화가정의 자녀와 이주아동을 대하는 태도는 차별이나 집단 따돌림의 가능성뿐만 아니라 다문화가정 아이들의 정체성을 확립하는 데 매우 중요하다. 양계민(2009)에 따르면 청소년들의 다문화적 소수집단에 대한 태도에 가장 큰 영향을 미치는 요소는 '현실적인 갈등요인'인 것으로 조사되었다. 즉 본인들에게 직접적으로 피해를 주기보다는 한국사회에 현실적, 상징적 실체에 위협요인으로 한국사회에 피해를 준다거나 제한된 자원을 빼앗아갈 수 있을 것이라는 인식이 다문화적 소수집단에 대한 태도에 있어 가장 큰 영향을 준다는 것이다. 특히 한민족 정체성은 소수집단에 대한 태도에 영향을 미치는 데 초등학생과 중학생의 태도에는 긍정적인 영향을 주었지만 고등학생의 경우 한민족 정체성이 높을수록 다문화적 소수집단에 대해 더 거리감을 느끼는 것으로 나타났다. 따라서 양계민(2009)의 제안처럼 청소년들의 인식개선을 위해 다문화적 소수집단의 유입이 한국사회에 어떻게 긍정적인 기여를 하는가에 초점을 맞추어 교육을 실시하고 한민족 정체성이 청소년들에게 어떤 영향을 미치는가에 대해 좀 더 심도있는 연구가 필요하다.

(사)아시아인권센터이 설문조사에 참여한 응답자 중 과반수가 외국을 방문한 경험이 있다고 응답했지만 이들 대부분은 한 달 미만의 비교적 짧은 외국체류 경험밖에 없는 것으로 조사되었고 외국인과 대화나 교류를 해 본 경험도 거의 없었다. 그럼에도 불구하고 이들이 이주노동자나 미등록 이주노동자의 애로사항에 대해 잘 이해하고 있는 것으로 볼 때, 한국인의 외국인에 대한 인식은 주로 매스미디어가 전달하는 정보나 지식을 통해 형성되었을 것으로 추측할 수 있다.

 한국인의 이주노동자와 다문화사회에 대한 인식

그런데 드라마나 쇼를 통해 그려지는 이주노동자의 모습은 3D업종에 근무하는, 가난한 나라에서 온 '순종적'인 '희생자'가 대부분으로 한국인과 동일한 노동권을 지닌 노동자의 모습이 아니다. 결혼이민자도 '순종적이고 착하며 시부모를 잘 모시는 여자'로 남성 위주의 가부장적 질서에 맞는 '상품'처럼 그려지는 경우가 많다(김경희, 2009; 마정미, 2010). 그러므로 이주노동자와 결혼이민자를 동등한 권리와 의무를 지닌 사회구성원으로 인식해 이들의 주체적인 면모를 좀 더 부각시키고 한국인들이 타문화에 대해 이해하고 배우는 간접 경험의 장을 확대시킬 수 있는 프로그램이 필요하다. 특히 한국에 체류하고 있는 이주노동자와 결혼이민자가 대부분 아시아 국가들임을 고려해 이들 국가에 대한 더 많은 정보를 제공하여 한국인과 다문화적 소수집단의 상호이해를 높여 나가야 하겠다.

(4) 다문화정책과 수혜대상의 제도적 개선

정부의 다문화정책은 새로운 이주민을 동화주의에 기초해 포섭과 배제라는 이분법적 기준으로 차별적으로 시행한다는 비판을 받아왔다. 그러나 실제에 있어서 각 정부부처가 다문화정책의 대상과 수혜자를 다르게 규정하고 있어 오히려 문제가 발생할 여지가 있다. 결혼이민자는 한국인의 배우자로 한국 국적을 취득할 수 있어 잠재적인 한국인으로 간주되며, 그 자녀 역시 한국 국적자로 '다문화가족지원법'의 수혜대상이 된다. 외국인으로서 '재한외국인처우기본법'의 적용을 받는 이주노동자는 사증에 따라 체류기간과 근무지의 변경 등을 다르게 적용 받는다. 이주노동자의 자녀도 한국에서 태어났다 할

지라도 부모의 국적에 따라 외국인이 되므로 '다문화가족지원법'의 대상이 될 수 없다. 북한이탈주민은 대한민국 헌법에 한국의 영토가 "한반도와 그 부속 도서"로 규정되어 있기 때문에 한국인으로 간주된다. 이들의 정착과 지원은 '북한이탈주민의 보호 및 정착지원에 관한 법률'을 바탕으로 이루어지므로 다문화정책의 대상이 아니다.

다문화가족의 정의와 그 수혜대상은 '다문화가족지원법'에 규정되어 있지만 현재 광범위하게 사용되고 있는 '다문화가정'이란 용어는 정책주체와 연구자에 따라 포괄하는 범위가 상이하게 규정되어 있기 때문에 혼란을 야기할 수 있다. '다문화가족지원법'에 따르면 다문화가정은 한국인과 결혼한 결혼이민자와 그 자녀, 귀화허가를 받거나 국적을 취득한 외국인 가정으로 부나 모 중 한쪽이 한국인으로 이루어진 가정을 말한다. 그러나 교육인적자원부는 다문화가정의 범위를 "우리와 다른 민족·문화적 배경을 가진 사람들로 구성된 가정을 통칭"하는 것으로 정의하여 외국인인 등록 또는 미등록 이주노동자와 그 자녀인 이주아동까지 대상에 포함시키고 있다(교육인적자원부, 2006). 또한 교육인적자원부는 북한이탈주민까지 포함시켜 다문화가정의 범위를 더욱 확대시키고 있는데, 보건복지부 산하 무지개센터도 다문화관련 프로그램에 결혼이민자와 그 자녀, 이주노동자, 이주아동, 북한이탈주민까지 포함시켜 다문화가정을 포괄적인 개념으로 보고 있다(조영달 외, 2006).

다문화가정의 범위에 대한 일관되지 않은 정의는 서로 다른 사회·문화적인 배경을 지니기 때문에 실제로 겪는 어려움도 다를 수밖에 없는 서로 다른 다문화가정을 동일한 집단으로 분류함으로써 이들에 대한 실효성이 있는 정책을 실시하기 어렵게 한다. 예를 들어 조영달 외(2006)의 연구에서 보듯이 다문화가정의 자녀로 동일하게 간주되지만 결혼이민자의 아동은 학교생활에서 '뒤처지고' 있고, 이주노동자 가정의 자녀는 '방치'되고 있으며, 북한이탈주민 가정의 자녀는 '탈락'되는 사례가 많다. 결혼이민자와 이주노동자의 자녀는 가정배경, 언어, 종교, 사회 계층 등에서 다양한 특성을 지닌 이질적인 집단이므로 학교생활도 다르게 전개될 수 있다. 결혼이민자의 자녀는 대부분 한국에서 태어나 자랐기 때문에 일상적인 학교생활에 적응하는 데 큰 문제가 없지만, 외국에서 태어나 자라다가 한국으로 이주한 이주노동자의 자녀는 외국인으로서 자신의 본국과 다른 언어와 교육체제로 인해 적응에 어려움을 겪는다.

무엇보다 다문화가정에 대한 부정확한 구분은 다문화가정 자녀의 정체성의 확립과 한국인의 인식에도 혼란을 야기할 수 있다는 점에서 문제가 될 수 있다. 다문화가정의 자녀가 스스로에 대해 올바른 정체성을 확립하는 것은 장차 그 사회구성원으로 살아가기 위해 무엇보다 중요한데, 이런 정체성은 주변의 시선에 영향을 많이 받기 때문이다. 국적상 한국인임에도 불구하고 피부색이 다르다는 이유로 결혼이민자의 자녀를 외국인으로 간주해 차별함으로써 이들이 자신의 정체성에 혼란을 느끼게 하는 것은 바람직하지 않다. 한국인으로서의 정체성이 제대로 확립되지 못해 낮은 자아감을 가지고 주변인으로 살아갈 수 있기 때문이다. 반대로 몽골에서 온 이주노동자의 자녀를 단지 외모가 비슷하다는 이유로 한국인으로 간주하는 것도 역시 외국인으로서 이들의 정체성에 혼란을 초래할 수 있다. 거주국인 한국에 대한 동경으로 한국인이 되길 바라며 자신의 조국을 부끄러워하고 민족적 정체감까지 상실할 우려가 있기 때문이다(배은주,

2007). 그러므로 정부 부처는 다문화가정에 대한 통일되고 일관성
있는 개념을 재정립하고, 더불어 현재 다문화가정이란 이름으로 동
질적인 집단으로 간주되고 있는 다양한 이주민들을 세분화시켜 이
들에게 필요하고 실효성이 높일 수 있는 정책을 마련해야 한다.

 소결

오늘날의 한국 사회에는 민족정체성과 시민의식의 경계에서 고정되지 않고 변해가는 한국인의 국민정체성, 북한이탈주민과 재외동포를 통해 요구되는 한국의 역사적 특수성에 대한 이해, 결혼이민자나 이주노동자가 보여주는 이주의 초국가적인 성격, 인간의 보편적인 인권을 실현하고자 하는 열망 등이 중층적으로 결합되어 나타나고 있다.

본 장에서는 한국에서 살고 있는 다문화적 소수집단에 대한 정책을 한국인에 대한 인식에 기초한 포괄적인 다문화정책이라는 개념으로 살펴보았다. 한국에 사는 다문화적 소수집단 가운데 이주노동자, 결혼이민자, 다문화가족의 자녀, 이주아동에 대해 인권적인 차원에서 현실과의 절충점을 찾아봄으로써 다수집단인 한국인과 다문화적 소수집단의 공존을 모색해 보고자 한 것이다.

한국의 다문화정책이 수립되는 과정에는 현장에 있는 시민사회 활동가, 연구자, 각 부처 공무원, 입법부와 사법부까지 다양한 주체들이 참여하고 있다. 그러므로 정책에서 파생되는 여러 문제를 접근하는 데 있어 서로의 입장이 달라 의견충돌이 발생할 수밖에 없다. 또한 다문화정책을 논의하는 과정은 다양한 사람들의 권리를 보호하고자 하는 인권을 국가의 정책에 어떻게 수용해야 하는지에 관한 것이다. 이주아동의 문제에서 살펴본 바와 같이 인간의 기본적인 권리와 인간이 모여 만들어진 정치적인 합의체인 국가의 주권은 이미 다양한 영역에서 충돌을 일으키고 있다. 인권은 국경은 넘고 있지만 주권은 국가의 영역 안에 있기 때문이다.

여기에서 다룬 다문화적 소수집단은 그동안 민족국가의 틀에 갇혀 있었던 한국인의 지평을 '이주'를 통해 다른 나라와 연결시켜 주고 있다. 이런 측면에서 국경을 초월한 다문화적 소수집단에 대한 정책은 더 폭넓은 시각과 높은 인권의식을 필요로 하게 되었고 고려해야 할 부분도 훨씬 다양해졌다. 오늘날의 한국 사회에는 민족정체성과 시민의식의 경계에서 고정되지 않고 변해가는 한국인의 국민정체성, 북한이탈주민과 재외동포를 통해 요구되는 한국의 역사적 특수성에 대한 이해, 결혼이민자나 이주노동자가 보여주는 이주의 초국가적인 성격, 인간의 보편적인 인권을 실현하고자 하는 시민사회의 열망 등이 중층적으로 결합되어 나타나고 있다.

한국인은 다문화주의와 단일민족을 배타적인 것으로 인식하지 않지만 다문화 수용능력에 일정한 한계를 느끼고 있다. 다양한 인종과 민족에 대한 한국인의 사회적 거리감은 많이 좁혀져 다문화를 민족동질성과 국민정체성을 위협하거나 도전하는 것으로 인식하지 않지만 다문화 수용성에 있어서 소수인종집단에게 권리를 부여하는 것에는 소극적이다. 이와 같은 다문화 수용에 대한 한국인의 이중성은 현재 다문화 사회를 지향하는 한국의 정책적 선택과도 어느 정도 일치하고 있다. 내국인의 수요와 이주민이 결합되는 방식으로 이주노동자와 결혼이민자 정책이 탄생했고, 이 과정에서 정책입안 당시 생각지 못했던 미등록 이주노동자, 이주아동, 그리고 상업화된 국제결혼중개업의 피해자들이 생겨났다. 이와 같은 문제가 쉽게 해결되지 못하는 이유는 각 제도 안에서 이와 같은 한국인의 이중성이 서로 충돌하고 있기 때문이다.

한국사회에서 다수를 차지하는 한국인의 국민정체성에 대한 인식은 조금씩 변화하고 있다. 한국인이 생각하는 한국인의 조건이 혈통에 근거한 민족에 제한되지 않는다는 것이다. 이제 한국인의 국민정체성은 국민과 민족을 구분해서 인식하고 있으며 혈통이나 문화와 같은 종족적 요인뿐만 아니라 법이나 정치와 같은 시민적 요인 모두 중시한다. 한국인의 의식이 서서히 다문화시대를 향해 나아가고 있는 것이다. 본 연구를 통해 다문화적 소수집단과 다수집단인 한국인을 포괄하는 넓은 개념의 다문화정책을 실시하기 위한 방법론적 측면에서 얻을 수 있는 정책적 함의는 다음과 같다.

다문화적 소수집단에 대한 정책을 효과적으로 수립하기 위해서는 '이주'의 초국가적인 성격을 보다 깊이 이해할 필요가 있다. 국가의 경계를 넘어 이주해 오는 외국인들로 말미암아 발생하는 문제는 더 이상 한 국가의 법이나 정책만으로 해결하기에 어렵기 때문이다. 이주노동자정책은 본국에서 일어나는 송출비리에 대한 규제나 감독이 없이 올바로 시행되기 힘들고 결혼이민자도 결혼중개과정에서 브로커로 인한 인신매매를 막지 못한다면 자유로운 의사결정에 따른 건전한 혼인을 기대하기 힘들다. 송출비리로 인해 남게 되는 미등록 이주노동자와 브로커를 통해 유입되고 있는 이주아동도 마찬가지로 모두 초국적인 범위에서 이루어지고 있다.

이와 더불어 앞으로 다문화정책은 더욱 복잡해지고 다양해질 가능성이 크기 때문에 단기적인 관점보다는 중·장기적인 관점에서 다수집단과 소수집단들의 상호이해와 합의를 바탕으로 하나씩 정책을 수립해 나가는 것이 바람직하다. 학계에서는 학문과 학문의 벽을 허물고 다양한 연구자들이 모여 소통하고 새로운 방법을 모색하는 학제 간 연구가 진행 중이다. 앞으로의 다문화정책은 소속 기관의 논리나 이익을 초월해 소통하고 교류하여 의견차를 좁혀 합의에 이를 수 있는 열린 정책주체들의 참여를 요구하고 있다. 왜냐하면 다문화적 소수민족들은 더 이상 손님이 아니라 이제 우리와 함께 삶을 공유하는 주민으로 거듭나고 있기 때문이다.

06

결론

한국사회는 앞으로 인종, 민족, 문화 등의 면에서 **다양성이** 더욱 증대될 것이고, 이런 다양성을 어떻게 관리해서 국가로서의 통합을 유지하느냐 하는 것이 중대한 국가과제로 부상할 것이다. 이런 상황에서 복수의 문화집단들 간의 공존을 통해서 국가통합을 이루고자 하는 이념과 정책으로서 다문화주의는 피할 수 없는 선택이라고 생각한다. 따라서 앞으로 우리가 고민하고 해답을 찾아야 하는 것은 다문화주의를 받아들인 것인가 말 것인가가 아니라 어떤 다문화주의를 실현할 것인가이다.

 요약

이주노동자는 사회문화적 측면에서도 한국사회에 큰 영향을 미쳤다. 이주노동자들이 많이 거주하는 서울 일부 지역과 수도권 및 지방에서는 이들의 집단 거주지역이 생겨났고 주변상권이 이들을 중심으로 형성되는 경향을 보이고 있다.

한국에서 이주노동자는 경제적 측면에서 중소업체 제조업 분야의 인력난을 해소하는 데 일조하고 있다. 외국인력이 점진적으로 증가하면서 300인 이하 사업장에서 부족한 생산직 인원의 문제가 점차 해소된 것으로 알려졌다. 또한 중소업체를 대상으로 한 설문조사에서도 인력부족 현상을 타개하기 위해 외국인력을 활용한다는 것이 밝혀졌다. 특히 사업체의 규모가 작을수록 인력부족률이 높고 이를 타개하기 위해 외국인력을 보다 적극적으로 활용하는 것으로 나타났다.

이수노농자는 사회문화적 측면에서도 한국사회에 큰 영향을 미쳤다. 이주노동자들이 많이 거주하는 서울 일부 지역과 수도권 및 지방에서는 이들의 집단 거주지역이 생겨났고 주변상권이 이들을 중심으로 형성되는 경향을 보이고 있다. 외국인 거주지를 중심으로 지역경제가 활성화되고 외국인과 원주민간의 경제적 공생관계가 발전하고 있다. 예를 들어, 경기도 안산시 원곡동에는 현재 39개국 3만 5천

여 명의 외국인들이 집단 거주하고 있는데, 이 지역에서는 임금 노동
자뿐만 아니라 투자이민자와 무역상들도 등장하고 있다. 특히 가나
와 나이지리아 노동자들은 중고자동차, 자동차 부품, 액세서리, 자수
직물 등의 상품을 본국에 수출하는 등 한국과 아프리카 간의 국제무
역에 일조하고 있다. 국내 외국인 중 최대 집단인 조선족 동포는 구
로구 가리봉동, 영등포구 대림동, 광진구 자양동에 거주하고 있는데
낮은 가격의 월세에 주로 살면서 새로운 경제공동체를 발전시키고
있다.

　이주노동자는 한국의 이민정책과 다문화정책이 발전하는 데 단초
를 마련하였다. 1980년대 당시 이주노동자들은 노동자로서의 권리
를 인정받지 못하고 임금 체불, 산업재해, 폭행 등의 문제를 안고
있었다. 미등록 노동자들은 자신들이 입은 피해를 구제받기 위해 노
동부에 진정을 하거나 경찰에 신고했을 때 자신들의 불법체류 사실
이 알려져 강제로 출국당하는 경우도 발생했다. 법적, 정치적으로
불리한 위치에 놓인 이들의 권익 보호를 위해 한국의 이주노동자
단체들이 이주노동자 운동을 벌이게 되었다. 이주노동자 단체들은
이주노동자들이 부당하게 인권침해를 당하는 보호받아야 할 존재로
인식되는 데 크게 기여하였다. 참여정부에서는 정부와 시민단체들
간의 정책 협력 네트워크가 활발해져서 시민단체들의 비전과 목표
들이 정부 정책에 상당 부분 반영되었다. 한 예로, 외국인정책의 체
계적 수립 및 추진을 위해 '재한외국인처우기본법'이 제정되어 2007
년 7월부터 시행되었고, 이민정책의 총괄 부서로 법무부 출입국·외
국인정책본부가 확대 개편되었다. 그리고 교육부, 여성부 등을 중심
으로 결혼이민자와 그 자녀의 교육 및 복지를 위한 다문화가족정책

들이 개발되기 시작했다. 따라서 한국의 다문화정책은 시민단체들이 이주노동자들의 권익보호를 위해 시작한 이주노동자운동이 사회적 지지와 공감을 얻자 정부가 외국인정책으로 확대한 것으로 볼 수 있다.

이주노동자가 한국경제와 사회에 미친 영향에도 불구하고 대부분의 한국인은 이주노동자에 대해서 상당히 피상적인 인식과 태도를 갖고 있는 것으로 밝혀졌다. 이주노동자와 다문화사회에 대한 한국인의 의식조사 결과에 따르면 대부분의 한국인은 이주노동자문제에 대해서 별로 관심이 없는 것으로 나타났다. 그리고 외국인과 대화하거나 교류한 경험이 미미한 수준으로 나타났다. 이주노동자와 접촉경험이 적기 때문에 이들로 인한 취업이나 소득 면에서 피해를 받았거나 받을 가능성에 대해서 크지 않은 것으로 인식하고 있다.

또한 한국인은 외국인의 출신국과 이주목적에 따라 차별적으로 대우하는 것으로 밝혀졌다. 전문기술직과 선진국 출신 이주노동자의 증가는 찬성하지만 생산직과 개발도상국 출신 이주노동자의 증가는 반대한다. 그리고 외국인 사업가ㆍ투자가, 외국인 유학생의 증가는 찬성하지만 국제결혼이주여성과 북한이탈주민의 증가는 반대한다.

그리고 한국인은 외국인이 법적 지위에 따라 상당히 차별적인 인식을 하고 있다. 합법적 이주노동자에 대해서는 전반적으로 긍정적으로 인식하고 있고, 이들에게 노동법적 권리, 가족을 데려올 권리, 영주할 권리가 주어져야 한다고 인식하고 있다. 이들이 내국인의 임금을 줄이거나 일자리를 뺏거나 주거환경을 더럽히거나 범죄율을 높인다고 생각하지 않는다. 그러나 근로계약이 종료되면 본국으로 돌아가야 하는 것으로 인식하고 있다.

 한국인의 이주노동자와 다문화사회에 대한 인식

미등록 이주노동자에 대해서는 대체로 부정적인 인식이 많은데, 이들에게 합법화, 노동법적 권리, 가족을 데려올 권리를 주어서는 안 된다고 인식하고 있다. 또한 즉각적인 본국송환을 찬성하고 입금 금지를 위한 강력한 정부 조치를 찬성한다. 이들이 한국경제에 미치는 영향(예를 들어, 본국송금, 임금하락, 일자리 손실 등)에 대해서는 크게 우려하지 않지만 사회적 영향(예를 들어, 주거환경, 범죄율)에 대해서는 부정적인 인식을 하는 경향이 있다.

합법적 이주노동자들이 경험하는 제반 문제들에 대해 보통 수준 이상의 문제가 있다고 인식하고 있다. 언어장벽 및 문화적 차이가 가장 큰 문제이고, 다음으로 사회적 차별, 신분상의 불이익, 가난 또는 저소득, 건강 및 산업재해 등의 순으로 문제가 있다고 인식하고 있다. 상대적으로 취업은 가장 덜 심각한 문제로 인식하고 있다.

미등록 이주노동자들은 합법적 이주노동자들에 비교해서 더욱 큰 어려움을 경험하는 것으로 인식하고 있다. 신분상의 불이익이 가장 큰 문제이고, 다음으로 임금체불 및 폭행, 사회적 편견, 건강 및 산업재해, 언어장벽 및 문화적 차이, 가난 또는 저소득의 순으로 문제가 있다고 인식하고 있다.

한국에서 이주노동자의 역사가 짧기 때문인지 한국인은 이주노동자와 그 가족의 권리협약에 대해서 잘 모르고 있다. 그리고 한국이 이주노동자권리협약을 비준하지 않은 사실을 잘 모르고 있다. 그럼에도 불구하고 한국인의 반수 이상은 인권차원에서 한국이 곧바로 또는 5년 이내에 이주노동자권리협약을 비준해야 한다고 생각하고 있다.

이주노동자와 결혼이민자 등의 증가로 한국의 인구학적 다양성은 증가하였으나 한국인의 다문화 의식은 단일민족의식을 대체하기보다는 단일민족의식과 병렬적인 형태로 나타나고 있다. 한국인은 외국인 이주민의 증가로 인한 문화다양성을 긍정적으로 평가하면서도 타인종과 외국인이 완전하게 한국인으로 동화될 수 없다고 생각하고, 이들이 한국의 사회문화에 동화하는 것이 좋다고 생각하고 있다. 따라서 한국인은 다문화주의가 한국의 문화다양성을 높이는 면에서 긍정적으로 생각하지만 이것이 한국의 문화와 정체성을 변화시킬 만한 것으로 생각하지 않고 있다.

한국인은 아직 외국인에 대해서 관용적이고 온정적인 태도를 유지하고 있으나 앞으로 이런 태도가 지속될지는 의문이다. 만일 외국인의 규모가 급격히 증가하고, 이들이 내국인과 경제적으로 경쟁하고, 한국의 사회문화에 순응하고 동화하려고 하지 않을 때 한국인의 외국인에 대한 태도와 행동은 급격하게 부정적이고 공격적으로 변화할 가능성은 매우 크다.

결론

앞으로 외국인은 계속 증가하고 그에 따라 인종적, 민족적 다양성도 증대할 것이기 때문에 한국사회가 다문화사회로 이행하고 있다는 점은 부인할 수 없다. 저출산과 고령화로 인한 총인구와 경제활동인구의 감소는 앞으로도 지속할 것이고 지금과 같은 경제성장과 생활수준을 유지하기 위해 외국인력을 수입하는 것은 불가피할 것이다.

아직 외국인 주민은 한국 전체인구의 **2.3%**에 불과하고 정주 외국인은 그보다 훨씬 낮은 비율이기 때문에 현재 한국사회를 다문화사회라고 부르는 것은 시기상조일 수 있다. 그러나 앞으로 외국인은 계속 증가하고 그에 따라 인종적, 민족적 다양성도 증대할 것이기 때문에 한국사회가 다문화사회로 이행하고 있다는 점은 부인할 수 없다. 저출산과 고령화로 인한 총인구와 경제활동인구의 감소는 앞으로도 지속할 것이고 지금과 같은 경제성장과 생활수준을 유지하기 위해 외국인력을 수입하는 것은 불가피할 것이다. 그리고 노동이주자 말고도 결혼이주자 또는 유학생 등의 신분으로 입국해서 정주하는 경우도 계속 증가할 것이다. 이로 인해 한국사회는 앞으로 인종, 민족, 문화 등의 면에서 다양성이 더욱 증대될 것이고, 이런 다양성을 어떻게 관리해서 국가로서의 통합을 유지하느냐 하는 것이 중대한 국가과제로 부상할 것이다. 이런 상황에서 복수의 문화 집단들 간의 공존을 통해서 국가통합을 이루고자 하는 이념과 정책으로서 다문화주의는 피할 수 없는 선택이라고 생각한다. 따라서 앞으로 우리가 고민하고 해답을 찾아야 하는 것은 이민자를 받아들일 것인가 말 것인가가 아니라 어떤 이민자를 받아들일 것인가와 어떻게 이들을 사회에 통합할 것인가이다. 그리고 다문화주의를 받아들인 것인가 말 것인가가 아니라 어떤 다문화주의를 실현할 것인가이다. 그래서 앞으로의 국제이주와 다문화주의에 대한 논의는 원론적인 수준에서 벗어나 구체적이고 현실적인 문제들에 대한 실천적인 해법을 찾는 방향으로 전환되어야 할 것이다.

이와 관련해서 우리는 다문화주의에 대한 현재의 온정적이고 순진한 사고에서 벗어나 다문화사회의 위험성과 갈등의 측면에도 관심을 갖고 대비하는 자세를 가져야 한다. 우리에 앞서 많은 수의 이민자들을 받아들인 서구의 국가들이 인종갈등, 종교갈등을 겪고 있고 이민자들에 대한 주류집단의 편견과 차별, 증오범죄가 늘어나고 있는 현실을 주시해야 한다. 아직 한국에서는 이민자의 수가 적고, 한국사회에 위협이 되지 않기 때문에 이민자들에 대해서 관대하고 온정적일 수 있다. 그러나 이민자의 수가 커지고 내국인과 경쟁하고 한국 주류문화에 동화하는 것을 거부할 때 이민자들에 대한 한국인의 태도는 순식간에 부정적으로 바뀔 가능성이 있다. 이런 때를 대비해서 한국사회와 한국인의 다문화 수용성을 높이는 준비를 지금부터 해야 할 것이다. 이슬람교를 믿는 이민자가 자신의 종교적 신념 때문에 공공장소에서 히잡을 두르는 것을 수용할 것인지 말 것인지와 같이 구체적이고 현실적인 문제에 대해서도 일관된 원칙을 갖고 대응할 수 있도록 해야 할 것이다.

다문화시대에서 다수·주류집단과 소수·비주류집단 간에 공존을 모색하기 위해서는 국민의식의 변화와 정부의 적극적 조치가 뒤따라야 한다. 구체적으로 다음과 같은 노력들이 수반되어야 할 것이다.

첫째, 가장 최소한의 요건으로 법과 제도를 개선해서 다문화적 소수집단들에 대한 차별과 배제를 철폐하고 모든 사람들에게 자기개발의 동등한 기회를 보장하는 것이 필요하다. 이런 면에서 2007년 12월에 제정된 차별금지기본법은 사회적 약자와 소수자의 인권보호 수준을 향상하는 데 기여할 것으로 기대된다.

둘째, 단순히 차별을 금지하는 소극적 인권보호에서 나아가 소수집단의 문화권과 사회권을 보장하는 적극적 인권보호로 진전하는 것이 필요하다. 예를 들어, 다문화가정 자녀들이 학교에서 정상적인 교육을 받기 어려울 경우에 그들의 특성과 욕구에 적합한 교육을 받을 수 있는 권리를 인정하고, 그에 따라 정부가 필요한 지원을 제공하는 것을 의무화하는 방안이 모색되어야 할 것이다.

셋째, 법적으로 불법체류자이지만 실제로 한국사회의 구성원이고 지역사회의 생활인인 미등록 외국인의 문제를 외면하지 말고 현실적인 해결 방안을 적극 모색해야 할 것이다. 우리나라 국민이 아니고, 동포가 아니고, 합법 신분이 아니라는 이유로 인권보호의 사각지대에 놓여 있어서 교육과 의료와 같은 기본적 인권을 보장받지 못하는 미등록 외국인을 점진적이고 선별적인 과정을 거쳐서 합법의 테두리로 포용할 수 있는 방안을 모색해야 할 것이다. 이를 위해 외국의 사례를 검토해서 한국적 상황에 적합한 합법화 방안을 개발하는 것이 필요하다. 예를 들어, 미국 상원의 민주당 찰스 슈머(뉴욕), 공화당 린지 그레이엄(사우스캐롤라이나) 의원은 3월 18일 미국 내 1,080만 명에 달하는 불법체류자들에 대해 벌금 및 세금을 납부하는 조건으로 합법적 체류 신분으로 전환하는 조건부 영주권을 부여하는 내용의 이민법 개정안의 개요를 공개했다. 이에 앞서 민주당의 루이스 구티에레즈 하원의원은 2009년 12월에 불법체류자들에게 6년간 임시 영주권을 발급하고, 이후 영주권 신청이 가능하도록 하는 법안을 하원에 제출했다(권태호, 2010: 15). 이런 법안들을 참고해서 우리나라도 국내 거주 기간, 경제적 기여도와 향후 자립도, 한국어 능력과 및 한국문화 이해도, 기타 인도적 사유들을 고려해서 선별적으로 미등록 외국인들을 합법화하는 방안을 개발하는 것이 필요하다.

넷째, 다문화교육을 이주민뿐만 아니라 내국인들에게도 확장해서 다문화적 가치관과 생활양식을 일상생활에서 실천할 수 있도록 하는 것이 필요하다. 그리고 다문화교육의 목표는 단지 다문화적 지식과 가치관을 습득하는 것에 그치는 것이 아니라 인권, 민주주의, 사회정의, 평등, 환경 등과 같은 보편적 가치관을 형성하고 실천하도록 하는 것이 되어야 한다. 이를 통해 한국사회가 성숙한 민주사회가 되고 한국인이 민주시민과 세계시민으로 발전하는 계기로 삼아야 한다.

끝으로, 다문화적 사회환경에서 다수·주류집단과 소수·비주류집단 간의 사회연대와 공존의 새로운 논리를 개발해야 한다. 과거 인종적, 문화적 동질성이 강했던 시기에는 민족주의가 사회연대와 사회통합의 원리로 작동해서 국난 극복이 원동력이 되었지만 이제 영토, 종족, 문화, 국적 간의 불일치와 균열이 일어난 상황에서는 효용성이 떨어진 논리라고 여겨진다. 아무리 '열린 민족주의'를 지향해서 민족주의의 폐쇄성과 배타성을 완화한다고 하더라도 다문화적 소수자집단을 포용하기에는 역부족이라고 판단한다. 국적 취득, 한국 거주, 한국인 정체성과 같은 시민적 요인에 기반을 둔 국민정체성과 시민권(citizenship)은 결혼이민자, 다문화가족 자녀 등과 같은 소수자집단을 포용하는 데 유효할 수 있다. 실제로 한국관광공사 사장인 이참, 국제변호사 겸 방송인 로버트 할리, 탁구 국가대표 선수 당예서 등은 귀화를 통해 한국 국적을 취득하고 한국인으로 인정받은 대표적인 예이다. 그러나 이 역시 화교, 이주노동자, 유학생 등과 같이 한국사회의 실질적인 구성원들을 포용하는 데 한계가 있다.

국가를 틀로 한 '국민' 개념이 갖는 경직성과 배타성을 극복하는 방안으로 지역사회의 '주민' 또는 '생활인'의 개념을 도입할 필요가 있다. 이런 개념 하에서는 비국민인 외국인과 이주민은 법적 신분과 상관없이 해당 지역사회에서 정치, 경제, 사회, 문화적 실체로 인정받고 상응하는 권리를 보장받을 수 있다. 실제로 행정안전부는 2006년 10월에 거주외국인에 대한 지방자치단체의 지원 방안을 담은 '거주외국인 지원 표준조례안'을 마련하여 각 지자체에 전달하였다. 이 조례는 지자체가 해당 지역에 거주하는 외국인을 주민과 동일하게 대우할 수 있는 법적 근거를 마련한 것이다. 그러나 이 조례는 지원 대상에서 불법 체류 외국인을 제외함으로써 본래 '주민' 개념에서 외국인의 기본권을 보호하겠다는 취지에서 크게 후퇴하였고 보호와 지원이 가장 필요한 집단을 제외함으로써 인권, 평등, 사회정의의 원칙을 크게 훼손하였다. 따라서 현재의 거주외국인지원조례를 개정하거나 또는 외국인처우기본법을 개정해서 지역사회의 주민이면 누구나 인간의 기본적인 권리를 인정하고 행정지원을 받을 수 있게 하는 것이 필요하다. 만일 현 시점에서 지자체가 불법 신분의 외국인을 직접 지원하는 것에 대해 국민 여론이 우호적이지 않을 경우 지자체의 재정지원으로 시민사회단체 또는 종교단체가 지원하는 식의 역할분담도 가능할 것이다.

학교 현장에서는 이미 다문화가정 자녀들의 교육문제가 현실화되었으나 학교현장의 다문화교육 실현 역량은 아직 미흡한 형편이다. 다문화교육 역량을 갖춘 교사들이 부족하고, 다문화교육을 위한 교육과정과 교과서 및 학습자료, 교수-학습 방법 등이 충분히 개발, 보급되지 않고 있다(심봉섭 외, 2008). 또한 현장 교사들은 다문화교육의 정의, 내용, 목표, 방법 등에 대해서 잘 알지 못해서 도움을 필요로 하는 다문화가정 자녀들에 대한 효과적인 지도가 이루어지지 못하고 있다. 이런 문제들을 해결하기 위해서는 첫째, 다문화 감수성과 교육역량을 갖춘 교육인력을 양성해야 하고, 둘째, 다양하고 풍부한 다문화교육 콘텐츠를 개발해야 하고, 셋째, 다문화 거버넌스(governance)의 차원에서 다문화교육인력 양성과 관련한 정부와 민간의 효율적인 협력체계를 구축해야 한다. 보다 근본적으로는 우리나라 교육의 지향점을 국민윤리교육이 아니라 세계시민윤리교육으로 전환해야 한다. 세계시민윤리교육에서는 문화적 관용성과 배려, 소수자에 대한 문화권과 사회권의 중요성, 그리고 전 지구적 이슈(기후변화, 빈곤, 불평등, 인권 등)에 대한 공동체적 참여의식을 가르치는 것이 중요하다.

　다문화가정은 원래 '혼혈' 또는 '혼혈아'라는 용어가 갖는 부정적인 의미를 순화하기 위해 사용된 것으로 그 대상을 두고 논란이 있다.
'다문화가족지원법'에서는 한국인과 결혼한 결혼이민자와 그 자녀로 구성된 국제결혼 가정을 의미하여 외국인들로 구성된 가정은 지원 대상에서 제외된다. 다문화사회의 실질적인 구성원인 이주노동자, 유학생, 기타 외국인들의 인권을 보호하고 복지를 개선하기 위해서는 다문화가정의 범위를 혈통이 아닌 문화다양성에 맞춰 확대해야 한다.

참고문헌

고려대 한국사회연구소 · BK21갈등사회인재양성교육연구단. 2007. 「2007년 한국인의 갈등의식조사」.

국가인적자원위원회. 2007. 2006~20016년 인력수급전망. 국가경쟁력강화위원회 제7차 회의자료 (08/09/25) 비전문외국인력정책 개선방안.

국정홍보처. 2006. 「2006년 한국인의 의식·가치관 조사 결과표 및 설문지」.

교육인적자원부. 2006. 『다문화가정 자녀교육 지원 대책』. 교육인적자원부.

권태호. 2010. "미, 이번엔 이민개혁…불법체류 1080만명 웃을까." 「한겨레」, 4월 5일. 국제면 15쪽.

김경희. 2009. "텔레비전 뉴스 내러티브에 나타난 재한 이주민의 특성." 「한국방송학보」 23(3): 7-46

김두섭. 2006. "한국인 국제결혼의 설명틀과 혼인 및 이혼신고자료의 분석." 『한국사회학』 29(1): 25-56.

김성천. 2009. "국제인권기준에 비추어 본 한국의 이주아동의 권리 실태." 『이주아동권리보장, 어떻게 할 것인가?』 국회의원 김동성 정책토론회 자료집.

김상학. 2002. "소수자(Minority)에 대한 사회적 거리감과 적극적 조치(Affirmative Action) 적용에 관한 연구." 고려대학교 대학원 사회학과 석사학위논문.

______. 2004. "소수자 집단에 대한 태도와 사회적 거리감." 『사회연구』 1: 169-206.

김재련. 2008. "국제결혼을 통한 이주여성의 지위." 『가족법연구』 22(1): 91-122.

김정원·이혜영·배은주·허창수·구리나·전종희. 2005. 『외국인 근로자 자녀 교육복지 실태분석 연구』. 한국교육개발원.

김현미 · 김민정 · 김정선. 2008. "'안전한 결혼 이주'? : 몽골 여성들의 한국으로의 이주 과정과 결험." 『한국여성학』 24(1): 121-154.

동아시아연구원. 2005.『2005한국인 정체성 여론조사』. 동아시아연구원.

마정미. 2010. "TV광고 텍스트에 나타난 다문화 사회에 대한 고찰: 공익 광고를 중심으로." 「한국광고홍보학보」 12(4): 223-258

모경환. 2007. "가족형태의 다양화와 청소년: 다문화가족의 증가와 청소년 시민 교육의 과제."『다문화시대와 청소년』. 서울 YMCA.

박경태 · 설동훈 · 이상철. 1999. "국제 노동력 이동과 사회적 연결망-경기도 마석의 필리핀인 노동자 집단을 중심으로."『한국사회학』 33(4): 819-849.

박성혁. 2009. "다문화교육 정책을 위한 관련법령의 현황과 개선방향." 경기도다문화교육센터 편.『다문화교육의 이론과 실제』. 서울: 양서원, pp.65-90.

박수미 · 정기선. 2006. "사회적 소수자에 대한 편견적 태도에 관한 연구."『여성연구』 70: 5-25.

박재규. 2007. "농촌지역 국제결혼 이주여성의 이혼의사에 영향을 미치는 요인 분석."『농촌사회』. 한국농촌사회학회.

박윤경 · 이소연. 2008. "다문화가정 학생의 학교생활 실태에 대한 조사 연구: 집단 간 차이와 집단 내 다양성."『시민교육연구』 41(1): 41-71.

배은주. 2006. "한국 내 이주노동자 자녀들의 학교생활에서의 갈등 해결 방안: 초등학교를 중심으로."『한국교육인류학연구』 9(2): 25-55.

______. 2007. "'차별'과 '동화': 초등학교 이주노동자 자녀들의 학교생활과 갈등." 『교육비평』 22: 214-233.

보건복지부. 2009.『다문화가족 실태조사 및 사회통합도 측정』.

보건복지부. 2010. "'이주아동권리보장법(안)' 검토의견." '이주아동권리보장법' 제정을 위한 간담회 자료. 국회의원 김동성 의원실.

서울시 경쟁력강화추진본부. 2007. 「서울의 글로벌화 전략 및 추진계획보고서」.

서현 · 이승은. 2007. "농촌지역 국제결혼 가정 자녀가 경험하는 어려움에 관한 연구."『열린유아교육연구』 12(4): 25-47.

설동훈. 2004. "외국인노동자 지원 시민단체의 발전, 1990~2002년: 쟁점과 과제." 제 11차 시민사회포럼 발표자료.

______. 2005. "외국인노동자와 인권-'국가의 주권'과 '국민의 기본권' 및 '인간의 기본권'의 상충요소 검토."『민주주의와 인권』 9(1): 39-77.

______. 2006. "국민 민족 인종: 결혼이민자 자녀의 정체성." 한국사회학회.『동북아 다문화시대 한국사회의 변화와 통합』. 동북아시대위원회 용역과제 보고서.

______. 2009. "한국사회의 다문화 담론에 대한 성찰적 접근."『역사의 시각에서

본 '동아시아세계'의 아이덴티티와 다양성(Ⅰ)』동북아역사재단 주최 국
제학술회의자료집, pp.168-176.

설동훈·신홍주·최홍엽. 2002. 『국내 거주 외국인노동자 인권 실태 조사』. 서
울: 국가인권위원회.

설동훈·이혜경·조성남. 2006. 『결혼이민자 가족실태조사 및 중장기 지원정책
방안 연구』. 여성가족부.

설동훈·한건수·이란주. 2003. 『국내 거주 외국인노동자 아동의 인권실태조
사』. 국가인권위원회.

심봉섭·모경환·이경숙. 2008. 『다문화 교육 담당 핵심교원 양성 프로그램 연
구 개발 및 시범 연수』. 서울대학교 중앙다문화교육센터.

양계민. 2009. "한민족정체성과 자민족중심주의가 청소년의 다문화수용성에 미
치는 영향."『한국청소년연구』55: 387-422.

양현봉. 2008. "중소기업인력수급의 문제점과 개선방안-기능인력을 중심으로."
『e-KIET 산업경제정보』 397: 1-8.

오계택·이정환·이규용. 2007. 『이주 노동자에 대한 한국인의 인식 : 일터를
중심으로』. 한국여성정책연구원·한국노동연구원.

외교통상부. 2009. "해외이주신고 및 현지이주신고."

외국인이주·노동운동협의회. 이주인권연대. 2008. 『2008년 고용허가제 실태조
사』.

외국인이주·노동운동협의회 2009. 『2009년 고용허가제 실태조사』.

원숙연·박진숙. 2009. "다문화사회와 외국인정책에 대한 정향성 분석: 중앙정
부 공무원의 인식을 중심으로."『행정논총』47(3): 201-224.

원진숙. 2008. "다문화 시대의 초등학교 국어과 교육-다문화 가정 자녀를 위한
한국어 교육 지원 방안을 중심으로."『국어교육학 연구』30: 269-303

유길상·박영범·어수봉·박성재. 2007. 『고용허가제 시행 3주년 평가』. 노동
부

유선호. 2008. 『다문화 사회에 대한 국민여론조사 보고서』. 국회의원 유선호
의원실.

윤인진. 2008. "한국적 다문화주의의 전개와 특성: 국가와 시민사회의 관계를
중심으로."『한국사회학』42(2): 72-103.

______. 2009. 『북한이주민: 생활과 의식, 그리고 정착지원정책』. 집문당.

윤인진·송영호. 2007. "한국인의 소수자 및 다문화 관련 태도의 비교분석."
2007 한국사회학회 후기사회학대회 국제이주/소수자 분과 발표논문. 강
원대학교, 12월 14-15일.

______. 2009. "한국인의 국민정체성과 다문화수용성." 2009 한국사회학회 전기

사회학대회 이민/다문화 분과 발표논문. 충북대학교, 6월 19-20일.

이규창. 2005. "외국인추방과 가족결합권의 보호-불법체류 외국인 노동자의 경우를 중심으로." 『성균관법학』 17(3): 455-476.

이동임·김현수. 2006. 『외국인 근로자 고용과 숙련 수요(Skill Requirement)』. 한국직업능력개발원.

이미나. 2008. "사회과 태도변화 연구결과에 대한 의문-스테레오타입에서 오는 편견의 사례를 중심으로." 『시민교육연구』 40(1): 71-93.

이재분·강순원·김혜원. 2008. 『다문화가정 자녀 교육실태 연구: 국제결혼가정을 중심으로』. 한국교육개발원.

장태한. 2001. "한국 대학생의 인종·민족 선호도에 관하여." 『당대비평』 14: 99』.113.

전재호. 2005. "세계화 시대 한국 국민정체성의 변화:국민정체성의 법적 규정과 관련 정책을 중심으로." 『신아세아』 12(1): 131~165.

전은주. 2008. "다문화 사회와 제2언어로서의 한국어(KSL) 교육과정의 목표 설정 방향." 『국어교육학 연구』 33: 629-656.

정기선. 2004. "한국인의 국가정체성 국제비교연구: 자격요건 평가를 중심으로." 제1차 한국종합사회조사(KGSS) 심포지움. 프레스센터, 6월 2일. pp.81-94.

정기선·김영혜·박경은·이은아·박지혜·이승애·이지혜. 2007. 『경기도내 국제결혼 이민자가족 실태조사 및 정책적 지원방안 연구』. 경기도가족여성개발원.

정유훈. 2009. "국내 다문화 현상의 특징과 시사점 - 성숙한 다문화 사회를 위한 과제." 『경제주평』 (현대경제연구원) 9-44(통권 373호): 1-15.

정하성·유진이·이장현. 2007. 『다문화 청소년 이해론』. 양서원.

조영달. 2006. 『다문화가정의 자녀 교육 실태 조사』. 교육인적자원부.

조영달·윤희원·박상철 외. 2006. 『다문화 가정의 교육 실태 조사』. 교육인적자원부.

조선경. 2006. "외국인 근로자의 언어 문제와 대응 방안." 『새국어생활』 16(1): 7-32.

조현성·박영정·홍기원. 2008. 『이주민 문화향수실태조사』. 문화체육관광부.

최현. 2003. "대한민국과 중화인민공화국의 국민정체성과 시민권 제도." 『한국사회학』 37(4): 143-173.

＿＿＿＿. 2007. "한국인의 다문화 시티즌십(multicultural citizenship): 다문화 의식을 중심으로." 『시민사회와 NGO』 5(2): 147-227.

최운선. 2007. "국제결혼 이주여성의 사회문화 적응에 관한 연구." 『아시아여성

연구』 46(1): 141-181.

출입국외국인정책본부. 2009. 『2008 출입국·외국인정책 통계연보』.

______. 2010a. "국적별·자격별 외국인근로자 현황(2009년 4분기)."

______. 2010b. "국적별 결혼이민자 체류 현황(2009년 4분기)."

한건수. 2003. "타자만들기: 한국사회와 이주노동자의 재현." 『비교문화연구』 9(2): 157-193.

한건수·설동훈. 2006. 『결혼중개업체 실태조사 및 관리방안 연구』. 보건복지부

한준·설동훈. 2006. 『한국의 이념갈등 현황 및 해소방안』. 한국여성개발원·한국사회학회.

행정안전부. 2009. 『2009년 지방자치단체 외국인주민 현황조사 결과』.

홍기원. 2008. 『이주민관련 프로그램의 현황과 개선방향에 관한 연구』. 한국문화관광연구원.

황정미·김이선·이명진·최현·이동주. 2007. 『한국사회의 다민족·다문화 지향성에 대한 조사연구』. 한국여성정책연구원.

Allport, G. 1935. "Attitudes." In C. Murchison (Ed.), *A Handbook of Social Psychology*. Worchester, MA: Clark University Press, pp.798-844.

______. 1954. The Nature of Prejudice. Reading MA: Addison Wesley.

Aronson, E. 1978. *The Jigsaw Classroom*. Beverly Hills, CA: Sage.

Babbie, E. 2006. *The Practice of Social Research* (11th edition). Wadsworth Publishing.

Bem, D. 1967. "Self Perception: An Alternative Interpretation of Cognitive Dissonance Phenomena." *Psychological Review* 74: 183-2000.

Blalock, H. 1967. *Toward a Theory of Minority Group Relations*. New York: John Wiley and Sons.

Blumer, H. 1958. "Race Prejudice as A Sense of Group Position." *Pacific Sociological Review* 1: 3-7.

Bobo, L. 1988. "White's Opposition to Busing: Symbolic Racism or Realistic Group Conflict?" *Journal of Personality and Social Psychology* 45(6): 1196-1210.

Bogardus, E. 1933. "A Social Distance Scale." *Sociology and Social Research* 17: 265-271.

Brown, D. 2000. *Contemporary Nationalism: Civic, Ethnocultural and Multicultural Politics*. London: Routledge.

Brubaker, R. 1992. *Citizenship and Nationhood in France and Germany*. Cambridge, Mass: Harvard University Press.

Castle, S., and M. Miller. 2003. *The Age of Migration: International Population*

Movements in the Modern World(3nd ed.). New York: Guilford Press.

Coenders, M., M. Lubbers, and P. Scheepers. 2003. "Majority Populations' Attitudes towards Migrants and Minorities." Report for the European Monitoring Centre on Racism and Xenophobia (Ref. No. 2003/04/01, Report 1 - Report 4). http://eumc.eu.int.

Coser, L. 1977. *Masters of Sociological Thought: Ideas in Historical and Social Context,* Second edition. New York: Harcourt Brace Jovanovich.

Crutchfield, R., and D. Krech. 1948. *Theory and Problems of Social Psychology.* New York: McGraw-Hill.

Dworkin, A., and R. Dworkin. 1999. *The Minority Report: An Introduction to Racial, Ethnic,* and Gender Relations. Harcourt Brace College Publishers.

Epstein, N., and A. Levanon. 2005. "National Identity and Xenophobia in an Ethnically Divided Society." *International Journal on Multicultural Societies* 7(2): 90-118.

EUMC. 2005. Majorities' Attitude Toward Minorities: Key Findings from the Eurobarometer and the European Social Survey. http://www.fra.europa.eu/fraWebsite/products/publications_reports/pub_ts_at titudesmigrants_en.htm

Festinger, L. 1957. *A Theory of Cognitive Dissonance.* Stanford, CA: Stanford University Press.

Gellner, E. 1983. *Nations and Nationalism.* Oxford: Blackwell.

Habermas, J. 1994. "Citizenship and National Identity." In B. van Steenbergen (Ed.), *The Condition of Citizenship.* Sage Publications, pp.20-35.

Heath, A., and J. Tilley. 2005. "British National Identity and Attitudes towards Immigration." *International Journal on Multicultural Societies* 7(2): 119-132.

Herring, M., T. Jankowski, and R. Brown. 1999. "Pro-Black Doesn't Mean Anti-White: The Structure of African-American Group Identity." *The Journal of Politics* 61(2): 363-386.

Hjerm, M. 1998. "National Identities, National Pride and Xenophobia: A Comparison of Four Western Countries." *Acta Sociologica* 41(4): 335-347.

Hochman, O., R. Raijman, and P. Schmidt. 2008. "National Identity and Exclusionary Attitudes towards Immigrants in Two Ethno-National States: Germany and Israel in Comparative Perspective." Annual conference of the ISPP, Paris 2008.

Holley E., and L. Vicki. 2009. "National Identity: Civic, Ethnic, Hybrid, and

 한국인의 이주노동자와 다문화사회에 대한 인식

Atomised Individuals." *Europe-Asia Studies* 61(1): 1-28.

Jones, F. 2000. "Diversities of National Identity in a Multicultural Society: The Australian Case." *National Identities* 2(2): 175-176.

Jones, F., and F. Smith. 2001. "Individual and Societal Bases of National Identity: A Comparative Multilevel Analysis." *European Sociological Review* 17(2): 103-118.

Kadushin, C. 1962. "Social Distance between Client and Professional." *American Journal of Sociology* 67(Mar): 517-531.

Katz, D. 1960. "The Functional Approach to the Study of Attitude." *Public Opinion Quarterly* 24: 163-204.

Kymlicka, W. 2007. *Multicultural Odysseys: Navigating the New International Politics of Diversity.* Oxford: Oxford University Press.

Lalonde, R., and R. Topel. 1991. "Immigrants in American Labor Market: Quality, Assimilation, and Distributional Effects." *American Economic Review.* 81(2): 297-302.

Laumann, E. 1965. "Subjective Social Distance and Urban Occupational Stratification." *American Journal of Sociology* 71: 26-36.

Martin, J. 1963. "Social Distance and Social Stratification." *Sociology and Social Research* 47: 179-186.

McCrone, D. 1998. *The Sociology of Nationalism.* London. Routledge

Noel, D. 1968. "A Theory of the Origin of Ethnic Stratification." *Social Problems* 16: 157-172.

Oliver, J., and J. Wong. 2003. "Intergroup Prejudice in Multiethnic Settings." *American Journal of Political Science* 47(4): 567-582.

Olzak, S. 1992. *The Dynamics of Ethnic Competition and Conflict.* Stanford Calif: Stanford University Press.

Pettigrew, T. 2003. "People under Threat: Americans, Arabs, and Israelis. Peace and Conflict." *Journal of Peace Psychology* 9: 69-90.

Pettigrew, T. 1997. "Generalized Intergroup Contact Effects on Prejudice." *Personality and Social Psychology Bulletin* 23: 173-185.

Pettigrew, T. 1998. "Intergroup Contact Theory." *Annual Review of Psychology* 49: 65-85.

Pettigrew, T., and L. Tropp. 2006. "A Meta-Analytic Test of Intergroup Contact Theory." *Journal of Personality and Social Psychology* 90(5): 751-783.

Petty, R., and J. Cacioppo. 1986. "The Elaboration Likelihood Model of

Persuasion." In L. Berkowitz (Ed.), *Advances in Experimental Social Psychology*. New York: Academic Press.

Quillian, L. 1995. "Prejudice as a Response to Perceived Group Threat, Population Composition and Anti-immigrant and Racial Prejudice in Europe." *American Sociological Review* 4: 586-611.

Raijman, R., and M. Semyonov. 2004. "Perceived Threat and Exclusionary Attitudes Towards Foreign Workers in Israel." *Ethnic and Racial Studies* 27(5): 780-799

Scheepers, P., M. Gijsberts, and M. Coenders. 2002. "Ethnic Exclusionism in European countries: Public Opposition to Civil Rights for Legal Migrants as a Response to Perceived Ethnic Threat." *European Sociological Review* 18: 17-34.

Semyonov, M., R. Raijman, and A. Gorodzeisky. 2008. "Foreigners' Impact on European Societies. Public Views and Perceptions in a Cross-National Comparative Perspective." *International Journal of Comparative Sociology* 49(1): 5-29.

Sherif, M. 1966. *In Common Predicament*. Boston: Houghton Mifflin.

Shlls, E. 1995. "Nation, Nationality, Nationalism and Civil Society." *Nations and Nationalism* 1: 93-118.

Shulman, S. 2002. "Challenging the Civic/Ethnic and West/East Dichotomies in the Study of Nationalism." *Comparative Political Studies* 35(5): 554-585.

Smith, A. D. 1991. *National Identity. London:* Penguin.

______. 1995. *Nations and Nationalism in a Global Era*. Cambridge, UK: Polity Press.

Staub, E. 1990. "Moral Exclusion, Personal Goal Theory, and Extreme Destructiveness." *Journal of Social Issues* 46(1): 47-64.

Stephan, C., and W. Stephan, 1990. *Two Social Psychologies*. Belmont, CA: Wadsworth Publishing Co.

Stephan, W., and C. Stephan. 2001. *Improving Intergroup Relations*. Dubuque, IA: Brown & Benchmark.

Tajfel, H. and Turner, J. C. 1986. "The Social Identity Theory of Inter-group Behavior." In S. Worchel and L. W. Austin (eds.), Psychology of Intergroup Relations. Chigago: Nelson-Hall

Taylor, S., L. Peplaw, and D. Sears, 1994. *Social Psychology*. New Jersey: Prentice-Hall.

Troper, H. 1999. "Multiculturalism." In P. R. Magocsci (Ed.), *Encyclopedia of*

Canada's Peoples. Toronto: University of Toronto Press, pp.997-1006.

Westie, F. 1959. "Social Distance Scales: A Tool for the Study of Stratification." *Sociology and Social Research* 43: 251-258.

Weyerbrock. 1995. "Can the European Community Absorb More Immigrants?" *Journal of Policy Modelling* 17: 85-120.

Wigging, J., B. Wiggins, and J. Zanden. 1994. *Social Psychology.* 5th ed. New York: McGraw-Hill, Inc.

Wimmer, A. 1997. "Explaining Xenophobia and Racism: A Critical Review of Current Research Approaches." *Ethnic and Racial Studies* 20: 17-41

Yack, B. 1999. "The Myth of the Civic Nation." In R. Beiner (Ed.), *Theorizing Nationalism.* Albany, State University of New York Press, pp.103-118.

광남일보. 2009년 7월 14일.
국민일보 2007년 8월 12일.
문화일보. 2008년 7월 14일.
미주한국일보. 2008년 12월 5일.
연합뉴스. 2007년 6월 28일, 2010년 3월 19일.
파이낸셜뉴스 2007년 9월 27일, 2007년 10월 9일.
중앙일보. 2008년 4월 21일.
MBC 뉴스데스크. 2008년 6월 5일.

외국인 이주노동자와 다문화사회에 관한
한국인 의식조사

안녕하십니까?

고려대학교 사회학과 BK21갈등사회교육연구단에서는 "이주노동자와 다문화에 관한 한국인 의식조사"를 실시하고 있습니다.

최근 우리 주변에는 외국인 이주노동자와 결혼이민자들이 늘어가고 있습니다. 본 조사는 한국인들이 인종과 민족이 다른 이주노동자들과 이주민들에 대해 어떻게 생각하고 있는지, 또한 다양한 인종과 민족이 함께 살아가는 다문화사회로의 변화에 대해 어떻게 생각하고 있는지를 조사하는 데 목적이 있습니다.

본 조사에 응답해주실 여러분들은 우리나라의 전 국민을 대표하는 분들로서 과학적 방법으로 선정되었으며 응답해 주시는 내용이나 신상에 관한 모든 정보는 법적으로 절대 비밀이 보장됩니다. 평소에 느끼고 생각하시는 대로 솔직하게 빠짐없이 답하여 주시면 대단히 감사하겠습니다. 여러분께서 말씀하신 내용은 연구를 위한 자료로 소중하게 활용하겠습니다.

2008년 11월

연구책임자 고려대학교 사회학과
BK21갈등사회교육연구단 단장 윤인진 교수

연구기관: 고려대학교 사회학과 BK21갈등사회교육연구단
후원기관: (사) 아시아인권센터
조사담당기관: ㈜ **리서치 21**
서울시 강남구 논현동 74-23 TEL : 3444-8383 / FAX : 511-1927

응답자 성명		전화번호	
면접원 성명		성 별	1) 남 2) 여
연령	1) 만 20–29세 2) 만 30–39세 3) 만 40–49세 4) 만 50–59세 5) 만 60–69세		
지역	반드시 기록) ___________ 시/도 ___________구/시/군 ___________구/읍 ___________동/면		

거주지역	1. 서울	2. 부산	3. 대구	4. 인천	5. 광주	6. 대전	7. 울산	8. 경기
	9. 강원	10.충북	11. 충남	12. 전북	13. 전남	14. 경북	15. 경남	16. 제주

문 1) 한국에 이주하는 외국인의 수가 늘어나면서 이주목적도 매우 다양하게
나타나고 있습니다. 이주 목적별로 볼 때 귀하는 다음과 같은 이주자들
의 수가 앞으로도 늘어야 한다고 보십니까, 아니면 줄어야 한다고 보십
니까?

항 목		많이 늘어야 한다	약간 늘어야 한다	현재 수준 유지	약간 줄어야 한다	많이 줄어야 한다
1-1	생산기능직 이주노동자	5	4	3	2	1
1-2	전문기술직 이주노동자	5	4	3	2	1
1-3	선진국 출신 이주노동자	5	4	3	2	1
1-3	개발도상국 출신 이주노동자	5	4	3	2	1
1-4	국제결혼 이주여성	5	4	3	2	1
1-5	북한에서 온 탈북자(새터민)	5	4	3	2	1
1-6	외국인 유학생	5	4	3	2	1
1-7	외국인 사업가, 투자가	5	4	3	2	1

문 2) 한국에서 일하는 **합법적 이주노동자**에 대해 다음과 같은 의견들이 있습
니다. 귀하께서는 이 의견들에 대해 얼마나 동의하십니까?

항 목	매우 그렇다	대체로 그렇다	보통이다 (그저 그렇다)	별로 그렇지 않다	전혀 그렇지 않다
2-1 합법적 이주노동자에게는 우리나라 근로자와 같은 노동법적 권리가 주어져야 한다	5	4	3	2	1
2-2 합법적 이주노동자에게는 가족들을 데려올 권리가 주어져야 한다	5	4	3	2	1
2-3 합법적 이주노동자들은 근로계약이 종료되면 본국으로 돌아가야 한다	5	4	3	2	1

항 목	매우 그렇다	대체로 그렇다	보통이다 (그저 그렇다)	별로 그렇지 않다	전혀 그렇지 않다
2-4 합법적 이주노동자 중에 한국에 남고 싶은 사람은 영주할 수 있도록 허용해야 한다	5	4	3	2	1
2-5 합법적 이주노동자들은 우리나라 경제에 기여하는 것보다 가져가는 것이 더 많다	5	4	3	2	1
2-6 합법적 이주노동자 때문에 우리나라 임금이 낮은 수준에 머물러 있다	5	4	3	2	1
2-7 합법적 이주노동자들은 한국인의 일자리를 빼앗아 간다	5	4	3	2	1
2-8 합법적 이주노동자들이 많이 사는 지역은 지저분하다	5	4	3	2	1
2-9 합법적 이주노동자들이 늘어나면 범죄율이 올라간다	5	4	3	2	1

문 3) 한국에서 일하는 외국인 이주노동자 중 **불법체류자**에 대해 다음과 같은 의견들이 있습니다. 귀하께서는 이 의견들에 대해 얼마나 동의하십니까?

항 목	매우 그렇다	대체로 그렇다	보통이다 (그저 그렇다)	별로 그렇지 않다	전혀 그렇지 않다
3-1 불법체류 이주노동자 중 능력 있는 사람은 사면해서 합법화해야 한다	5	4	3	3	1
3-2 불법체류 이주노동자라도 우리나라 근로자와 같은 노동법적 권리가 주어져야 한다	5	4	3	3	1
3-3 불법체류 이주노동자에게는 가족들을 데려올 권리가 주어져야 한다	5	4	3	3	1
3-4 불법체류 이주노동자들은 우리나라 경제에 기여하는 것보다 가져가는 것이 더 많다	5	4	3	3	1
3-5 불법체류 이주노동자 때문에 우리나라 임금이 낮은 수준에 머물러 있다	5	4	3	3	1

항 목	매우 그렇다	대체로 그렇다	보통이다 (그저 그렇다)	별로 그렇지 않다	전혀 그렇지 않다
3-6 불법체류 이주노동자들은 한국인의 일자리를 빼앗아 간다	5	4	3	3	1
3-7 불법체류 이주노동자들이 많이 사는 지역은 지저분하다	5	4	3	3	1
3-8 불법체류 이주노동자들이 늘어나면 범죄율이 올라간다	5	4	3	3	1
3-9 불법체류 이주노동자들은 즉각 본국으로 돌려보내야 한다	5	4	3	3	1

문 4) 귀하께서는 **합법적 이주노동자**들이 다음 문제에 대해 얼마나 어려움을 겪고 있다고 생각하십니까?

항 목	매우 어려움이 크다	대체로 어려움이 크다	보통이다 (그저 그렇다)	별로 어려움이 없다	전혀 어려움이 없다
4-1 언어 장벽 및 문화적 차이	5	4	3	4	1
4-2 가난 또는 저소득	5	4	3	4	1
4-3 취업의 어려움	5	4	3	4	1
4-4 사회적 편견	5	4	3	4	1
4-5 신분상의 불이익	5	4	3	4	1
4-6 임금체불 및 폭행	5	4	3	4	1
4-7 건강 및 산업재해	5	4	3	4	1

문 5) 귀하께서는 **불법체류 이주노동자들**이 다음 문제에 대해 얼마나 어려움을
　　　 겪고 있다고 생각하십니까?

항 목		매우 어려움이 크다	대체로 어려움이 크다	보통이다 (그저 그렇다)	별로 어려움이 없다	전혀 어려움이 없다
5-1	언어 장벽 및 문화적 차이	5	4	3	2	1
5-2	가난 또는 저소득	5	4	3	2	1
5-3	취업의 어려움	5	4	3	2	1
5-4	사회적 편견	5	4	3	2	1
5-5	신분상의 불이익	5	4	3	2	1
5-6	임금체불 및 폭행	5	4	3	2	1
5-7	건강 및 산업재해	5	4	3	2	1

문 6) 귀하께서는 평소 우리사회의 외국인 이주노동자문제에 대해 얼마나 관심
　　　 을 갖고 계십니까?
1) 매우 관심이 있다　　　　　2) 약간 관심이 있다　　　　　3) 보통이다
4) 별로 관심이 없다　　　　　5) 관심이 없다

문 7) 「모든 이주노동자와 그 가족의 권리보호에 관한 국제협약」에 대해서 들
　　　 어 보신 적이 있으십니까?
1) 있다　　　　　　　　　　2) 없다

문 8) 우리나라가 이주노동자권리협약을 비준하고 있지 않은 것을 알고 계십니까?
1) 알고 있다　　　　　　　　2) 모른다

문 9) 정부는 이주노동자권리협약을 비준할 경우 이주노동자들이 한국에 정주
　　　 하고, 불법체류자가 증가하고, 사회보장 비용이 증가한다는 이유로 반대
　　　 하고 있습니다. 하지만 인권단체에서는 이주노동자들과 그 가족들의 인
　　　 권보호를 위해 협약을 비준해야 한다고 주장합니다.
　　　 귀하께서는 우리나라가 협약을 비준해야 한다고 생각하십니까 아니면
　　　 비준해서는 안 된다고 생각하십니까?
1) 곧바로 해야 한다　　2) 5년 후에 해야 한다　　3) 10년 후에 해야 한다
4) 20년 후에 해야 한다　　　5) 비준해서는 안 된다

문 10) 외국인 이주자의 증대와 문화다양성에 대한 아래의 의견들에 대해 귀하께서는 어떻게 생각하십니까?

항 목		매우 찬성	다소 찬성	찬성도 반대도 아님	다소 반대	매우 반대
10-1	어느 국가든 다양한 인종·종교·문화가 공존하는 것이 더 좋다	5	4	3	2	1
10-2	우리나라의 인종·종교·문화적 다양성이 확대되면 국가경쟁력에 도움이 된다	5	4	3	2	1
10-3	외국인 이주자들이 늘어나면 우리나라 문화는 더욱 풍부해진다	5	4	3	2	1
10-4	우리나라와 다른 인종·종교·문화를 가진 사람들을 받아들이는 데에는 한계가 있다	5	4	3	2	1
10-5	여러 민족을 국민으로 받아들이면 국가의 결속력을 해치게 될 것이다	5	4	3	2	1
10-6	한국이 오랫동안 단일민족 혈통을 유지해온 것은 매우 자랑스러운 일이다	5	4	3	2	1
10-7	한국이 단일민족 국가라는 사실은 국가경쟁력을 높이는데 도움이 된다	5	4	3	2	1

문 11) 한국에 있는 다른 인종 및 인종집단(화교, 외국인 등)들에 대한 귀하의
의견은 어떠합니까?

항 목	매우 찬성	다소 찬성	찬성도 반대도 아님	다소 반대	매우 반대
11-1 한국의 전통과 풍습을 같이하지 않은 사람들이 완전하게 한국인이 되는 것은 불가능하다	5	4	3	2	1
11-2 소수인종집단의 전통과 풍습을 보존해주기 위해 정부가 이들을 지원해 주어야 한다	5	4	3	2	1
11-3 소수인종집단이 자신의 고유한 전통과 풍습을 유지하는 것이 한국사회에 더 좋다	5	4	3	2	1
11-4 소수인종집단이 한국 사회문화에 동화하여 한국인과 같아지는 것이 한국사회에 더 좋다	5	4	3	2	1
11-5 소수인종집단들이 우리나라 사람들과 동일한 권리와 기회를 갖도록 정부가 보호해야 한다	5	4	3	2	1
11-6 소수인종집단의 자녀는 이중언어와 이중문화를 유지하는 것이 좋다	5	4	3	2	1
11-7 정부는 예산을 별도로 편성해서 소수인종집단의 자녀들을 위한 이중언어교육을 실시해야 한다	5	4	3	2	1

문 12) 귀하께서는 지금까지 외국을 방문한 경험이 있으십니까?
1) 있다 → (문 13로)   2) 없다 → (문 14로)

문 13) 외국에서 체류하신 기간은 모두 얼마나 됩니까?
1) 한 달 미만   2) 한 달 이상~6개월 미만 3) 6개월 이상~1년 미만
4) 1년 이상~3년 미만   5) 3년 이상

문 14) 귀하께서는 한국에서 외국인과 대화하거나 교류하신 적이 있으십니까?
1) 전혀 없다   2) 한두 번 만나서 대화한 적은 있다
3) 여러 차례 만나서 대화한 적이 있다   4) 가깝게 지내는 편이다

문 15) 귀하께서는 외국어(영어, 일본어 등)를 읽거나 말할 수 있습니까?

    1) 읽고 말하기를 잘한다

    2) 읽는 것을 잘하지만 말하지는 못 한다

    3) 잘하지는 못하지만 어느 정도 읽기는 할 수 있다

    4) 읽을 수 없다

다음은 '한국인'으로서의 정체성에 대한 귀하의 의견을 여쭙겠습니다.

문 16) 귀하께서는 '한국인'으로서 인정받기 위해 갖춰야 할 요건으로 다음과 같은 사항들이 얼마나 중요하다고 생각하십니까?

	항 목	매우 중요하다	대체로 중요하다	별로 중요하지않다	전혀 중요하지않다
16-1	한국에서 태어나는 것	4	3	2	1
16-2	아버지가 한국인인 것	4	3	2	1
16-3	어머니가 한국인인 것	4	3	2	1
16-4	생애의 대부분을 한국에서 사는 것	4	3	2	1
16-5	한국의 문화적 전통을 이어가는 것	4	3	2	1
16-6	한국어를 할 수 있는 것	4	3	2	1
16-7	한국의 정치제도와 법을 존중하는 것	4	3	2	1
16-8	한국인임을 느끼는 것	4	3	2	1
16-9	한국 국적을 갖는 것	4	3	2	1
16-10	한국의 정치 · 경제 · 사회 · 문화 발전에 기여하는 것	4	3	2	1

문 17) 한국인이었던 'A'는 외국국적을 취득하고 현재 외국에 살고 있고 외국인이었던 'B'는 한국국적을 취득하고 현재 한국에 살고 있습니다. 이중 누가 한국인이라고 생각하십니까?

1) 여전히 A가 한국인이다   2) B가 한국인이다

3) A와 B 모두가 한국인이다   4) A와 B 모두가 한국인이 아니다

문 18) 귀하는 아래의 글들에 어느 정도 찬성 또는 반대하십니까?

항 목		매우 찬성	다소 찬성	찬성도 반대도 아님	다소 반대	매우 반대
18-1	나는 어떤 다른 나라 사람이기보다도 한국인이고 싶다	5	4	3	2	1
18-2	오늘날 한국에는 내가 한국을 부끄럽게 여기도록 만드는 것이 있다	5	4	3	2	1
18-3	다른 나라 사람이 한국 사람만 같다면 세계는 더 좋아질 수 있을 것이다	5	4	3	2	1
18-4	일반적으로 말해서, 한국은 대부분의 다른 나라보다 더 좋은 나라이다	5	4	3	2	1
18-5	국민은 자기 나라가 잘못 되더라도 자기 나라를 지지해야 한다	5	4	3	2	1
18-6	한국이 국제스포츠대회에서 잘할 때면 내가 한국인인 것이 자랑스럽다	5	4	3	2	1
18-7	나는 종종 내가 바라는 것만큼 한국을 자랑스럽게 여기지 못한다	5	4	3	2	1

문 19) 국적과 관련한 아래의 의견들에 대해 귀하께서는 어떻게 생각하십니까?

항 목		매우 찬성	다소 찬성	찬성도 반대도 아님	다소 반대	매우 반대
19-1	부모가 한국 국적이 아니더라도 한국에서 태어난 아이는 한국국적을 가질 권리가 있다	5	4	3	2	1
19-2	다른 나라에서 태어난 아이라도 부모 중 한 사람이 한국국적을 가졌다면 한국국적을 가질 권리가 있다	5	4	3	2	1
19-3	한국 국적이 없어도 합법적으로 한국에 이주한 사람은 한국사람과 동등한 권리를 가져야 한다	5	4	3	2	1
19-4	선천적으로 이중국적을 가진 사람은 이중국적을 허용해야 한다	5	4	3	2	1
19-5	국가발전에 도움이 되는 우수외국인에게 이중국적을 허용해야 한다	5	4	3	2	1
19-6	한국 정부는 불법이민자가 들어오지 못하도록 좀 더 강력한 조치를 취해야 한다	5	4	3	2	1

문 20) 귀하의 이념성향은 다음의 분야별로 어디에 해당한다고 생각하십니까?

항 목		매우 보수적	다소 보수적	보수도 진보도 아님	다소 진보적	매우 진보적
20-1	국내 정치 및 남북관계와 같은 정치분야	1	2	3	4	5
20-2	소득 및 부동산과 같은 경제분야	1	2	3	4	5
20-3	교육 및 인권과 같은 사회분야	1	2	3	4	5
20-4	환경분야	1	2	3	4	5

문 21) 다음 각 항목들에 대한 귀하의 의견은 "A"와 "B" 중 어느 쪽에 더 가 깝습니까?
"A"에 공감하신다면 1점 쪽으로, "B"에 공감하신다면 5점 쪽으로 하여, 1~5점 사이의 점수로 응답해 주십시오.

A		A에 더 가깝다	다소 A에 가깝다	반반 이다	다소 B에 가깝다	B에 더 가깝다	B
21-1	북한의 기본적 태도의 변화가 없는 한 무조건 지원은 곤란하다	1	2	3	4	5	우리 정부는 아무런 조건없이 북한을 경제적으로 지원해야 한다
21-2	국가보안법은 없애서는 안 된다	1	2	3	4	5	국가보안법은 폐지되어야 한다
21-3	평화적 시위라고 해도 시위로 인해 사회질서가 위협 받을 때 경찰이 무력을 사용하는 것은 당연하다	1	2	3	4	5	평화적 시위는 헌법이 보장한 권리이기 때문에 시위로 인해 사회질서가 위협받더라도 경찰을 무력은 사용해서는 안된다
21-4	정부는 소득분배보다는 경제성장에 주력하여야 한다	1	2	3	4	5	정부는 경제성장보다는 소득분배에 더욱 힘써야 한다
21-5	부동산에 대한 과도한 세금은 시장질서를 침해하기 때문에 피해야 한다	1	2	3	4	5	부동산 투기와 집중을 줄이기 위해 높은 세금을 매겨야 한다
21-6	공무원이 노동조합을 만드는 것은 바람직하지 않다	1	2	3	4	5	공무원도 근로자이므로 얼마든지 노동조합을 만들 수 있다
21-7	고교평준화는 우수인재 양성을 어렵게 하기 때문에 폐지되어야 한다	1	2	3	4	5	고교평준화는 교육기회의 형평성을 위해 유지되어야 한다
21-8	정부는 환경보호보다 경제개발에 주력하여야 한다	1	2	3	4	5	정부는 경제개발보다 환경보호에 주력하여야 한다

문 22) 다음은 귀하께서 우리 사회의 여러 소수 집단과 일상생활에서 경험할
수 있는 여러 가지 상황을 가정한 것입니다. 귀하라면 어떻게 하실 것
인지 개인적인 의견을 표시해 주십시오.

가) 장애인

	항 목	매우 찬성	대체로 찬성	대체로 반대	매우 반대
가-1	그냥 알고 지내는 것	4	3	2	1
가-2	내 직장에서 동료로 지내는 것	4	3	2	1
가-3	내가 속한 동호회에 들어오는 것	4	3	2	1
가-4	내 가까운 이웃이 되는 것	4	3	2	1
가-5	나와 절친한 친구로 지내는 것	4	3	2	1
가-6	내 자녀의 배우자가 되는 것	4	3	2	1
가-7	나의 배우자가 되는 것	4	3	2	1

나) 탈북자(새터민)

	항 목	매우 찬성	대체로 찬성	대체로 반대	매우 반대
나-1	그냥 알고 지내는 것	4	3	2	1
나-2	내 직장에서 동료로 지내는 것	4	3	2	1
나-3	내가 속한 동호회에 들어오는 것	4	3	2	1
나-4	내 가까운 이웃이 되는 것	4	3	2	1
나-5	나와 절친한 친구로 지내는 것	4	3	2	1
나-6	내 자녀의 배우자가 되는 것	4	3	2	1
나-7	나의 배우자가 되는 것	4	3	2	1

다) 선진국 출신 외국인

	항 목	매우 찬성	대체로 찬성	대체로 반대	매우 반대
다-1	그냥 알고 지내는 것	4	3	2	1
다-2	내 직장에서 동료로 지내는 것	4	3	2	1
다-3	내가 속한 동호회에 들어오는 것	4	3	2	1
다-4	내 가까운 이웃이 되는 것	4	3	2	1
다-5	나와 절친한 친구로 지내는 것	4	3	2	1
다-6	내 자녀의 배우자가 되는 것	4	3	2	1
다-7	나의 배우자가 되는 것	4	3	2	1

라) 개발도상국 출신 외국인

항 목		매우 찬성	대체로 찬성	대체로 반대	매우 반대
라-1	그냥 알고 지내는 것	4	3	2	1
라-2	내 직장에서 동료로 지내는 것	4	3	2	1
라-3	내가 속한 동호회에 들어오는 것	4	3	2	1
라-4	내 가까운 이웃이 되는 것	4	3	2	1
라-5	나와 절친한 친구로 지내는 것	4	3	2	1
라-6	내 자녀의 배우자가 되는 것	4	3	2	1
라-7	나의 배우자가 되는 것	4	3	2	1

마) 국제결혼 이주여성

항 목		매우 찬성	대체로 찬성	대체로 반대	매우 반대
마-1	그냥 알고 지내는 것	4	3	2	1
마-2	내 직장에서 동료로 지내는 것	4	3	2	1
마-3	내가 속한 동호회에 들어오는 것	4	3	2	1
마-4	내 가까운 이웃이 되는 것	4	3	2	1
마-5	나와 절친한 친구로 지내는 것	4	3	2	1
마-6	내 자녀의 배우자가 되는 것	4	3	2	1
마-7	나의 배우자가 되는 것	4	3	2	1

바) 동성애자

항 목		매우 찬성	대체로 찬성	대체로 반대	매우 반대
바-1	그냥 알고 지내는 것	4	3	2	1
바-2	내 직장에서 동료로 지내는 것	4	3	2	1
바-3	내가 속한 동호회에 들어오는 것	4	3	2	1
바-4	내 가까운 이웃이 되는 것	4	3	2	1
바-5	나와 절친한 친구로 지내는 것	4	3	2	1
바-6	내 자녀의 배우자가 되는 것	4	3	2	1
바-7	나의 배우자가 되는 것	4	3	2	1

배문 1) 귀하의 성별은?
1) 남자   2) 여자

배문 2) 귀하의 연세는 올해 **만으로** 어떻게 되십니까?
　　　　만 _________ 세

배문 3) 귀하의 혼인 상태는 다음 중 어디에 해당하십니까?
1) 미혼   2) 기혼   3) 이혼   4) 사별

배문 4) 귀하의 최종 학력은 어떻게 되십니까?
1) 무학, 초등학교 졸업 혹은 중퇴   2) 중학교 졸업 혹은 중퇴
3) 고등학교 졸업 혹은 중퇴   4) 대학 재학 혹은 중퇴
5) 대학 졸업   6) 대학원 입학 이상

배문 5) 귀하는 얼마나 자주 불공 또는 예배드리러 가십니까?
1) 일주일에 여러 번   2) 일주일에 한 번   3) 한 달에 두세 번
4) 한 달에 한 번   5) 일 년에 몇 번   6) 일 년에 한 번
7) 일 년에 한 번 미만   8) 전혀 가지 않는다

배문 6) 귀하는 어떤 종교를 가지고 계십니까?
1)불교   2)개신교   3) 천주교
4) 기타   5) 종교 없음 →**(배문 8로)**

배문 7) (종교를 가지고 있다면) 귀하께서는 스스로 믿음이 강하다고 보십니까
　　　　아니면 강하지 않다고 보십니까?
1) 강하다   2) 다소 강하다   3) 별로 강하지 않다   4) 모르겠다

배문 8) 귀하는 경제적 형편으로 볼 때 어느 계층에 속한다고 생각하십니까?
1) 상의 상   2) 상의 하   3) 중의 상

4) 중의 하   5) 하의 상   6) 하의 하

배문 9) 귀댁의 경제 상태에 대해 얼마나 만족 또는 불만족하십니까?
1) 매우 만족한다   2) 다소 만족한다   3) 만족도 불만족도 안 한다
5) 다소 불만족한다   6) 매우 불만족한다

배문 10) 지난 몇 년 동안 귀댁의 경제 상태는 어떻게 변했습니까?
1) 상당히 좋아졌다   2) 다소 좋아졌다   3) 마찬가지다
4) 다소 나빠졌다   5) 상당히 나빠졌다

배문 11) 귀하는 외국인 이주노동자로 인해 취업이나 소득 면에서 피해를 받
        았거나 받을 가능성이 있다고 생각하십니까?
1) 전혀 그렇지 않다   2) 별로 그렇지 않다   3) 보통이다
4) 대체로 그렇다   5) 매우 그렇다

배문 12) 귀하의 주변사람 중에는 외국인 이주노동자로 인해 취업이나 소득
        면에서 피해를 받았거나 받을 가능성이 있다고 생각하십니까?
1) 전혀 그렇지 않다   2) 별로 그렇지 않다   3) 보통이다
4) 대체로 그렇다   5) 매우 그렇다

배문 13) 귀하의 직업은 아래의 어디에 해당합니까?
        1) 경영 관리직(5급 이상의 고급 공무원/기업체 부장 이상/교장 등)
        2) 전문/자유직 (대학교수/의사/변호사/예술가 등)
        3) 사무/기술직 (일반회사 사무직/기술직/교사 등)
        4) 자영업 (상업, 종업원 9인 이하의 소규모 장사 및 개인 택시 운전 등)
        5) 판매/서비스직 (상점 점원. 세일즈맨 등)
        6) 기능/숙련공 (운전사/선반/목공 등)
        7) 단순노무종사자
        8) 가정주부 (가사에만 종사)
        9) 학생
        10) 무직, 정년, 휴직
        11) 기타

 한국인의 이주노동자와 다문화사회에 대한 인식

배문 14) 귀하의 근로 형태는 아래의 어디에 해당합니까?
1) 정규직   2) 계약제 및 비정규직   3) 일을 하지 않고 있음

배문 15) 귀하는 귀댁의 가구주와 어떤 관계입니까?
1) 가구주 본인 **(응답종료)**   2) 가구주의 배우자→ **(배문 16으로)**
3) 가구주의 자녀→ **(배문 16으로)**   4) 기타→ **(배문 16으로)**

배문 16) 가구주의 직업은 아래의 어디에 해당합니까?
     1) 경영 관리직(5급 이상의 고급 공무원/기업체 부장 이상/교장 등)
     2) 전문/자유직 (대학교수/의사/변호사/예술가 등)
     3) 사무/기술직 (일반회사 사무직/기술직/교사 등)
     4) 자영업 (상업, 종업원 9인 이하의 소규모 장사 및 개인택시 운전 등)
     5) 판매/서비스직 (상점 점원. 세일즈맨 등)
     6) 기능/숙련공 (운전사/선반/목공 등)
     7) 단순노무종사자
     8) 가정주부 (가사에만 종사)
     9) 학생
     10) 무직, 정년, 휴직
     11) 기타

윤인진 ────────────────────────────────

고려대학교 사회학 학사, 시카고대학교 사회학 석사 및 박사
산타바바라 캘리포니아대학교 아시안아메리칸학과 조교수
현재 고려대학교 사회학과 교수, BK21갈등사회교육연구단 사업단장,
국무총리 산하 외국인정책위원회 민간위원, 재외한인학회 회장
『On My Own: Korean Businesses and Race Relations in America』(1997)
『코리안 디아스포라: 재외한인의 이주, 적응, 정체성』(2004)
『한국인의 갈등의식』(2009)
『북한이주민: 생활과 의식 그리고 정착지원정책』(2009)

송영호 ────────────────────────────────

고려대학교 대학원 사회학 석사
현재 고려대학교 대학원 사회학과 박사과정
「한국인의 국민정체성과 다문화 수용성」(2009)

김상돈 ────────────────────────────────

성균관대학교 사회학 박사
현재 고려대학교 사회학과 연구교수
『현대지식정보사회와 직업』
『범죄피해자학』
외 논문 다수

송주영 ────────────────────────────────

경희대학교 평화복지대학원 정치학 석사
뉴욕주립대학교 정책학 석사
전 아시아인권센터 선임연구원
현재 경희대학교 대학원 정외과 박사과정

한국인의
이주노동자와
다문화사회에
대한 인식

초판발행 2010년 2월 28일
초판 3쇄 2019년 1월 11일

지은이 윤인진, 송영호, 김상돈, 송주영
펴낸이 채종준
기 획 문진현
편 집 박재규
마케팅 김봉환
아트디렉터 양은정
표지디자인 이효정

펴낸곳 한국학술정보(주)
주소 경기도 파주시 회동길 230 (문발동)
전화 031 908 3181(대표)
팩스 031 908 3189
홈페이지 http://ebook.kstudy.com
E-mail 출판사업부 publish@kstudy.com
등록 제일산―115호(2000. 6. 19)

ISBN 978-89-268-0982-2 93330 (Paper Book)
       978-89-268-0983-9 98330 (e-Book)